JN252323

新6版

財務分析の実践活用法

取引先企業の見方・とらえ方

牧野 明弘 著

経済法令研究会

新6版発刊にさいして

　本書は，1977年1月，金融機関その他実務に携わっていらっしゃる方に実践的な財務分析方法を提供するために発行された。幸い，利用者の皆様の好評を得ることができ，版を重ねるに至っているが，これは，ひとえに，初版以来，長年にわたりご担当された大野敏男先生のご功績である。

　私は，ご縁あって2005年より先生のお手伝いをさせて頂いてきたが，2007年11月に先生が亡くなられた。そこで，2008年より，私及び新日本有限責任監査法人の気鋭の公認会計士が担当させて頂くことになったわけである。

　今回の改訂作業は，先生の貴重なご体験をもとにしたこれまでの内容を尊重しながら，主に以下の点に焦点を当てた。

1．各財務分析指標のデータを全面的にアップデートした。
2．2015年4月に公表された「IFRS適用レポート」の概要をSTEP UPとして追加するとともに，本文にてIFRS適用に向けた動きをアップデートした。

　本書は，以上のような視点で書かれているが，何分にも浅学のため，内容的には十分でない点もあろう。その点は読者諸賢のご意見，ご叱正を賜りたい。そして，これまで同様，本書が，金融機関その他の実務に携わっている方々のお役に多少なりとも立てるのであれば幸いである。

2015年10月

牧野　明弘

は　し　が　き

　金融機関をはじめ，どのような企業においても，取引先企業の実態を的確につかみ，これをどう評価し，また，その結果をどうフォローさせていくかということは，業務推進上欠くことのできないものである。特に，これからの低成長，減速の経済社会では，質的に充実した安定経営が強く要請されることから，このような取引先調査の役割は，強まれこそすれ弱まることはないであろう。本書は，このような企業の実態把握や評価に関する手法のうち，財務分析による方法を実践的な立場から解説したものである。

　企業調査は，財務分析だけによるのでは不十分であることはいうまでもないが，客観的，あるいは実証的な評価という点からみれば，財務分析なしでの企業調査は考えられない。企業の実態は，企業の量的側面を財務分析のような定量分析により，また，質的側面を定性分析によりそれぞれつかみ，この両者を総合して企業評価が行われるわけであるが，実務ではやはり財務分析が中心となる。それは，最近のような複雑化し激変する経営環境のなかで，企業の実情がつかみにくくなっている状況のもとでも，変わることはないであろう。

　本書は，筆者の実務担当者としてのいろいろな経験から体得したことにふれながら，財務分析のポイントをまとめたものであるが，執筆にあたって留意したことは，次の諸点である。

1．実務にすぐ役立つようにということから，実践的な手法に重点をしぼって説明した。たとえば，分析指標はいたずらに網羅的にとりあげるよりも，主要指標を中心にその問題点を掘り下げ，実務でぶつかる疑問点にも努めてふれた。また，安全性分析では，金融機関における融資判断業務に関連して資金繰り分析に力を入れた。

2．内容の説明は，理論的水準はできるだけ保ちながら，初心者にも理解
　しやすいように，平易にわかりやすくということを心掛けた。

3．財務分析で最も重要なことは，分析数値をだすことよりも，それをど
　のように判断するかということであるが，この判断に便利なように指標
　等の説明では，実際企業の統計上の一般水準を資料としてのせ，実務に
　つなげられるようにした。

4．必要に応じて分析事例による説明をとり入れ，また，各セクションご
　とのまとめの意味から別にケース・スタディ10問をのせ，実務的な感覚
　と応用力をつけられるように配慮した。

　本書はこのようなねらいから執筆したものであるが，何分にも浅学非才の
ため，結果的には十分でない面もあるのではないかと思う。その点は読者諸
賢のご批判，ご叱正を賜わりたい。本書が金融機関その他の実務に携わって
いる方々に多少なりともお役に立てば幸いである。

　昭和51年12月

大野　敏男

目　　次

第2章　財務分析の方法と留意点

第3章　収益性分析の方法と見方

第4章　生産性分析の方法と見方

第5章　安全性分析の方法と見方

Step up

◉ケース・スタディ／目次

●資料／目次

第 1 章

企業のつかみ方と財務分析

1　信用調査における財務分析の位置づけ

1　信用調査における財務分析の比重

　財務分析とは，企業が作成する貸借対照表や損益計算書などの財務諸表を分析することによって，企業の実態をつかむことをいう。この場合の分析対象となるものには，厳密には財務諸表だけではなく，たとえば資金繰り表などのような財務諸表以外の資料が含まれることもあるし，また，必要に応じて従業員数や販売数量などのような非財務的な情報が分析資料に加えられることもある。しかし，分析対象の中心となるものが財務諸表であることに変わりはない。

　財務諸表は，会社法の定めにより，企業の一定期間における経営成績，ならびに一定時点における財政状態を明らかにするために，各企業において毎決算期に必ず作成される。そして，それは法規制その他の会計ルールに従って作成されるものであるから，企業規模，あるいは業種のいかんを問わず，どの企業においてもほぼ定型化された形で示される。また，財務諸表は，制度としては企業の利害関係者に報告，あるいは公表するために作成されるものであるから，企業外部の者も比較的入手しやすい。

　このようなことから，企業に関する調査分析ということになると，そこでは財務分析が欠くことのできないものとなり，調査分析内容の相当部分が財務分析で占められることも少なくない。銀行における信用調査においても，財務分析の比重はかなり高い。このほか，一般企業における取引先の調査や，投資対象としての企業調査等当該企業の外部からの企業調査における場合にも，財務分析が果たす役割は大きい。

2 企業活動と財務諸表

ところで，このような財務分析の対象となる財務諸表とは，いかなる内容の，いかなる性格のものなのかに触れてみたい。

　財務諸表は，当該企業の過去から現在に至るまでの活動結果を計数により集約的，体系的にまとめた情報である。企業活動は，経営者の意思決定に基づき，何がしかの資本を投下し，従業員の組織的活動により特定の商品やサービスを顧客に提供し，それらをとおして企業を存続・発展させることを目標に行われる。それらの企業活動の結果は，直接的または間接的に，計数により財務諸表に示される。

　そこでは，一定期間における企業活動の結果としての業績が，利益という物差しにより示される。また，その業績をあげるために投下された資本（資金）は，どのように調達され（自己資金か，他のいずれから調達されたか），どのような形で運用されているかということも示される。したがって，財務諸表に示される利益をはじめとする諸計数は，企業活動の実態を投影したものであり，各係数は企業を存続・発展させる原因となる取扱商品の力，営業力，技術力，組織力，経営者能力などをおりまぜた総合的な企業活動の結果を示したものということができる。

3 企業の質的側面と財務分析

さて，企業活動は，人・物・金の3要素が結合されてはじめて可能となるものである。すなわち，企業はその主体者である経営者，ならびにそれに従属して業務を行う従業員という人的要素，また，取扱商品（またはサービス），およびそれを提供する手段，用具としての店舗，設備等の物的要素，さらに，これらの人・物の要素をささえるのに必要な資金的要素の3つから成り立つ。企業の実態は，これらの要素がどのようなバランスを保っているか，その結果である収益性や安全性はどうか，その企業の属する業界の現状や見通しはどうか，そのなかにあっての当該企業の位置づけはどうか，取扱商品の特徴は何か，といったようなことを知ることによってつかむことができ

る。

　このような企業の実態を具体的につかむためには，財務分析だけでは不十分といわざるをえない。いってみれば，財務分析は企業活動を主として金の要素の面からとらえたものであるから，人・物の要素の面からとらえることが直接には無理というわけである。すなわち，財務分析からつかみとれるものは企業活動を計数という量的側面からとらえたものだけであって，人・物の要素といった計数化しにくい企業活動の質的側面の実態をつかむことは困難である。

　以上のことから，企業の実態を正しくつかむためには，企業活動を財務分析のような量的側面から評価してとらえるだけでなく，質的側面からとらえることも必要になってくるということがいえる。ただ，ここでいう企業活動の量的側面と質的側面というのは，企業活動における異なった2つの部分をいうのではなく，企業の実態をつかむためには，一体化したひとつの企業活動を量的側面と質的側面の二面からみる必要があるということであり，それは一体のものを角度を変え，見方を変えて分析することの必要性を意味する。

　前述のように，財務諸表は企業活動の全貌を計数的に総合表現したものであるから，質的側面，たとえば，営業力や技術力なども，間接的にではあるが財務諸表のなかの計数に含まれて表現されていることになる。しかし，それだけで質的側面を具体的にとらえることは困難であり，これをカバーする情報がどうしても必要になる。

4　質的側面と財務面の結合

　かくして，財務分析は，企業活動を量的側面から客観的に評価してとらえることを主眼としながらも，その背景，あるいは原因ともいえる企業活動の質的側面，つまり非財務面の情報をも十分に参酌し，それとの関連づけを考慮して分析をすすめ，企業の実態を正しく判断してつかむことが必要となる。これをいま少し実務的にいえば，企業の実態は財務面と非財務面との両面からつ

かみ，あわせて両面から判明した事実を相互に関連づけて，いま一度吟味検討したうえで調査の結論を出すということである。たとえば，経営者の考え方とか経営方針は，財務諸表の計数にどのように反映されているか，もし両者がかみ合わなければ，それはなぜか，もう一度確認してみる必要はないかといったような関連づけで分析することである。

　量的側面と質的側面，あるいは財務面と非財務面とは，相互にさまざまな因果関係で結び合わされているのであるから，その有機的な関連を考慮に入れた財務分析こそ，より精巧な，あるいはより充実した企業実態の把握となるのである。それは，財務分析の在り方の問題としてばかりでなく，企業調査の在り方の問題としてもいえることである。

2 企業評価の質的側面

1 質的側面からの調査項目 前節において，財務分析は企業の実態を量的側面からつかむものであるから，それだけでなく，企業の質的側面からの情報分析を加味し，財務分析の結果を質的側面からの評価と関連づけて総合判断する必要のあることを述べた。そこで，企業の質的側面からの分析調査について，その調査項目のポイントをあげ，さらに，次節以降で，そのつかみ方や評価について概括的に説明してみよう。財務分析を行う場合は，これらの質的側面，あるいは非財務面の評価と関連づけて分析を進め，そこから企業の実態をつかむような基本的態度が欲しい。

まず，質的側面の調査項目を網羅的にあげると，以下のとおりである。

(1) 経営者・経営陣

① 人物・人柄 ② 経歴 ③ 経営に対する考え方 ④ 社会的責任に対する考え方 ⑤ 経営方針 ⑥ 個人資産 ⑦ 補佐スタッフ ⑧ 後継者 ⑨ 同族関係

(2) 資本関係

① 経営陣の資本所有関係 ② 経営陣以外の資本所有関係

(3) 業種・業態

① 業種 ② 扱品目（内容と特徴） ③ 市場占有度 ④ 市況 ⑤ 業界の現状と見通し ⑥ 季節変動 ⑦ 景気変動の影響 ⑧ 業界慣習

(4) 系列関係

① 系列関係の有無　② 系列会社の状況　③ 系列会社相互の親疎状況（持株率，資金応援，人事交流，相互の取引量など）

(5)　従業員

① 従業員数　② 従業員構成（年齢，性別，事務と現場等）

③ 従業員の質，教育　④ 給与水準　⑤ 職場の雰囲気

⑥ 労使関係（組合その他）

(6)　組　織

① 組織の適否　② 運用状況　③ 管理力　④ 関係会社

(7)　物的設備（店舗，工場等）

① 立地　② 面積　③ 設備内容

(8)　生　産

① 所有技術（特許等）　② 他社との提携技術　③ 製品開発

④ 品質　⑤ 生産工程　⑥ 生産上のネック　⑦ 生産設備

⑧ 操業度　⑨ 歩留り　⑩ 生産期間　⑪ 受注生産か見込生産か　⑫ 個別生産か量産か　⑬ 外注利用　⑭ 原価管理

⑮ 公害問題

(9)　購買・仕入

① 原材料等の入手の難易　② 市販品か注文品か　③ 原材料等の市況　④ 仕入先　⑤ 支払条件　⑥ 在庫状況

⑦ 購買管理

(10)　販　売

① 販売経路　② 販売先　③ 輸出の有無と取引割合　④ 販売先との契約内容　⑤ 品種構成の変化，新製品　⑥ 売価の推移

⑦ 値引・返品・クレーム　⑧ 競争会社　⑨ リベート制度

⑩ 支店・営業所　⑪ 販売部門または生産部門の別会社形態の有無

⑫ 回収条件　⑬ 広告宣伝　⑭ 製品在庫管理

(11)　所有不動産

① 主要不動産の時価　② 担保設定状況

2　企業の成長・発展の要因

企業の質的側面を評価することは，量的側面を後述するような財務分析等の指標から評価するのと異なり，割り切れない点や技術的に困難な面が伴うので，その体系的な評価といったものは，これまでほとんど行われていないが，昭和51年に通商産業省から，定性要因による企業評価の試みとして『新しい経営力指標』（のちに『総合経営力指標』）が発表された。

この調査報告は，財務指標だけでは経営力を十分に評価できない面があることから，企業経営に影響を与える数字にあらわれない要因，すなわち定性要因を指標化して，より総合的な企業の経営力を評価しようという試みとしてまとめられたものである。

そこで，ここでは，企業の質的側面の調査の手がかりになるものとして，この『総合経営力指標』を参考に，企業の成長・発展の要因にはどのようなものが考えられるかについて，簡単に紹介しておこう。

企業の成長・発展の要因については，激動する経営環境のもとで企業成長

　研究開発の実施状況

　1企業当たり研究開発費は，平成21年度をピークに1,666百万円まで増加し，平成22年度に減少するものの増加傾向にあることがわかる。

　また，委託研究開発費が研究開発費に占める割合の増加は顕著であり，平成26年度対平成18年度で113% 増加している。さらに，受託研究開発費は毎年増加し，平成26年度対平成18年度で3倍程度の増加となっている。

　このことから，研究開発が自社研究開発から委託研究開発に移行してきていることがわかる。これは，業務の効率化のためのアウトソーシングが，会社の中心業務のひとつと考えられる研究開発活動にまで進展した結果と考えられる。委託研究開発は請負会社の専門技術の向上により，引き続き増加していくものと考えられるが，発注者は，研究開発の品質を一定に保つために，委託業務内容に関する専門知識を維持する必要がある。

を考える場合，そこでは環境変化に対処した企業の主体的努力が非常に重要な役割を担い，積極的，創造的な企業経営が企業成長をもたらすが，これには経営内部における各種の定性要因が関与していると考えられる。この定性要因は，企業の将来をみる場合，企業経営のためのより根源的で，より安定的でしかも潜在的なものであることから，これによって企業のもつ経営力を評価しようとする。そして，企業評価のための定性要因として，「トップマネジメント」，「組織」，「製品戦略」と，これらをささえるものとしての「経営基盤」の4つのものをあげている。成長への出発点となるものはトップの意思決定であり，その具体的な展開は製品開発として行われ，さらにその製品開発をささえるものとして組織効率の向上が必要となる。

　そして，これらの諸要因全体の土台として，株主，従業員，ユーザー，取引関係企業等の利害集団に対する社会的責任の遂行が，長期的に企業を維持・発展させる経営基盤として欠かせない。これらの諸要因の関係をまとめると図-1（次頁）のようになる。

研究開発の実施状況

		研究開発費（億円）			売上高研究開発費比率（％）	1企業当たり研究開発費（百万円）
		自社研究開発費	委託研究開発費	受託研究開発費		
18年度	110,950	95,381	15,568	3,509	3.33	1,406
20年度	124,714	106,931	17,783	4,033	3.29	1,625
21年度	128,152	109,894	182,583	5,401	3.64	1,666
22年度	103,919	38,649	15,270	4,171	3.58	1,313
24年度	116,346	99,835	16,511	8,925	3.63	1,401
26年度	125,299	105,340	19,959	10,837	0.80	1,501

（出所）経済産業省「企業活動基本調査確報」を利用して算出

図-1　企業の成長要因

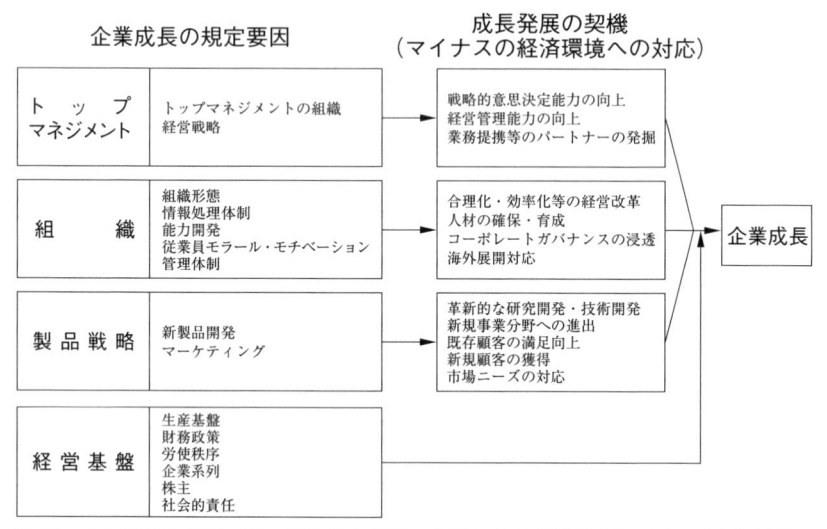

（出所）　平成12年度版「総合経営力指標（製造業編）」〈経済産業省経済産業政策局産業人材政策室編〉を
　　　　もとに，最新の経営環境を反映するよう修正のうえ作成

　近年，日本の企業は「価格破壊（低価格志向）」や「グローバル競争の激化」といった厳しい経営環境に直面している。企業は，この厳しい経営環境下において成長を成し遂げるために，トップマネジメント，組織，製品戦略および経営基盤をフル活用している。

　たとえば，製造業においては，市場ニーズを先取りした技術開発，ITを活用した工程管理システムの自社開発による効率性向上，海外展開等さまざまな経営努力をし，この厳しい経営環境に立ち向かっている状況にある。

3 物 の 面 の 見 方

1 取扱商品の特色と企業業績 企業の実態をつかむには，まずその企業が何を造っているか，何を販売しているかを知ることが大切である。その取扱商品（サービス業であればサービス内容）を徹底的に分析することによって，その企業の収益性が高いか低いかの原因も，おのずからわかってくることが多い。

　まず，その商品はどういう役割を果たすもので，具体的にどういうところで使われるか，さらに，その企業の製品には他社にない特色があるかどうかといったことを知ることがポイントである。商品の役割や用途については，消費財か生産財かによって需要構造や流通経路が異なり，またそれらは時代の推移とともに技術革新や趣向の変化によって流動的であるから，その商品のライフ・サイクル，他製品がそれにとって変わる可能性の有無などについても認識しておくべきである。

　製品が他社に比べて特色があるかどうかということは，その企業の営業の方法を大きく変えるものであり，ひいては経営の在り方まで左右することになる。製品の特色とひとくちにいっても，それは技術的な優秀さからくる品質の高さによるものもあれば，デザインの斬新さなど商品センスのよさによるものなどさまざまである。そのような特色のある商品については，強気の営業が可能であり，収益力も高い。これに対して，特色のない一般品であれば，自主性のない弱気の商売になりがちであり，よほどの営業力が伴わないと，収益の確保も困難になることもある。

　たとえば，繊維業界は各企業が苦しい経営にあえいでいたが，そのなかに

あっても，高品質，あるいは潜在需要を引き出すすぐれた商品企画などによる積極的な営業が功を奏し，好業績をあげている中堅企業がいくつかみられる。これらの企業は，業界の悪環境にもかかわらず，特色のある製品により勝負をしているからである。

　次に，これに関連して付け加えたいことは，製品の開発力についてである。現在特色のある製品が業績に寄与していても，それがいつまでも続くことは考えられず，このためには次に打ちだす新製品の開発に十分に力を入れているか，その実現可能性はどうかといったことも，その企業の将来を予測するための重要なチェック・ポイントとなる。

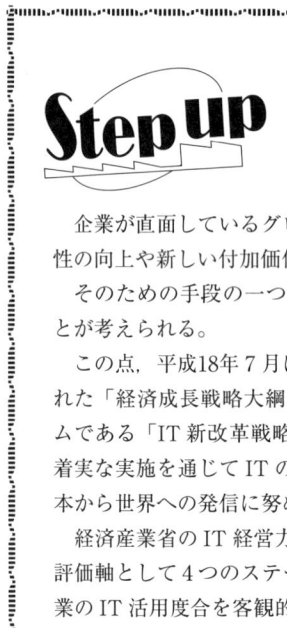

IT 経営力指標

　企業が直面しているグローバル競争を勝ち抜くには，業務の効率化による生産性の向上や新しい付加価値を創造することが必要となる。

　そのための手段の一つとして IT の高度な利活用による IT 経営を確立することが考えられる。

　この点，平成18年7月に策定され，平成19年6月の経済財政諮問会議で改定された「経済成長戦略大綱」の中でも，『「IT 新改革戦略」とその加速化プログラムである「IT 新改革戦略政策パッケージ」およびそれに基づく「重点計画」の着実な実施を通じて IT の構造改革力を追求し，IT 基盤を整備するとともに，日本から世界への発信に努める』ことが謳われている。

　経済産業省の IT 経営力指標に基づき分析すれば，IT 活用度合を7つの機能を評価軸として4つのステージで同業他社，他業種，他国などとの関係において企業の IT 活用度合を客観的に評価することが可能である。

2　業界の動きと特色等の把握

取扱商品の内容をつかむことと関連して必要なことは，その業界のしくみや動きの特徴をつかみ，そのなかにおける当該企業の位置づけを知ることである。まず，取扱商品はどこから仕入れ，どこに売っているかという，その企業を中心とする物の流れの前後関係を知ることからはじめる。さらに，その仕入先はどこから仕入れるか，それを逐次さかのぼって基礎資材の生産業者にまで及んで物の流れをつかむ。

　一方，取扱商品はそれが販売先を経てどのような流通経路をたどって最終のユーザーの手に流れるかをつかむ。このようなひとつの商品が最初の基礎原料からいくつかの企業をとおっていろいろな加工が加えられ，あるいは他の商品と組み合わされて製品となり，それがどのような販売担当の企業をとおしてユーザーの手元に渡るかという，商品のプロセス分析をすることは，当該企業の取扱商品に関連する業界の実態を知るうえで重要である。

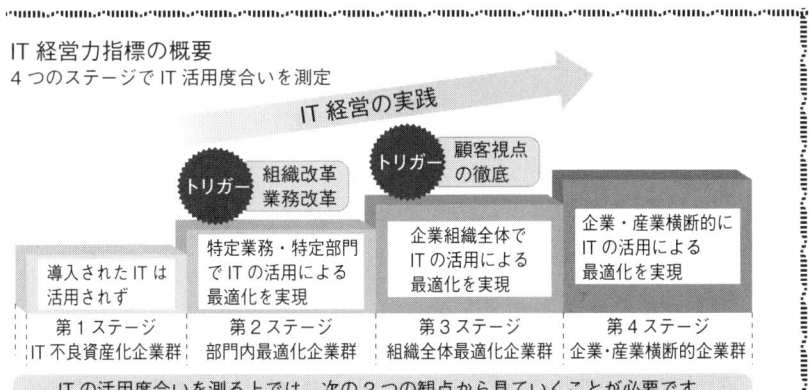

IT 経営力指標の概要
4 つのステージで IT 活用度合いを測定

IT 経営の実践

トリガー　組織改革 業務改革

トリガー　顧客視点 の徹底

導入された IT は活用されず

特定業務・特定部門で IT の活用による最適化を実現

企業組織全体で IT の活用による最適化を実現

企業・産業横断的に IT の活用による最適化を実現

第1ステージ	第2ステージ	第3ステージ	第4ステージ
IT 不良資産化企業群	部門内最適化企業群	組織全体最適化企業群	企業・産業横断的企業群

IT の活用度合いを測る上では，次の 2 つの観点から見ていくことが必要です。
1. 活用の巧拙によって達成度合いが変わってくる事項
2. 活用の巧拙いかんを問わず IT を導入する上で必要となる基礎的事項

（出所）経済産業省　IT 経営ポータル

　また，IT 経営力指標は複雑ではなく容易に利用可能な指標のため，IT の専門家ではなくとも活用でき，企業の IT 活用度合を容易に分析することが可能である。なお，IT 経営力指標の詳細版は経済産業省　IT 経営ポータルから入手可能である。

　ひとつの商品を生みだすのには，多くのメーカー，販売業者等の企業が関与しており，各企業の担当する業務が相互にバランスのとれた発展をすることによって，はじめて業界全体が順調な成長をとげることができる。したがって，そのバランスが崩れると，いずれかのプロセスの企業が経営に支障をきたすことになる。たとえば，ひとつの企業が製品の増産・増販体制を敷いたとしても，その製品の材料の供給や加工に協力する企業がそれに対応することができなかったり，ユーザーの需要が増加しなかったときは，その企業の計画は失敗に終わる可能性が強い。業界のあるプロセスの部分にネックがあると，いかに一企業が頑張ってみても計画が思うとおりにいかない。このような業界やその関与企業のバランス状況は，社会，経済の動き，資源問題の変化，消費者の趣向や好みの変化，その他いろいろな影響で多かれ少なかれ流動的なので，その実態をつかみ，それとの関連で一企業の姿を知る必要がある。昭和48年から49年にかけての石油ショックの時は，各業界のプロセスのバランスがゆれ動いた大きな一例である。

　さらに，業界の実態をつかむうえで必要なことは，各プロセス段階におけ

 **親子上場会社（孫会社含む）の調査**

　日本では，親会社と子会社がともに上場している「親子上場」の会社がある一方，親子上場を廃止する動きも見られる。
　親子上場の会社数推移，親子間で業種が同業種かどうかを把握して分析することは，財務分析の重要な視点になるものと思われる。
●調査時期／平成26年4月，平成24年11月，平成21年6月
●調査対象資料／有価証券報告書
●調査対象会社／上場している会社（投資法人除く）
※調査範囲の網羅性については，確保されていない
【本文中における用語の意味】
　①親子上場会社：親会社および子会社が上場している会社
　②親子孫上場会社：親会社，子会社，孫会社がすべて上場している会社

る関与企業の態様や力関係を知ることである。すなわち，あるプロセスの関
与企業は少数か多数か，企業規模は大企業か中小あるいは零細企業か，とく
にプロセス間における力関係は，取引の実態を知るうえで欠かせない。この
力関係いかんによって企業の姿が変わってくる。業界の主導権をにぎってい
るのは，メーカーか，卸売業者か，小売業者か，業界によって必ずしも一様
ではない。当該企業が主導権をにぎっている地位にあるのかどうか，また，
同じプロセスの企業のなかにあってその企業の実力はどうか，業界における
販売シェアはどの程度か，などを知っておくことも重要である。

1．会社数

区　分	調査対象時点		
	平成26年4月時点	平成24年11月時点	平成21年6月時点
親子上場会社	287社	312社	393社
親子孫上場会社	11社	12社	19社

2．業種比較（平成26年4月時点）

区　分	親会社・子会社・孫会社の業種比較		
	すべて一致	不一致	合　計
親子上場会社	126社	161社	287社
親子孫上場会社	5社	6社（※）	11社

（※）親子孫上場会社については，いずれか1社が不一致の場合，「不一致」として
　　　集計

（出所）新日本有限責任監査法人　HP　企業会計ナビ

4　人 の 面 の 見 方

1　企 業 は 人 な り

"企業は人なり"といわれるように，金を集め，これを資本として商品やサービスを提供する企業活動を実際に行うのは人である。経営にたずさわる人びとが，どのような考え方でどのような方法で企業活動を行うかによって，企業の成果に差がでてくる。

企業における人の要素のなかでもその要となるものは，経営者である。大企業の場合にも経営者がどのような人であるかが企業活動全般に少なからぬ影響を与えるが，中小企業の場合は経営者の経営能力いかんが企業活動の内容や結果に決定的な影響を及ぼす。したがって，中小企業における企業の実態をつかむには，社長がどのような人柄で，どのような考え方のもとに経営を主宰しているかを知ることが，必須条件である。

2　経 営 の 実 権 者

経営者といっても，表向きには役員全員が経営者であるが，そのような人達全般をさすよりも，経営の実権をにぎっている人のことをさす。一般には社長が経営の実権者であることが多いが，時には社長でなく会長であったり，社長はどちらかというと表面だけでその裏に陰の実権者がいることもあるから，注意を要する。2代目の社長は，創業者である初代社長が健在のうちは，表面的には2代目社長が経営の最高責任者であっても，初代よりも能力的によほど傑出した人物でないと，実権がなく，初代社長がいぜんとして経営の意思決定の実権をにぎっている場合が多い。経営者をとおして企業の内容をつかむに

は，このような実権者をみきわめ，その人に接して企業の実情や経営方針をきくことである。

　なお，兄弟経営等で実権者が複数である場合は，意思決定や社内統制の点で問題が含まれていることが多いので留意したい。

3　経営者に要求される資質

経営者に要求される資質についてはいろいろな意見があるが，要は経営能力があるかどうかということである。経営者としての能力を備えた人というのは，経営ビジョンと旺盛な事業意欲をもち，つねに経営の実態を正しくつかみ，事業の将来がどうなるかという先見性と事情の変化に対処する適応力，ならびに熟慮のうえ断行する実行力をもちあわせている。とくに，経済情勢の変化を展望し，自社をその変化にどう対処させていくかということが経営者の仕事なのであるから，そうした能力をもっているかどうかが，経営者を評価する大きなポイントといえる。

　このほかに，人を統率する力，すなわちリーダーシップが必要なことはいうまでもない。中小企業では，ワンマン経営者が非常に多い。ワンマン経営にはいろいろな弊害があり，それ自身けっしてよいわけではないが，経営者に要求されるリーダーシップという点からみれば，ワンマン経営者は必ずしも否定できず，むしろ肯定されるケースが多い。リーダーシップは人柄とも関係する。人柄が不誠実では，いかに経営能力があっても経営が長期間うまくいくことはなかろう。誠実，円満で意志強固な人物こそ，経営を長期間にわたって立派に担当できる人といえよう。悪質な決算対策とか税務対策などをしている場合は，その問題だけのことではなく，経営者の人柄の問題として考えることもできる。また，同族会社の経営者は会社と個人の区別がつきがたく，公私混同のきらいがあるが，これも経営者の人柄いかんによるところが大きい。

　以上に関連して，経営者の経歴を知ることも大切である。どのような経験の持ち主であるか，その経験が今日の経営者の考え方なり行動に大きく影響

している場合が多い。また，技術系出身か事務系出身かにより，経営意識や態度に特徴がでてくることがある。中小企業の場合は，創業者か，2〜3代目かなどについて知ることも，経営者を評価する場合に忘れてはならない。

4　後継者の優劣

経営者については，後継者に適任者がいるかどうか，また，経営者を補佐する役員等の経営スタッフの資質等にも注目しなければならない。とくに，立派な創業経営者である場合，その経営者に万一のことがあると，後継者や経営スタッフの力量いかんが企業の存続にかかわることもあり，後継者等の育成は重要である。後継者が決まっていないために，それをめぐっての内紛が生じ，企業が倒産した例もある。

同族会社では，経営者がオーナーを兼ねているから，後継者や経営スタッフの大部分が同族関係者，あるいはそれに準じた者で占められていることが

社長の出身タイプの傾向

社長を出身タイプにより分類してみると，製造業全体で，生え抜き社長が43.8％，以下他の会社・機関等からが23.8％，2代目社長が21.9％，創業者社長が10.5％という結果である。

生え抜き社長が増加傾向にあり，他の会社・機関等からが減少傾向にある状況は興味深いものである。

多い。企業規模が零細であるうちはそれでよいとしても，従業員が相当数に
なり規模が大きくなると，それらの同族関係者が経営者に準じた資質を備え
た者でないと，経営の将来が気づかわれることになる。とくに，後継者は，
同族関係者であることがほとんどなので，適格者であるかどうか，あるいは
将来適格者となりうる資質をもっているかどうかが，企業の安定的な存続に
かかわりをもつ。

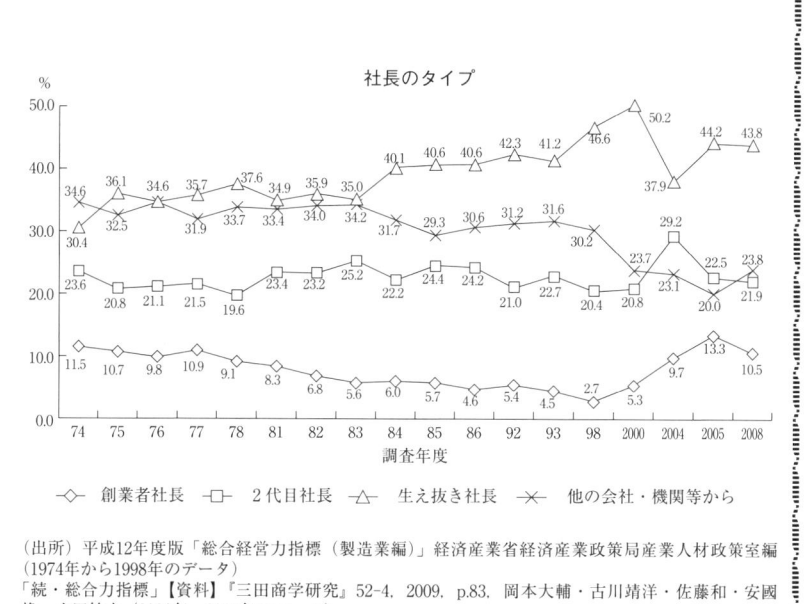

社長のタイプ

（出所）平成12年度版「総合経営力指標（製造業編）」経済産業省経済産業政策局産業人材政策室編
（1974年から1998年のデータ）
「続・総合力指標」【資料】『三田商学研究』52-4，2009，p.83，岡本大輔・古川靖洋・佐藤和・安國
煥・山田敏之（2000年〜2008年のデータ）

第 2 章

財務分析の方法と留意点

1　財務分析の方法

1　比率法と実数法　財務分析とひとくちにいっても，その方法にはいろいろなものがあり，細かく分類すれば際限がない。

　ここでは，財務分析の実務で頻繁に使われる分析手法を頭にえがいて，分析方法を比率法と実数法の2つに大別して説明してみよう。

⑴　**比　率　法**

　ある2つの項目相互間の数値の割合を比率として算出し，それによって一定の事実や傾向を判断する方法である。この比率は，関係比率，構成比率，趨勢比率の3つに分けられる。

　関係比率とは，関係のある諸項目相互間の割合を示す比率で，流動比率$\left(\dfrac{流動資産}{流動負債}\times100\right)$，資本利益率$\left(\dfrac{利\ 益}{資\ \ 本}\times100\right)$，売上高利益率$\left(\dfrac{利\ 益}{売上高}\times100\right)$などがそれであり，実務で使われる比率としてはもっとも多い。

　構成比率とは，全体を構成するある項目の全体に対する割合を示すもので，自己資本比率$\left(\dfrac{自己資本}{総\ 資\ 本}\times100\right)$はその典型的なものである。貸借対照表の分析において，資産合計および負債・純資産合計を100%とした場合の各項目の構成比率を算出した百分率貸借対照表は，この構成比率を一表にまとめたものといえよう。

　趨勢比率とは，ある項目の数期間の趨勢を探るもので，最初の基準年度を100%とし，それ以降の年度の数値を百分比によって示すものである。売上高，利益などを趨勢法により算出し，企業の成長性を探ることはよく行われる。

(2)　実　数　法

　実数法とは，ある項目の数値の期間的な変化を実数によってとらえ，実数による増減額から一定の事実や傾向を判断する方法である。資金繰り分析における資金運用表や資金繰り表の検討，損益分岐点分析などが実数法の例である。

2　比率法と実数法の相互補完

　比率法は，一定の事実を比率によって概括的につかむことができ，また，期間比率や企業間比較等における比較対象相互間の実数の差異を捨象して比較可能な分析値が算出されることから，分析上の利点が大きい。しかし，比率は実数に比べると抽象的な表現となるので，具体的，実感的なものがとらえにくいことは否めない。とくに，比率法で経営内容を検討する場合は，大企業と中小企業とでは，たとえ同じような比率であっても，企業規模による質的な違いや信用力，あるいは社会的な貢献度の違いがあることに注意しなければならない。比率によって規模の大小による差異がなくなってしまうからである。

　その点では，実数法は個別の事実を実数によってはっきりとつかむことができ，分析の詰めをする場合には有効であるが，総括的な判断という点ではやや不十分なことがある。

　このように，比率法と実数法にはそれぞれ一長一短があり，いずれがすぐれているとはいいがたい。そこで，実際の財務分析では，この2つの方法を併用し，相互に補完しあうことが多い。一般的には収益性分析では比率法が中心となるが，安全性，資金繰り分析では比率分析だけでは不十分で，むしろ実数法が中心となることが多い。

3　財務分析の立場と目的

　財務分析は，いろいろな立場の人によって行われ，またそれぞれの立場の相違によって意図するねらいや目的が異なり，これに応じて分析内容も若干変わってく

る。これを分析対象企業と分析者の関係から大別すると，外部分析と内部分析の2つに分けられる。外部分析は，銀行が行う融資先を対象とするもの，投資家が投資先を対象とするものなどが主なものである。財務分析は，その発達の歴史からみると，当初は外部分析の立場にたっての手法であった。しかし，その後，企業内部において経営管理を目的とする財務分析が逐次発達し，最近では企業における計数管理の一環としての財務分析の活用が一般化している。

　銀行が行う融資先の財務分析は，本来的には貸付金の返済可能性を検討するため，融資先の支払能力というものに目が向けられて行われる。しかし，最近ではそのような支払能力の判定という目的だけで財務分析が行われるわけではなく，良好な取引先との幅広い取引を積極的に推進していくために，あるいは取引先企業がより立派に発展してもらうためのアドバイスをする意味からも，取引先企業の実態を的確につかむという前向きの姿勢で行われる傾向にある。したがって，分析のポイントも支払能力や安全性という観点からだけでなく，収益性についても大きな関心が寄せられるに至り，それは内部分析における経営管理を目的とする場合に近いような要素も占めるに至った。このことは，一般事業会社における取引先企業に対する信用調査のなかの財務分析についてもいえることである。

　外部分析の場合と内部分析の場合の大きな違いは，前者が財務諸表を中心とする一定範囲内の資料を分析対象とするのに対して，後者では分析の目的に応じて必要とする各種の資料や情報を社内から収集し，これを分析対象として広く利用することができることである。この分析対象の幅いかんが，両者の財務分析の内容や精粗に差を作り，財務諸表等の限られた資料しか利用できないことが外部分析の制約条件となっている。

　なお，本書においてとりあげる財務分析は，主として銀行等における外部分析の立場から述べたものである。

2 財務諸表のあらまし

1 財務諸表に関する法規制　財務分析の予備知識として欠かしてならないことは，その分析素材である財務諸表のしくみや項目の内容をあらまし理解しておくことである。本書では財務分析の手法を解説することが主題であるから，これを詳細に述べる余裕はないが，以下に財務諸表の内容について，そのあらましに簡単に触れておこう。

> （注）　本節に関しての詳細については，拙著『財務分析のための実践財務諸表の見方』〔新10版〕を参照されたい。

　財務諸表は，一定期間における企業活動の結果を複式簿記のルールによって記録し，計数的にまとめたものであり，会社法の規定により，どのような会社であっても毎決算期に必ず作成される。株式会社が作成する計算書類等には，①貸借対照表，②損益計算書，③株式資本等変動計算書，④個別注記表，⑤事業報告書，⑥附属明細書の6つのものがある。それらの作成，処理方法等については会社法および会社計算規則に定められている。また，上場会社等では，金融商品取引法により有価証券報告書等を作成提出しなければならないが，そのなかに含まれる財務諸表の作成については「財務諸表等の用語，様式及び作成方法に関する規則」（財務諸表規則）等に定められている。以上のほか，財務諸表の作成に関しては，企業会計原則や法人税法等の定めに直接，間接に影響されるところも実務的には多い。

　以下では，会社法の定めによる貸借対照表，損益計算書，株主資本等変動計算書について，その内容の概要を述べることにする。

2　貸借対照表─資産の部　貸借対照表は，企業の財政状態を明らかにするために，企業が決算日現在に保有するすべての資産，負債および純資産を適切な区分，配列，分類の基準と評価の基準に従って記載表示するものである。

　一般的な様式である勘定式による貸借対照表のひな型を示すと，表－1のとおりである。

　資産の部は，流動資産，固定資産および繰延資産の各部に区分される。一般の資産の各科目は，決算日から1年以内に現金化または費用化されるかどうかによって，1年以内のものは流動資産，1年を超えるものは固定資産に区分され（ワン・イヤー・ルールという），それぞれの部に記載される。ただし，売掛金，受取手形などの営業取引上の金銭債権（特別のものを除く）や棚卸資産は，流動資産の部に記載される。

　この区分基準によって，流動資産の部には，現金預金，受取手形，売掛金，商品，製品，仕掛品，原材料，有価証券などの科目が記載される。

表-1　貸　借　対　照　表
平成○年○月○日現在

（資産の部）		（負債の部）	
I．流 動 資 産	××××	I．流 動 負 債	××××
1．現 金 預 金	×××	1．支 払 手 形	×××
2．受 取 手 形	×××	2．買 掛 金	×××
3．売 掛 金	×××	3．短 期 借 入 金	×××
4．有 価 証 券	×××	4．未 払 金	×××
5．製 品 商 品	×××	5．未 払 費 用	×××
6．原 材 料	×××	6．預 り 金	×××
7．仕 掛 品	×××	7．賞 与 引 当 金	×××
8．前 払 費 用	×××	8．未 払 法 人 税 等	×××
9．未 収 収 益	×××		××
…………………	××	II．固 定 負 債	××××
10．貸 倒 引 当 金	△×××	1．社 債	×××
		2．長 期 借 入 金	×××
II．固 定 資 産	××××	3．退 職 給 付 引 当 金	×××
1．有 形 固 定 資 産	××××		
（1）建 物　×××		負 債 合 計	××
減価償却累計額 △×××			
（2）構 築 物　×××		（純資産の部）	
減価償却累計額 △×××	×××		

(3) 機 械 装 置	×××		Ⅰ.株 主 資 本		×××	
減価償却累計額	△×××	×××	1. 資 本 金		×××	
(4) 車 両 運 搬 具	×××		2. 資 本 剰 余 金		×××	
減価償却累計額	△×××	×××	3. 利 益 剰 余 金		×××	
(5) 器 具 設 備	×××					
減価償却累計額	△×××	×××	Ⅱ.評価・換算差額等		×××	
(6) 土 地	×××	×××				
(7) 建 設 仮 勘 定	×××	×××	Ⅲ.新 株 予 約 権		×××	
			純 資 産 合 計		×××	

2. 無 形 固 定 資 産	××××
(1) 特 許 権	×××
(2) 営 業 権	×××
………………………	×××
3. 投資その他の資産	×××
(1) 投 資 有 価 証 券	×××
(2) 子 会 社 株 式	×××
(3) 長 期 貸 付 金	×××
(4) 長 期 前 払 費 用	×××
………………………	×××
Ⅲ.繰 延 資 産	×××
1. 株 式 交 付 費	×××
………………………	×××

資 産 合 計	××××	負債および純資産合計	××××

(注)　1. 子会社に対する金銭債権
　　　　　長期貸付金のうち，××××円
　　　　2. 親会社に対する金銭債権
　　　　　(1)　受取手形のうち，×××円　　(2)　売掛金のうち，×××円
　　　　3. 取締役に対する金銭債権，×××円
　　　　4. 次の資産は，長期借入金×××円の担保に供している。
　　　　　(1)　土地のうち，×××円　　(2)　建物のうち，×××円
　　　　5. 親会社に対する金銭債務
　　　　　長期借入金のうち，×××円
　　　　6. 子会社に対する金銭債務
　　　　　(1)　支払手形のうち，×××円　　(2)　買掛金のうち，×××円
　　　　7. 次の保証債務等がある。
　　　　　(1)　受取手形割引高　　　　×××円
　　　　　(2)　受取手形裏書譲渡高　　×××円
　　　　　(3)　子会社の債務に対する保証債務　　×××円

　固定資産の部は，さらに3つに区分され，有形固定資産の部には建物，構築物，機械装置，船舶，車両，工具器具備品，土地，建設仮勘定などの「有形」の固定資産，無形固定資産の部には借地権，営業権などの「無形」の固定資産，投資その他の資産の部には投資有価証券，子会社株式，長期貸付金などの科目が記載される。

　繰延資産の部には，創立費，株式交付費，開発費などの支出費用で，繰延資産として計上することが適当であると認められるものが記載される。以上の各資産の評価については，取得原価により計上することを原則とするが，有価証券は（満期保有目的等の例外を除き）原則として時価評価を行わなければならない。また，棚卸資産は低価法（取得原価と時価のいずれか低い金額で評価）によらなければならない。また，有形固定資産については，取得原価によるが，償却資産は毎期相当の償却をしなければならない。

　なお，売上債権については，回収不能見込額（貸倒引当金）を計上し，それから控除する形で記載しなければならない。

3　貸借対照表—負債および純資産の部

　負債の部は，流動負債および固定負債の各部に区分される。一般の負債の科目は，資産の場合の区分基準に準じて，ワン・イヤー・ルール等により流動負債と固定負債の各部に区分記載され，流動負債の部には支払手形，買掛金，短期借入金，未払金，預り金，未払法人税等（納税充当金）など，固定負債の部には長期借入金，社債などの科目が記載される。

　負債の部に記載されるものとして引当金があるが，これは，それが1年以内に支払うものであるときは流動負債の部に，1年を超えた後に支払うものであるときは固定負債の部に記載される。前者の例として賞与引当金，後者の例として退職給付引当金があげられる。

　純資産の部は，株主資本（資本金，新株式申込証拠金，資本剰余金，利益剰余金，自己株式，自己株式申込証拠金），評価・換算差額等，新株予約権に区分されている。自己株式は資本の払戻しと考えられ，対価を支払うべき日に認識

し，取得原価をもって純資産の部の控除項目として記載する。

　評価・換算差額等には，資産・負債につき時価評価をした場合に生じる評価差額等が計上され，税効果会計を考慮しなければならない。

　新株予約権とは，新株予約権者が会社に対して行使したとき，会社側は新株を発行し，または新株の発行に代えて会社が保有する自己株式を移転する義務を負うものである。

4　損益計算書

損益計算書は，企業の経営成績を明らかにするため，一定の決算期間に属するすべての収益とこれに対応するすべての費用とを記載し，当期の利益を表示するものである。

　一般的な様式である報告式による損益計算書のひな型を示すと，表－2のとおりである。

　損益計算書には，前述のように，すべての収益・費用および特別損益項目が記載され，経常利益・当期純利益が計算，表示されるが，その区分表示について，会社計算規則では大要を次のように定めている。

　損益計算書は，次に掲げる項目に区分して表示しなければならない。この場合において，各項目について細分することが適当な場合には，適当な項目に細分することができる。

① 　売上高
② 　売上原価
③ 　販売費及び一般管理費
④ 　営業外収益
⑤ 　営業外費用
⑥ 　特別利益
⑦ 　特別損失

　上記の区分記載に関連して，売上高から売上原価を減じて得た額が売上総利益（損失）金額として，売上総利益（損失）金額から販売費及び一般管理費の合計額を減じて得た額が営業利益（損失）金額として，営業利益（損失）

表-2　損益計算書

$$\left[\begin{array}{l}\text{自平成×年×月×日}\\\text{至平成×年×月×日}\end{array}\right]$$

売　　上　　高		××××
売上原価		××××
売上総利益（損失）		××××
販売費及び一般管理費		×××
営業利益（損失）		×××
営業外収益		
受取利息・配当金	×××	
そ　　の　　他	×××	×××
営業外費用		
支　払　利　息	×××	
そ　　の　　他	×××	×××
経常利益（損失）		×××
特　別　利　益		
固定資産売却益	×××	×××
特　別　損　失		
火　災　損　失	×××	×××
税引前当期純利益（損失）		×××
法人税・住民税および事業税	×××	
法人税等調整額	△××××	×××
当期純利益（損失）		×××

金額に営業外収益を加算するとともに，営業外費用を減じて得た額が経常利益（損失）金額として，経常利益（損失）金額に特別利益を加算するとともに特別損益を減じて得た額が税引前当期純利益（損失）金額として，それぞれ記載される。

　さらに，税引前当期純利益（損失）金額に，当該事業年度に係る法人税等，法人税等調整額を加減算して得た金額が当期純利益（損失）金額として記載されることとなる。

> （注）　貸借対照表・損益計算書には各種の注記事項の記載が要求されているが，これとは別に貸借対照表・損益計算書の作成全般にわたる重要な会計方針（資産の評価方法，固定資産の減価償却の方法，重要な引当金の計上の方法など）は，総括的に注記することになっている（会計方針を変更した場合にも要注記）。財務諸表をみる者にとっては，このような会社の採用した会計方針を頭において財務内容を判断する必要がある。

5　株主資本等変動計算書

株主資本等変動計算書は，貸借対照表の純資産の部の一会計期間における変動額のうち，主として，株主に帰属する部分である株主資本の各項目の変動事由を報告するために作成される計算書類である。株主資本の主な変動事由としては，新株の発行，剰余金の配当，当期純利益，自己株式の処分等があげられる。なお，株主資本以外の各項目については，原則として，当期変動額を純額で表示することとされている。

　従来の当期未処分利益は，個別損益計算書の末尾において当期純利益に前期繰越利益等を加減して計算されていたが，これらは個別株主資本等変動計算書に記載され，計算されるので，個別株主資本等変動計算書が作成されるときから個別損益計算書の末尾は当期純利益となる。

表-3　株主資本等変動計算書

〔自平成×年×月×日〕
〔至平成×年×月×日〕

| | 株主資本 | | | | | | | | | | 評価・換算差額等 | | | 新株予約権 | 純資産合計 |
| | | 資本剰余金 | | | 利益剰余金 | | | | 自己株式 | 株主資本合計 | その他有価証券評価差額金 | 繰延ヘッジ損益 | 評価・換算差額等合計 | | |
	資本金	資本準備金	その他資本剰余金	資本剰余金合計	利益準備金	その他利益剰余金 ××積立金	繰越利益剰余金	利益剰余金合計							
当期首残高	×××	×××	×××	×××	×××	×××	×××	×××	△×××	×××	×××	×××	×××	×××	×××
当期変動額															
新株の発行	×××	×××		×××						×××					×××
剰余金の配当					×××		△×××	△×××		△×××					△×××
当期純利益							×××	×××		×××					×××
自己株式の処分									×××	×××					×××
×××××															
株主資本以外の項目の当期変動額（純額）											×××	×××	×××	×××	×××
当期変動額合計	×××	×××	——	×××	×××	——	×××	×××	×××	×××	×××	×××	×××	×××	×××
当期末残高	×××	×××	×××	×××	×××	×××	×××	×××	△×××	×××	×××	×××	×××	×××	×××

表-4 製造原価報告書

$$\left(\begin{array}{l}\text{自平成×年×月×日}\\\text{至平成×年×月×日}\end{array}\right)$$

Ⅰ 材 料 費		
期首材料棚卸高	×××	
当期材料仕入高	×××	
合 計	×××	
期末材料棚卸高	×××	×××
Ⅱ 労 務 費		
給 料 手 当	×××	
福 利 厚 生 費	×××	
‥‥‥‥‥‥‥‥‥‥	×××	×××
Ⅲ 製 造 経 費		
電 力 費	×××	
ガ ス 水 道 費	×××	
運 賃	×××	
減 価 償 却 費	×××	
修 繕 費	×××	
租 税 公 課	×××	
不 動 産 賃 借 料	×××	
保 険 料	×××	
旅 費 交 通 費	×××	
通 信 費	×××	
雑 費	×××	
‥‥‥‥‥‥‥‥‥	×××	×××
当 期 総 製 造 費 用		×××
期 首 仕 掛 品 棚 卸 高		×××
合 計		×××
期 末 仕 掛 品 棚 卸 高		×××
当 期 製 品 製 造 原 価		×××

6 財務諸表の内容とその検証

財務諸表を分析の対象としてみる場合には，具体的な分析作業以前の問題として，財務諸表が内容的に正しく作成されているかどうかという正確性のチェックがぜひ必要である。それは，財務諸表が意図的に粉飾操作されていないかどうかを検証するためであることはもちろんであるが，それだけでなく，無意識のうちに行われた誤った処理や計上方法によって，各項目の数値がゆがめられている場合もあるからである。

粉飾操作の有無の検討は，実際の分析作業の過程でも行われるが，ここでは，それ以前の財務諸表を手にした場合に，財務諸表の形式，内容につき，どのような点に注目すべきかに触れてみる。一般的なチェック・ポイントを列挙すると次のとおりである。

〔財務諸表の形式・内容上のチェック・ポイント〕

❶継続企業の前提に関する注記が開示されていないか。有価証券報告書等の事業等のリスクにおいて，継続リスクが開示されていないか。

❷売上債権に対する貸倒引当金の設定は十分か。長期滞留債権はないか。

 **包括利益計算書**

　会計基準の国際的なコンバージェンスの取組みの一環として，平成23年3月31日以降終了する連結会計年度の年度末に係る連結財務諸表から，包括利益の表示に関する会計基準が適用された。

　連結財務諸表においては，少数株主損益調整前当期純利益にその他の包括利益の内訳項目を加減して包括利益を表示する。

　ここで，「包括利益」とは，ある企業の特定期間の財務諸表において認識された純資産の変動額のうち，当該企業の純資産に対する持分所有者との直接的な取引によらない部分をいう。当該企業の純資産に対する持分所有者には，当該企業の株主のほか当該企業の発行する新株予約権の所有者が含まれ，連結財務諸表においては，当該企業の子会社の少数株主も含まれる。

　また，「その他の包括利益」とは，包括利益のうち当期純利益及び少数株主損

❸棚卸資産の評価は適切か。実地棚卸は実施されているか。不良品，陳腐化品などは含まれていないか。

❹営業取引外の金銭債権債務は，ワン・イヤー・ルールに従って，それぞれ流動，固定に正しく分類されているか。

❺役員関係債権債務については，その内容に注意のこと。

❻仮払金，仮受金，未決算勘定などにつき，金額の大きいものは，その内容に注意のこと。

❼有形固定資産の減価償却は，規則的に実施されているか。償却過不足はないか。償却方法，耐用年数などの変更はないか。特別償却の恩典は利用しているか。

❽資本的支出と修繕費などの経費支出の処理基準は適切か。建設仮勘定の内容に注意のこと。

❾無形固定資産の内容に注意し，金額の大きいものについては，その事実と償却状況を確かめること。

❿関係会社投資のなかには不良会社のものはないか。その評価額は適切

益に含まれない部分をいう。具体的には，その他有価証券評価差額金，繰延ヘッジ損益，為替換算調整勘定等が該当する。

包括利益を表示する計算書は，2つの表示形式が認められている。

①　当期純利益の表示と，包括利益の表示を1つの計算書（「損益及び包括利益計算書」）で行う形式（1計算書方式）

②　当期純利益を表示する損益計算書と，包括利益を表示する包括利益計算書からなる形式（2計算書方式）

＜適用初年度の平成23年3月31日連結決算短信における包括利益計算書の表示形式＞

調査日	平成23年5月16日
調査対象会社	平成23年4月1日現在の日経300の会社のうち，以下の条件に該当する215社 ・3月31日決算 ・日本基準採用 ・銀行業，証券業を除く
調査対象資料	平成23年3月連結決算短信

包括利益計算書の表示形式

表示形式	会社数
1計算書方式	7
2計算書方式	200
調査日現在短信が未提出	8
合計	215

（出所）新日本有限責任監査法人　ナレッジセンター・リサーチ

か。

❶繰延資産の内容は適切か。資産性のないものは含まれていないか。償却
は規則的に実施されているか。

❷設備購入その他営業外の支払手形は，一般支払手形と区分表示されてい
るか。

❸前受金，預り金などの内容は適切か。実質借入金と思われるものが混入
していないか。

❹前払費用，未払費用は適切に計上されているか。

❺引当金は，必要なもの（少なくとも税法上のもの）は計上されているか。
繰入れ状況は十分であるか。取崩しの理由は何か。

❻売上収入，売上原価，販売費および一般管理費，営業外収益・費用はそ
れぞれ正しく分類計上されているか。各分類項目の内容に注意のこと。

 ### 継続企業の前提に関する注記

　財務諸表は，継続企業の前提を基礎とした，一般に公正妥当と認められる企業
会計の基準に準拠して作成されている。しかしながら，企業はさまざまなリスク
にさらされながら事業活動を営んでいるため，企業が将来にわたって事業活動を
継続できるかどうかは，不確実性を有している。

　そのため，財務諸表の利用者に継続企業の前提に関する有用な情報を提供する
ために，継続企業の前提に重要な疑義を生じさせるような事象または状況が存在
する場合で，当該事象または状況を解消し，または改善するための対応策を講じ
てもなお，継続企業の前提に関する重要な不確実性が認められるときには，財務
諸表において継続企業の前提に関する注記が開示される。

　とくに破産，会社更生手続き直前事業年度の財務諸表には継続企業の前提に関
する注記が開示されている事例が多くみられるため，企業評価を実施する際に
は，継続企業の前提に関する注記の有無を検討することが非常に有用である。

　また，継続企業の前提に重要な疑義を生じさせるような事象または状況が存在
する場合で継続企業の前提に関する注記するほどの不確実性がない場合において
も，有価証券報告書等の開示書類の前半部分，第一部企業情報「事業等のリス
ク」において，継続企業の前提に重要な疑義を生じさせるような事象または状況

❶❼関係会社売上高および仕入高の増減に不自然なものはないか。関係会社売上債権などの増減内容もあわせて注意のこと。

❶❽割賦販売高の未実現利益繰延べの処理は適切になされているか。

❶❾営業外収益・費用の内容に注意のこと。とくに，雑収入，雑損などで金額の大きいものは，その内容を分析すること。また，内容的に異常損益，前期損益修正に該当するものが計上されていないかに注意のこと。

❷⓿特別損益の内容に注意のこと。とくに金額の大きいものはその内容を分析すること。固定資産売却益については，売却の事実関係を確かめること。

❷❶棚卸資産等の評価方法，減価償却の方法，引当金の設定基準などの会計処理方法につき，変更したものはないか。変更した場合にはその影響について検討すること。

が存在する旨およびその具体的な内容が開示される。そのため，企業評価を実施する際には，継続企業の前提に関する注記だけでなく事業等のリスクにおいて重要事象の開示の有無を確かめることが有用である。

継続リスク開示状況

調査日：	平成22年7月8日
調査対象：	平成22年3月期　有価証券報告書
調査項目：	事業等のリスク，継続企業の前提注記（連結，個別）

1．開示状況

継続リスク開示企業	平成21年3月期	平成22年3月期
事業等のリスクのみ開示	97	91
事業等のリスクおよび注記	90	82
合計	187	173

2．平成21年3月期から平成22年3月期までの推移

	【事業等のリスクのみ開示】	【事業等のリスクおよび注記で開示】
平成21年3月期	97	90
平成22年3月期に解消	−54	−22
平成22年3月期に発生	46	16
平成21年3月期に事業等リスクのみ開示，平成22年3月期に事業等のリスクおよび注記で開示へ変更	−7	7
平成21年3月期に事業等リスクおよび注記で開示，平成22年3月期に事業等のリスクのみ開示へ変更	9	−9
平成22年3月期	91	82

※検索範囲の網羅性については，確保されていない。
（出所）新日本有限責任監査法人　ナレッジセンター・リサーチ

❷損益計算書の「法人税等」(または納税充当額),および貸借対照表の流動
　負債の部の「未払法人税等」(または納税充当金) は正しく計上されてい
　るか。また,損益計算書計上額と貸借対照表流動負債計上額との関係を
　確かめること。

　これらの内容のチェックは,財務諸表の内訳明細書によって検討するな
り,作成会社にその内容の補足説明を求めるなりしないと,正確にはつかみ
がたい。しかし,財務諸表に関する相応の知識をもっていれば,何らかの推
定判断や手がかりを得ることもできる。

　内容のチェックと対処策について触れてみよう。たとえば,損益計算書で
は上述したように各種の収益・費用項目が一定の基準によって分類され,そ
れらから売上総利益,営業利益,経常利益,税引前当期純利益,当期純利益
という5つの計算段階別の各種利益が記載されている。これらの各種利益
が,各収益・各費用の正確な分類に基づいて正しく計算表示されているかど
うかは,収益性分析における前提として重要なことである。わけても,経常
利益の額は,臨時的異常な損益項目を含まない,経常的損益項目だけによっ
て計算されなければならない。

　そこで,営業外収益や営業外費用の内容を検討し,そのなかに特別損益項
目が含まれていないかどうか,あるいは特別損益の部に経常的損益項目が含
まれていないかどうかを検討し (前記チェック・ポイント❶,❷),その結果い
かんでは経常利益の額を修正して分析を進めることも考えなければならな
い。

　また,棚卸資産の評価方法を変更した場合は,財務諸表に注記されること
になっているが,その評価方法の変更によって利益額が大きく変動している
場合には前期との比較性を害するので,変更前の評価方法によって利益額や
棚卸資産価額を修正して分析することが必要な場合もある (同チェック・ポイ
ント❷)。

　このほかにも,前記のチェック・ポイント項目を中心に,財務諸表の内容
を注意深く観察すれば,その企業の実態に照らして異常と思われる項目や金

額が目につくことも少なくないので，その内容を確認し，正確な財務諸表に
修正して，分析にのぞむことが必要である。

7　国際会計基準（IFRS）適用に向けた動き　　　日本は，2012年を目途に
　　　　　　　　　　　　　　　　　　　　　　　　強制適用の判断を行う予
定であったが，現時点においてまだ結論は出ていない状況にある。任意適用
は2010年3月期から開始されており，2013年10月には任意適用企業拡大に向
けて大幅な要件緩和が行われた。

　また，2014年7月には修正国際基準の公開草案が公表されている。

〈国際会計基準（IFRS）適用に向けた動き〉

時期	適用に向けた動き	内容
2009年	日本版ロードマップ公表	・日本版ロードマップ「我が国における国際会計基準の取扱いについて（中間報告）」を公表 ・一定の要件を満たす企業に2010年3月期から任意適用 ・強制適用については2012年ごろを目途に判断 ・強制適用に当たっては，実務対応上必要な期間として，強制適用の判断時期から少なくとも3年の準備期間が必要になるものと考えられる（2012年に強制適用を判断する場合には，2015年又は2016年に適用開始）
2011年	金融担当大臣声明	・少なくとも2015年3月期についての強制適用は考えておらず，仮に強制適用する場合であってもその決定から5-7年程度の十分な準備期間の設定を行う
2012年	論点整理公表	・「国際会計基準（IFRS）への対応のあり方についてのこれまでの議論（中間的論点整理）」を公表 ・「最終的な結論が出ているわけではなく，さらに審議を継続して議論を深める必要がある」とした上で，これまでの企業会計審議会での議論の内容を整理したもの
2013年	任意適用要件緩和	・企業会計審議会が「国際会計基準（IFRS）への対応のあり方に関する当面の方針」を，自民党が「国際会計基準への対応についての提言」を公表 ・任意適用要件を緩和する連結財務諸表規則等を改正

| 2014年 | 単体開示を簡素化，修正国際基準の公開草案公表 | ・単体開示を簡素化（2014年3月期決算より）
・政府が「IFRSの任意適用企業の拡大促進」を掲げる成長戦略を閣議決定
・ASBJが「修正国際基準（国際会計基準と企業会計基準委員会による修正会計基準によって構成される会計基準」の公開草案を公表 |

・任意適用要件の緩和について

　2013年10月に連結財務諸表規則等が改正され，IFRSの任意適用要件が緩和された。この改正によって，IFRSに基づいて作成する連結財務諸表の適正性を確保する取組・体制整備要件のみを残し，上場企業であることおよび国際的な財務・事業活動を行っていることという要件は撤廃された。結果，新規株式上場（IPO）企業や資本金20億円以上の海外子会社を有しない会社等の連結財務諸表についてもIFRSの適用が可能となった。

・日本再興戦略について

　安倍政権の成長戦略，「『日本再興戦略』改訂2014」が2014年6月24日に閣議決定された。「金融・資本市場の活性化」に関する部分で，IFRSの任意適用企業の拡大促進について掲げられている。

〈政府成長戦略：国際会計基準（IFRS）の拡大促進について〉

・2008年のG20首脳宣言において示された，会計における「単一で高品質な国際基準を策定する」との目標の実現に向け，IFRSの任意適用企業の拡大促進に努める
・任意適用企業がIFRS移行時の課題をどのように乗り越えたのか，また移行によるメリットにどのようなものがあったのか等について実態調査・ヒアリングを行い，「IFRS適用レポート（仮称）」として公表し，IFRSへの移行を検討している企業の参考とする
・東京証券取引所は，上場企業に対し，会計基準の選択に関する基本的な考え方（例えば，IFRSの適用を検討しているか等）について，投資家に説明するよう促す

　2015年7月時点でIFRS適用ないし適用予定公表企業は88社になり，大幅に増加してきている。今後も適用予定の旨を公表する企業がますます増えてくるものと思われる。

　企業会計審議会は，まずは IFRS の任意適用の積み上げを図るために「当面の方針」として「IFRS 任意適用要件の緩和」,「IFRS の適用の方法」及び「単体開示の簡素化」について考え方を整理した。

 **IFRS 関連組織に対する日本の関与状況**

IFRS 関連の組織としていくつかのレベルでの組織があるが，以下のとおり日本はいろいろなレベルのメンバーとして関与している。

① IASB（国際会計基準審議会）
　▶鶯地隆継氏
② Trustees（IFRS 財団評議員会）
　▶岡田讓治氏
　▶佐藤隆文氏
③ IFRS 諮問会議
　▶熊谷五郎氏（副議長）
　▶石原秀威氏
④モニタリング・ボード
　▶金融庁
⑤アジア・オセアニア拠点
　▶ IFRS 財団が東京サテライトオフィスを開設
　・アジア・オセアニアからの意見発信
　・同地域での IFRS 導入支援

 IFRS 適用レポート

　金融庁は，2015年4月15日に「IFRS 適用レポート」を公表した。

　IFRS 適用レポートは，2014年6月に閣議決定された「『日本再興戦略』改訂2014」の中で，「IFRS の任意適用企業の拡大促進」が明記されたことに伴うものである。

　「『日本再興戦略』改訂2014」においては，IFRS の任意適用企業に対する実態調査やヒアリングを通じて，移行時の課題や移行のメリット等を調査し，今後 IFRS への移行を検討している企業の参考にするため，『IFRS 適用レポート（仮称）』として公表することが提言されていた。

〈IFRS への移行によるメリット〉

①	経営管理への寄与	27社
②	比較可能性の向上	12社
③	業績の適切な反映	9社
④	海外投資家への説明の容易さ	7社
⑤	資金調達の円滑化	2社
⑥	その他	3社

・60社中54社が，「1．IFRS の任意適用を決定した理由・経緯」の「(1)任意適用を決定した理由又は移行前に想定していたメリット」における回答と同順位を回答
・IFRS 任意適用企業の多くが，移行前に想定していたメリットを実際に享受していると考えられる

〈IFRS への移行によるデメリット〉

①	実務負担の増加	27社
②	コストの増加	12社
③	業績の表示	6社
④	適用の困難さ	5社

・実務負担の増加として挙げられた主な内容とその対応方法

項目	内容	対応方法
一時的な実務負担の増加	・グループ会計方針書の作成 ・報告日（決算期）の統一	・決算プロセスの見直し ・システム化による効率化 ・経験者の採用
継続的な実務負担の増加	・複数帳簿管理 ・開示量の増加 ・日本基準との並行開示 ・監査法人との協議の増加	・子会社や事業部門への負担分散

（出所）　金融庁「IFRS 適用レポート」

3　財務分析の留意点

1　分析にあたっての留意事項　財務分析を進めるにあたっては，その前提として心得ておくべきいくつかの留意事項がある。それらを心得たうえで財務分析を進めてこそ，はじめて生きた財務分析ができ，また，それによって企業の実態を正しくつかみ，時と場合に応じた的確な判断も可能となる。財務分析上の留意点については，すでにこれまでにもいろいろな角度から触れてきた。それらを含めて，ここで財務分析上の留意点をいくつかあげてまとめてみると，次のとおりである。

① 企業の質的側面と関連づけて総合判断を…財務分析は，企業活動の結果を計数によってまとめたもの，すなわち企業活動の量的側面を分析するものであるが，企業活動のなかには計数化できない質的側面もあるので，財務分析上の判断は単にそれだけにとらわれて行うのでなく，企業の質的側面からの実態も十分にとらえ，財務分析結果を質的側面の実態と関連づけて検討し，総合判断するように努めなければならない。

② 財務諸表の内容の理解と検討を…分析対象である財務諸表の内容がどのようなしくみ，ルールによってつくられているか，ということを理解してこそ，種々の財務分析手法の意味や体系も十分に理解でき，適切な判断が可能となる。したがって，基本的な財務諸表の知識や，会計のしくみ，各種計数の内容，性格などについての理解が必要とされる。

③ 総合的，体系的な分析と判断を…分析は，全般的，総合的なものから，部分的なものへという，体系的な進め方が理想であり，また，その結果の判断も第1次的に重要なのは全般的，総括的な判定であり，必要

に応じて部分的な判断に移っていく。これが逆になると，木を見て森を見失うような分析判断になりがちであるから注意を要する。ただ，これは部分の分析が不必要ということではなく，むしろ総合的に問題がなくても，部分的に問題があることも多いことから，部分的，個別的な分析もきわめて重要であることに留意しなければならない。

④　前向きの姿勢が必要…財務分析は，過去の企業活動の量的側面を分析するものであるが，それは単に過去の動向や実態を探るだけが目的ではなく，現時点で企業がかかえている問題や，さらに将来の企業活動に影響を及ぼすような諸要因や問題点を見出し，その企業の将来を予測することを指向するものである。財務分析には，このような前向きの姿勢こそ不可欠の要件であることを忘れてはならない。

2　数字の裏にかくされた実態

上述のことをひとことでいえば，数字にこだわりすぎて企業調査という本来の目的や意図を見失うなということである。計数というものは，ことばで表現するよりも具体性があり，また，それによって他との比較も可能であり客観性が保てる。そのような意味において，財務分析の手法は，企業のありのままの実態をつかむのには，2つとない得がたい方法であることは，誰しも認めるところであろう。

　しかし，一方では，数字ほど無味乾燥で抽象的なものはないという見方もある。数字というものには，感情とか情緒といったものがみじんもない。それゆえに，計数の裏にかくされた企業の考え方なり行動というものは，計数だけでは何ともわかりにくい。企業活動の結果は，最終的には計数によって表現されるが，企業活動そのものは人が主体となって金や物を動かす。したがって，計数だけで判断すると，人による企業活動の実態に触れにくい。たとえば，今期は利益が前期よりも1千万円増えて1億2千万円になったとき，それは経営者をはじめとする企業関係者のなみなみならぬ努力によって達成された業績である場合もあれば，環境条件の関係で関係者が労すること

なく偶然にそのような結果になる場合もある。同じ1千万円の増益であって
も，前者の場合と後者の場合とでは，計数面での評価は変わらないが，その
計数の背景をも考え合わせると，企業に対する評価もおのずから異なってく
る。このようなケースは，財務分析では随所に出会うことである。

　したがって，財務分析は，第1次的には数字によって客観的に事実を判断
することが重要であり有効であるが，第2次的にはその背景にある企業活動
がどのような状況であったかまで考え，それらを総合してその企業の実態を
評価し，また将来を予測するといった態度が強く望まれる。数字を重んじな
がらも，それだけに執着せず，企業活動の実態を見失わない柔軟な姿勢こ

　　　事業等のリスクの開示分析

　有価証券報告書の開示項目の「事業等のリスク」では，有価証券報告書を提出
する会社の事業活動等に関して，財政状態等に重要な影響を及ぼす内容が分かり
やすく開示されている。
　企業を理解するうえで，事業等のリスクを理解することは欠かせない。

〈事例紹介〉
1．為替の動向に関する開示事例
　●会社名：（株）ブリヂストン　決算日：平成24年12月31日

4【事業等のリスク】
有価証券報告書に記載した事業の状況，経理の状況等に関する事項のうち，投資者の判断に重要な影響を及ぼす可能性のあるリスクには以下のようなものがあります。当社グループは，これらのリスク発生の可能性を認識した上で，当該リスク発生の回避，及び発生した場合の対応に努めております。 　ただし，記載された事項以外にも予見することが困難なリスクが存在し，当社グループの事業，業績及び財政状態に悪影響を及ぼす可能性があります。 　なお，文中に含まれる将来に関する記載は，有価証券報告書提出日（2013年3月26日）現在で判断したものであります。 　～略～

そ，望ましい財務分析の在り方といえよう。

3　財務分析とインフレーション

上述に関連して，ここでつけ加えておきたいことにインフレーション（インフレという）の財務分析に与える影響がある。企業の財務諸表は取得原価を基準とする数値によって作成，表示されていることから，インフレが急激に進むと，財務計数にゆがみが生じるおそれがあり，それが財務分析に少なからずかかわりをもってくる。すなわち，インフレの進行によって，企業の利益のなかには価格の大幅な上昇による売上増加や，過去の安く取得した

---

(5) 為替変動に関するリスク

　当社グループは，開発・生産・流通・販売・調達などの活動をグローバルに展開しており，原材料の調達や販売活動などにおいて，多種の通貨による取引を行っております。米ドル，ユーロなどの主要通貨については，為替予約などにより短期的な影響を最小限にする努力をしておりますが，世界各地で国際間取引を行っていることから，為替相場の変動は，当社グループの業績に影響を及ぼすことになります。また，海外での売上高，費用，資産・負債等は，連結財務諸表作成のために円換算されることから，為替相場の変動による影響を受けることになります。一般に，他国通貨に対する円高は当社グループの業績に悪影響を及ぼし，円安は当社グループの業績に好影響をもたらします。

　～略～

２．金利の動向に関する開示事例

　●会社名：日本電工（株）　決算日：平成24年12月31日

　4【事業等のリスク】

　当社グループの経営成績及び財政状態に関する事項のうち，投資家の判断に重要な影響を及ぼす可能性のある事項は，次のとおりであります。

　文中における将来に関する事項は，当連結会計年度末（平成24年12月31日）現在において当社グループが判断したものであります。

　～略～

(6) 金利変動

　当社グループは，相応の有利子負債を保有しているため，金利情勢，その他金融市場の変動が業績に影響を与える可能性があります。

　～略～

固定資産の少額で済む償却費の計上によってインフレ利益が含まれたり，貸借対照表に計上されている資産の評価額が現在の価額と大幅に異なることがあったりすることなどにより，財務比率等が企業の実態を正しく反映しなくなる場合が考えられるのである。

　そこで，実際の分析にあたっては，インフレによる貨幣価値変動が激しい場合には，それの諸計数への影響度を考慮し，インフレによる変化部分と，プロパーの実態の変化部分とを区別して判定することを心がけなければならない。たとえば，売上高が30％増加していても，インフレによる売価の値上り率が20％であれば，実質的な売上伸び率は10％に満たないということを十分に認識し，財務分析の結果を判定するようにする。こうしたことは，財務分析を単なる計数的な分析にとどめず，その内容，背景をも考えて総合判断することの必要性につながることである。

 **時価開示の適用範囲**

　金融商品会計基準，同適用指針の改正により，平成22年3月31日以後終了する事業年度末に係る財務諸表から，原則としてすべての金融商品を対象として時価情報を注記として開示することになった。この注記は，企業が有する金融商品に係るふくみ損益の把握を通じて企業の財政状態の分析に非常に役に立つ内容となっている。

1．注記事項

金融商品の状況に関する事項	▶金融商品に対する取組方針 ▶金融商品の内容及びそのリスク ▶金融商品に係るリスク管理体制 ▶金融商品の時価等に関する事項についての補足説明
金融商品の時価等に関する事項	▶時価を把握することが極めて困難と認められるため，時価を注記していない金融商品 ▶金融商品に関するB/S科目ごとに，B/S計上額，B/S日における時価及びその差額並びに当該時価の算定方法 ☆当該金融商品の概要，B/S計上額，その理由 ※債券等について時価を注記しない場合は，限定的である（適用指針第39項） ※市場価格がない株式については，一定の種類株式を除き，時価を把握することが極めて困難と認められる金融商品に該当する（適用指針第39項）

・重要性が乏しいものは，注記を省略できる。

4　ふくみ損益と時価情報

金融商品会計基準の適用以後，時価開示が進み，企業が有するふくみ損益の表面化が進むことになった。

近年の証券化取引の拡大や金融商品の多様化等，金融取引を巡る環境が変化するなかで，市場価格がない場合でも，金融商品の時価情報に対するニーズが拡大していること，国際的な会計基準でも時価に関する情報開示が拡大していることから，金融商品会計基準が改正され，平成22年3月31日以後終了する事業年度末に係る財務諸表から金融商品についてその状況，その時価等に係る事項の開示の充実が図られている（詳細については，Step up「時価開示の適用範囲」を参照のこと）。

また，賃貸等不動産に関しても，金融商品の時価の注記対象を拡大したこと，国際財務報告基準では，投資不動産において時価評価と原価評価の選択

2．適用範囲

原則	金融商品会計基準等が適用されるすべての金融商品
対象外	保険契約，退職給付債務
適用外	純資産の部に計上される金融商品（新株予約権など）

3．金融商品の時価等に関する事項　開示例（時価の算定方法を除く）

（単位：百万円）

	連結貸借対照表計上額（※）	時価（※）	差額
(1) 現金及び預金	××,×××	××,×××	―
(2) 受取手形及び売掛金	××,×××	××,×××	―
(3) 投資有価証券			
その他有価証券	××,×××	××,×××	―
(4) 支払手形及び買掛金	(××,×××)	(××,×××)	―
(5) 短期借入金	(××,×××)	(××,×××)	―
(6) 社債	(××,×××)	(××,×××)	×××
(7) 長期借入金	(××,×××)	(××,×××)	×××
（※）負債に計上されているものについては，（　）で示しています。			

長期借入金等の市場価格のない金銭債務の時価は，一定の期間ごとに区分した期間の元利金の合計額を一定の利率で割り引いた現在価値により算定しているケースが大半と思われる。その際の割引率は貸借対照表日における企業の信用リスクを加味したものとなるため，信用リスクが高いほど，割引率は大きくなる。その結果，企業の信用リスクが高いほど金銭債務の時価は小さく開示されていることを財務分析の際に考慮に入れる必要がある。

適用とし，原価評価の場合に時価を注記することとしていることとのコンバージェンスを図るという観点から，平成22年3月31日以後終了する事業年度末に係る財務諸表から，賃貸等不動産に該当する場合には時価等の注記を行うこととされている（詳細については，Step up「賃貸等不動産の時価等の開示」を参照のこと）。

　このように，これまで一部の金融商品に対して行われてきた時価開示が，金融商品全般に拡大するとともに，一定の不動産に関しても行われるようになった。これにより，企業を分析する立場からみれば，企業が有するふくみ損益をつかむことは容易になったといえる。

5　統計上の経営指標は相対的な尺度

比率等の各種経営指標は，どのような基準によってそのよしあ

 **賃貸等不動産の時価等の開示**

　平成22年3月31日以後終了する事業年度の財務諸表から，賃貸等不動産の時価等の開示が行われることになった。これにより，企業が保有する賃貸等不動産のふくみ損益が明らかにされた。とくに社歴が長い不動産会社等は，保有する賃貸等不動産に関して多くのふくみ益を保有しているものと思われる。

1．賃貸等不動産の定義・範囲
　賃貸等不動産とは，棚卸資産に分類されている不動産以外のものであって，賃貸収益またはキャピタル・ゲインの獲得を目的として保有されている不動産をいう。物品の製造や販売，サービスの提供，経営管理に使用されている場合は賃貸等不動産には含まれない。
　たとえば，以下の不動産が賃貸等不動産に含まれる。
　①　貸借対照表において投資不動産として区分されている不動産
　②　将来の使用が見込まれていない遊休不動産
　③　上記以外で賃貸されている不動産

しを判断したらよいか。その判断基準になるものとしては，同業他社の数値，統計資料，目標値，理論的に割り出した標準値などいろいろなものがある。このうち，もっとも一般的に用いられるのは統計資料であろう。統計による経営指標は，一般水準を示すものであり，この一般水準をよりどころとして比率のよしあしを判断するのは，実務のうえでは単純明快であり，その有効度も高い。

しかし，他方において，分析実務ではそれが多用されているだけに，統計上の経営指標をあたかも標準値であるかのように解することにより，その使い方がやや安易に流れるきらいがある。そもそも，統計上の経営指標は，ある一定期間における多数の対象企業の財務計数から一定の方法に基づき算出された平均的な経営指標である。それゆえに，それは単なる一般水準値であり，けっして理想的な経営指標，あるいは標準的な経営指標ということでは

2．注記事項

賃貸等不動産の概要	内容，種類，場所等
賃貸等不動産のB/S計上額および期中における主な変動	▶原則として取得原価から原価償却累計額および減損損失累計額を控除した金額 ▶期中の変動に重要性がある場合には，その事由および金額
賃貸等不動産の当該末期における時価およびその算定方法	▶原則的方法 ☆通常，観察可能な市場価格に基づく価額をいい，市場価格が観察できない場合には合理的に算定された価額（「不動産鑑定評価基準」による方法または類似の方法に基づいて算定） ☆契約により取り決められた一定の売却予定価額がある場合は，合理的に算定された価額として当該売却予定価額 ▶簡便的方法 ☆直近の原則的時価算定を行ったときから，一定の評価額や適切に市場価格を反映していると考えられる指標に重要な変動が生じていない場合には，当該評価額や指標を用いて調整した金額等
賃貸等不動産に関する損益	▶P/Lにおける金額に基づき注記。賃貸等不動産に関して直接把握している損益のほか，管理会計上の数値に基づいて適切に算定した額その他の合理的な方法に基づく金額によって開示可能等

ない。統計上の経営指標を分析判断の基準として用いる場合には，このような認識のうえにたって，まず，それが絶対的な尺度としてではなく，相対的な尺度，あるいは一応の目途としての尺度として考えるような態度が基本的に必要である。

6　統計指標利用上の留意点

このような統計上の経営指標を分析実務のうえで利用する場合には，さらに，次のような点に留意することが，正しい判断をくだすために必要である。

① 統計の調査方法…統計によって調査方法が異なることがあり，それによって指標の見方も変わってくることに注意する。たとえば，全数調査や統計的な抽出方法による場合には，平均値に近いものが算出されるが，諸種の制約条件からそうした統計的手法をとりえない場合には，時に一般平均値を反映しないものが統計結果として算出される可能性もあることを含んでおくべきである。

② 調査対象企業…統計の調査対象となっている企業が，規模別にみてどの程度のものであるかなどについて留意し，分析企業の業種・規模に適合したものを選んで比較する必要がある。

　また，上場会社等の大企業の場合は，中小企業の場合に比べ財務資料の整備が行き届き，かつ有価証券報告書等により入手しやすいため統計上の調査作業も容易であるが，中小企業の場合は，財務資料に内容的な不統一や未整備のものが多く，対象企業数もぼう大で，かつ公開されていないのが普通であるから入手に手間どり，調査作業も容易でない。このような事情から，統計の指標は調査対象が大企業か，中小企業かによってその内容に質的な差異があるので，留意すべきである。ただ，中小企業の経営指標の統計で公表されているものは，大企業のものより数少ないので，内容に多少の不備があったとしても貴重なものといえよう。

　利用価値の高い統計指標のいくつかをあげると，次のとおりである。

〈中小企業向〉

・中小企業庁『中小企業の経営指標』——建設業，製造業，卸売業，小売業，サービス業等すべての業種にわたって細分されていることから，中小企業用では汎用性が高い。平成17年発行分より『中小企業の財務指標』に変更。その後，平成19年分公表を最後に廃止。

・中小企業庁『中小企業実態基本調査』——中小企業の財務面や経営面の基礎的データを産業別・規模別に公表しており，中小企業の実態把握や財務分析に有用である。

〈大企業向〉

・日本銀行『主要企業経営分析』（平成7年度まで。その後休止）

・三菱総合研究所『企業経営の分析』（平成18年度版を以って廃刊）——一般の平均指標のほか，各企業ごとの経営指標，財務資料が掲載されている。

・日本経済研究所——『産業別財務データハンドブック』

・EDINET ——金融商品取引法に基づく有価証券報告書等の開示書類に関する電子開示システムを利用して上場企業等の財務分析が可能である。

〈共通〉

・経済産業省　『企業活動基本調査』——従業員数50人以上かつ資本金額または出資総額3,000万円以上の会社を調査対象とし，一定規模以上の会社の財務分析に有用である。

③　統計サンプル数…その統計の調査対象となった企業のサンプル数がどの程度かに注目し，指標が平均値を反映しているものであるかどうかに注意しなければならない。大企業の場合は，企業数も限られるのでサンプル数が少なくても問題にならないことが多いが，中小企業の場合は，業種をどの程度細分するかにより異なるが，対象企業数はかなりの数にのぼるのに対して，統計のサンプル数が非常に少ない場合がある。

　このように，サンプル数が少ないときは，多い場合に比べると一般水

準を反映した指標が必ずしも算出されていないケースが考えられる。したがって、統計指標に使うにあたっては、サンプル数の多少によって統計数値の信憑性を判断し、その統計指標の参酌度合いを適宜変えることが必要であろう。

④　各統計固有の指標の特徴について…各統計ごとに算出される経営指標の内容は、その名称は異なっても大部分のものは共通のものが多い。しかし、一方では相似た指標であっても、その内容が異なるものがあるので、利用にあたってはそれに合わせた比較をしないと判断を誤ることになり、注意しなければならない。

たとえば、生産性分析では、各統計により付加価値の概念が異なり、厳密にはすべての統計の付加価値の内容がそれぞれ異なるので、利用にあたってはよく注意しなければならない。このような統計ごとの固有の指標の特徴については、第3章以下の各指標の説明にあたって詳しく触れる。

7　指標等の適否判断基準

統計指標の利用上の留意点は以上のとおりである。これらは各統計のまえがきの部分で説明されていることが多いので、ひととおり、目をとおすことが望ましい。

そして、算出された経営指標のよしあしを判断する場合には、統計指標だけにあまりこだわることなく、それとの比較は参考程度にとどめるべきである。それでは、指標の適否判断の基準をどこに求めるかというと、ひとことでは表現しにくいが、分析者が多くの分析経験を積み重ねることをとおして、自ら適否判断の基準を作りあげ、最終的にはそれによって判断することが必要と考える。ただし、その判断には客観的な裏付けのある根拠が必要であり、統計指標等による一般水準との比較検討も欠きえない条件のひとつであることはもちろんである。的確な判断をくだすのには、一にも二にも多くの企業の実態に触れ、その企業の分析経験を蓄積することによって、その判断能力を高めることがもっとも大切であることを強調しておきたい。

4　財務分析のポイント

1　3つの分析ポイント　　財務分析を行うにあたって，その着眼ポイントをどのようなところにおくかということは，分析の立場により，また分析者によっていろいろな見方があり，必ずしも見解が一致しているわけではないが，一般には分析のポイントとして，次の3つをあげることができる。

すなわち，①収益性，②安全性，③成長性，がその3つである。

2　収 益 性 の 分 析　　収益性分析は，企業の収益力がどの程度であるか，どの程度の利益をあげているかをみるもので，いかなる立場にたった分析であろうと，この収益性の評価を欠いた分析はありえないであろう。収益性というものは，企業が利潤の追求を目指していることからみても，財務分析の中心的な着眼ポイントとなるものといえる。収益性分析は，一般に比率分析によって行われることが多いが，損益分岐点分析や利益増減分析などでは実数分析が行われる。

収益性に関連するものとして，生産性をあげることができる。生産性とは，企業における生産能率（または活動能率）のよしあしをいうもので，これを分析する生産性分析は，財務分析の手法としてはほかの方法に比べ，比較的歴史の浅い新しい手法である。収益性が資本の立場からの分析であるのに対して，生産性は資本と人（労働）の立場，すなわち，資本の立場だけでなく，そこに加わる人（経営者と従業員）の立場をも合わせた，より広い立場にたった分析である点が異なる（詳しくは第4章で述べる）。そのために，財務

分析の着眼ポイントとして，収益性分析とは区分して生産性分析を別個にあげる場合もある。しかし，実質的には生産性で問題にすることは，収益性においても観点の相違はあっても同様に問題とすることが多く，両者は密接な関連をもっているので，ここでは生産性分析も収益性分析の一部として考えることとしたい。

3　安全性の分析

安全性分析は，多少のニュアンスの違いはあるが流動性分析ということもあり，あるいは資金繰り分析といわれることもある。安全性とは，企業における資金の運用と調達の状況がバランスのとれたものであるか，それによって長期的および短期的な資金繰りが安全であるかどうかをみるものである。

　いかに収益性の高い企業であっても，資金繰りに不安や支障をきたす企業では，その存続発展を期待することはできない。利益があがっても，資金繰りがショートするような，いわゆる「勘定合って銭足らず」の事態がおきないかどうかをみるのが安全性分析であるから，収益性分析とは別個の観点からの検討がどうしても必要になる。

　資金繰り分析というと，一般に短期的な資金収支のバランスということを考えがちであるが，安全性分析ではそのような短期的な資金繰りだけでなく，長期的な資金繰りも含まれる。さらに，その分析手法は，比率分析の方法もとられるが，むしろその中心は資金繰り表や資金運用表などによる実数分析の方法が多くとられる。

4　収益性と安全性の関連

収益性と安全性の相互関係は，いかにみたらよいであろうか。長期的にみるならば，収益性が高ければそれは安全性の維持につながるものと考えられる。すなわち，収益があがればそれに伴って資金の流入があり，収益が高まれば資金の流入も増え，資金の蓄積が行われる結果，安全性の点でもより好ましい状態に移行していくことは明らかであろう。したがって，収益性と安全性の 2 つ

のものは相いれるものであり，収益性の追求によって安全性の確保も満たされることになる。

　しかし，短期的にみると必ずしもそうはいかない。収益性が高くても資金繰りに窮することはよくある。たとえば，売上が相当にあがって収益性がまずまずであっても，売上代金の回収が長びけば資金繰りに支障をきたす場合がある。代金の回収を早めるためには，販売活動に早期回収という条件をつけることも必要になり，そうすれば収益性を幾分抑えることによって安全性を確保することを考えるべきかもしれない。このような場合は，収益性を高めようとすると安全性がそこなわれ，安全性を確保しようとすると収益性が低くなり，収益性の追求と安全性の維持が逆の方向に作用することになる。

　また，企業の資金繰りを考える場合，手持現金預金の量は，安全性の点からは支払準備のためにできるだけ豊富に余裕をもった額を保持した方が好ましいが，これを収益性の点からみると，資金の効率的な運用という意味で，手持現金預金量は必要最低限の額にとどめるべきであるということができる。ここにおいても，収益性と安全性とは逆の方向に作用する。

　以上のようにみてくると，収益性と安全性との関係は，長期的には収益性が高ければ安全性も保たれることから，それは相いれる関係にあるといえるが，短期的には収益性と安全性はウラハラの関係にあり，両者は相いれない。したがって，これらを総合して考えれば，財務分析においては，収益性は安全性にもつながる重要な着眼ポイントであるとともに，収益性だけでなく安全性についても絶対に欠きえない分析視点であるということができる。そして，収益性と安全性との相互のバランスをみることも，分析上の大きなポイントであることに注意したい。

　ひるがえって，これまでのわが国の多くの企業をみると，高度成長の波に乗って収益性指向の経営を続け，相当の実績をあげてきたが，その資金調達は借入金等の他人資本に依存しがちであったため，安全性の面ではいろいろな問題をかかえている。そのような安全性の面での弱体をこれからの低成長経済への移行にあたってどのようにあらためていくかは，大きな課題となろ

う。

5　成　長　性　の　分　析

いかに収益性が高く，安全性について問題がなくても，時系列的にみて発展力があるかないかということは，企業内容を大きく変える。発展力のある企業は魅力を増し，そうでない企業は評価がさがる。成長性分析は，このような企業活動の量的あるいは質的な発展度合いを検討評価するものであるが，前述の収益性，安全性の分析に比べると，財務分析のなかではややウエイトが低くなる。

　成長性を判定する指標としては，売上高の伸び率，利益の伸び率，付加価値の伸び率，自己資本の伸び率，その他いろいろなものが考えられるが，そのうちのひとつだけをとって成長性をうんぬんするよりも，いくつかのものをとりあげ，バランスのとれた成長性であるかどうかをみることも大切である。また，その企業の成長性だけを問題とするのでなく，経済社会全体，あるいは業界の成長性とも関連づけた分析も必要となる。

　また，成長性の判定指標は，最近の企業倒産の増加を考えると，売上高の伸び率といった量的な成長だけではなく，自己資本の伸び率といった企業体力の成長に着目した判定指標が大きく注目されるようになってもよいであろう。

　財務分析のポイントとしては以上のようにまとめることができるが，本書では，次章以下の財務分析手法の説明では，まず，第3章において収益性分析をとりあげ，ついで，第4章においてその補足的な分析としての生産性分析の概略に触れ，最後に，第5章において安全性分析に及ぶという方法をとっている。成長性分析については，重要ではあるが，上述のとおり内容が比較的簡単なことなので，章をあらためて特別にとりあげることは省略する。

第 3 章

収益性分析の方法と見方

1　収益性分析の意義

1　収益性分析の重要性

　企業は，本来利益を獲得することを目的とするものである。もちろん，企業の目標が利益の獲得のみにあるわけではなく，経済社会に対して何らかの有効なサービスを提供することがひとつの大きな目的であるが，そのサービスの提供によって赤字がでたり，利益が少なかったりしたならば，企業の存続，発展はむずかしくなる。これを極論すれば，企業は経済社会に対してサービスを提供することを手段として，その目的である利益を獲得するものであるといいかえることもできよう。

　このように，利益の獲得が企業にとって基本的に重要な目的であるために，利益に関連した収益性分析は財務分析のなかでももっとも重要な地位を占めることになる。したがって，その他の分析ポイントは，収益性分析に比べると第2義的な分析，あるいは収益性分析では足りないものを補充する手段的な分析であるとさえいうこともできる。

2　分析重点の収益性への移行

　財務分析の歴史は，安全性の分析からはじまり，逐次収益性の分析へと発展してきた。分析手法の内容からいえば，これを静態分析から動態分析への発展ということもできる。静態分析とは，一定時点における企業の静態的な財政状態を分析するもので，貸借対照表を資料として行う。これに対して，動態分析とは，一定期間における企業の活動状態を分析するもので，損益計算書を主な資料として行う。したがって，だいたいにおいて，静態分析は安全

性分析，動態分析は収益性分析といいかえることができる。

　財務分析は，当初アメリカの銀行における貸付先企業の信用分析の手法として考案された。そこで使われた手法の代表的なものとして，流動比率をあげることができる。それは，貸金の返済可能性，つまり企業の支払能力を判定することが主眼とされ，安全性の分析が中心であった。しかし，その後財務分析の手法は，銀行における信用分析ばかりでなく，投資家や企業自体の立場からの分析にも用いられるようになり，そこでは収益性分析が中心となるに到った。また，銀行における信用分析においても，単なる静態的な安全性分析にとどまらず，収益性を中心とした動態的な分析をかなり重要視するようになった。

　このようにして，収益性分析は財務分析上欠くことのできないものとなり，安全性分析以上に重要性が増してきた。とくに，近年は企業をとりまく経営環境が厳しく，競争も激しくなってきているので，企業における収益性，あるいは生産性の向上に対する要請が必然的に強くなり，いかなる立場における経営分析においても，収益性分析に相当な比重をかけることが多くなってきた。

3　収益性の総合指標

　収益性は，その企業があげた利益の度合いがどの程度かということを測定するものであるが，それを総合的に示す指標にはどのようなものが適切であるかを考えてみよう。よく使われる指標として，ここでは売上高利益率，増益率，1株当り利益，1人当り利益，資本利益率の5つをとりあげて，いずれが適当かを検討してみることにする。

　まず，売上高利益率は売上高に対する利益を示すものであり，その割合が高いほど収益性が高いとする指標である。この指標は，収益性の水準をかなり大きく反映することが多く，また，損益計算書によって簡単に算出することができるので，一般によく用いられる。しかし，欠点は業種によって比較的大きな格差がみられるので，同業種の場合は有効であるが，異業種の場合

にはそれだけで収益性を判断するものとしては不適当である。

　次の増益率は，当期の利益は前期の利益に対してどの位の割合で増加した
かをみるもので，利益の時系列比較による収益力の検討である。しかし，そ
れは当該企業のある意味での歴史的な収益力の比較にはなるが，それだけで
収益性の程度を決めうるものではない。ことに，増益率の算出の基準になる
前期の利益の水準がどの程度かによって，増益率は大きく変わってくるの
で，増益率だけをとりあげて収益性をうんぬんしても適切な評価とはなりえ
ない。それは，とくに他社との比較の場合に明らかである。たとえば，同じ
1億円の利益をあげているA社，B社であっても，前期の利益がA社5
千万円，B社8千万円のときの増益率は，A社100％，B社25％でA社の方
がまさるが，この場合，A社はB社より収益力が高いといえるかというと，
それには大きな疑問を感じる。たとえば，A社の前期が前々期比減益であ
ったとすれば（B社の前期は前々期比横ばいとする），その感がとくに強い。

　1株当り利益というのは，株主の立場からの収益性の指標としてはかなり
有力であるが，信用分析その他の立場では，あまり賛成できない。株数が少
ない企業，すなわち資本金の小さい企業は，そうでない同規模の企業に比べ
て利益の絶対額が同額であっても，1株当り利益が高くなることがあり，収
益性だけでなく資本金の大小によってもこの指標が変わることもあるからで
ある。

　1人当り利益は，人手を多く要する労働集約的な業種と，少人数で運営で
きる装置産業のような資本集約的な業種とでは，従業者数に大きな差がある
ので，これも客観的な収益性の指標にはなりえない。

　最後の資本利益率は，利益が資本に対してどの程度の割合かをみるもので
ある。企業は，利益の獲得を目指して事業活動を行うが，そのためにはいか
なる業種であっても資本を投下しなければならない。投下資本に対してどの
位の利益をあげるかということは，投資効率を意味する。この投資効率こ
そ，客観的な収益性の総合指標となりうるものと考えられる。それは，個人
があるまとまった現金を手にしたとき，それをいかに有利に運用して資金の

増殖を図るかということで，預金預入れや有価証券投資をするさいに，必ず
考える利回りと同様の内容をもつものといえる。

　以上により，前述した資本利益率以外の指標は，いずれも収益性の一指標
には違いないが，収益性を総合的に示す指標とはいえない。これに対して，
資本利益率は，企業活動の本質に照らして，収益性の測定尺度そのものであ
り，総合的な収益性指標たりうるものということができる。

2　資本利益率の分析

〔1〕　資本利益率の意味と種類

1　資本利益率の意味　　資本利益率が収益性の総合的な判定指標であることは，分析の立場や論者のいかんを問わず，ほとんど一般的である。そこで，収益性を分析する場合は，まず，第1段階として資本利益率の分析からはじめる。資本利益率とは，一定期間（1年）の利益が資本に対してどれだけの割合かを示すもので，次の算式により算出する。

$$\text{資本利益率} = \frac{\text{利　　益}}{\text{資　　本}} \times 100$$

資本利益率は，1年間に投下した資本に対して何％の利益をあげたかということを意味するもので，事情に大きな変化がない限り，今後においてもあげうる利益の割合を示唆するものである。この比率が低いときは収益性が低く，反対に高いときは収益性が高いことをあらわす。

2　資本利益率の種類　　算式の分子の利益は，どのような角度から収益性を分析するかによって，営業利益，経常利益，当期純利益など，いろいろな利益がとられる。いずれの場合も，利益は1年間の利益によって算出される。したがって，6か月決算の場合は，これを2倍にした年換算額による。

　また，分母の資本も，分子の利益と同様に分析の角度によって，総資本，経営資本，自己資本など，いろいろな資本がとられる。資本の額は，一般に期末の額がとられるが，正確には1年間の平均資本額による。しかし，実務上は平均資本額の算出は困難なので，その代わりに期首の額と期末の額との平均額によることが便法としてとられている。

　資本利益率とひとくちにいっても，前述のように分子の利益，あるいは分母の資本にどのようなものをもってくるかによって，実際にはいろいろな種類の資本利益率に分かれる。

　普通よく用いられる資本利益率には，次の3つのものがある。すなわち，①総資本経常利益率，②経営資本営業利益率，③自己資本経常利益率，がそれである。

〔2〕　総資本経常利益率

1　指標の意味と算出方法　　総資本経常利益率は，総資本に対する経常利益の割合であって，企業全体の立場からの収益性をあらわし，資本利益率のなかではもっとも広く用いられているものである。比率の名称は，統計等によって，使用総資本利益率，総資本収益率，総資本利潤率，総資本対経常利益率などと呼ばれることもある。

$$総資本経常利益率 = \frac{経常利益}{総資本} \times 100$$

　分子の利益には，当期純利益や税引前当期純利益でなく，特別損益を含めない経常利益をもってくる。特別損益を含めた税引前当期純利益をもってくると，その期だけの臨時的，あるいは異常な損益が含まれた利益，すなわち，経常的でないゆがめられた利益によって比率が算定され，企業の真の収益性をあらわすことにならないからである。また，法人税等を差し引いた当期純利益をもってくると，税金負担割合は，企業の規模，業種，会計処理等の相違によって若干異なるので，法人税等を差し引いた利益では，他社等と

の比較可能性の点で疑問があるからである。

> （注）経常利益は，文字どおりの実質的な経常利益でなければ正しい収益性の
> 判定につながらない。したがって，営業外収益・費用項目や特別損益項目
> の内容に注意し，実質経常利益をつかんで，比率を算定することが必要で
> ある。

　分母の総資本とは，貸借対照表における資産合計額，または負債および純資産の合計額をいう。この総資本のなかに，割引手形や裏書譲渡手形を含めるべきか否かということが，実務上よく問題になる。受取手形のうち，割引に付したものや裏書譲渡したものは，現行の会計実務では貸借対照表の資産の部には計上せず，これを偶発債務として脚注表示する慣行が広く普及している。これは，割引手形等は不渡等により買戻しが行われない限り資産性がなく，手形遡求義務という偶発債務があるにすぎないからである。このような財務諸表の実務を反映して，各統計において算出されている総資本経常利益率では，総資本に割引手形を含めていない。しかし，一方，金融的に考えれば，割引手形も借入金と実質的には変わらないことから，総資本経常利益率における総資本には割引手形も含めるべきであるという意見もある。この意見もうなずけなくはないが，資産，負債の二重計上の感をぬぐえない。結論的には，一般的な分析の場合は，統計との比較の関連もあり，割引手形を含めないことで割り切ってよいと考える。ただし，他社との比較分析の場合で，一方が借入金，他方が割引手形によって資金調達しているような場合は，割引手形を含めて計算する方が比較可能性の点で妥当なケースもあることに留意すべきであろう。

2　総合指標としての役割

　総資本経常利益率は，企業自体が行う内部分析，また銀行その他の債権者が行う信用分析のいずれの場合にも，企業の収益性を総合的に判定する指標としてもっとも適切なものである。したがって，収益性分析はまず総資本経常利益率の分析からはじめ，それによって全般的な収益状況をつかんでから，次の部分的な分析に移ることが望ましい。

　総資本経常利益率に対する批判として，分子の経常利益が支払利息等の他人資本利子差引後のいわゆる自己資本の立場からの利益であるのに対し，分母の総資本は他人資本（負債）を含めたものとなっており，両者は内容的に対応するものでないから，不合理な比率であるとし，後述の自己資本経常利益率の方が収益性の総合指標として適切であるといわれることがある。しかし，実務的には，企業に実際に投下されているのは自己資本だけでなく総資本であり，それに対する他人資本利子差引後の利益によって収益性を判定する総資本経常利益率の方が，プロパーの経営能率だけでなく，投下総資本の運用効率や資本構成（調達資本のなかにおける自己資本と他人資本の構成）の適否をも含めた企業全般の総合的な収益性比率として，ふさわしいものといえよう。

　もし，総資本経常利益率における上述のような不合理を除くのであれば，分子の利益は他人資本に対して支払われる支払利息割引料を加えたものとし，次のような算式による総資本経常利益率を用いるとよい。

$$\text{利子支払前総資本経常利益率} = \frac{\text{経常利益} + \text{支払利息割引料}}{\text{総　資　本}} \times 100$$

3　一般水準と判定の基準

　総資本経常利益率の統計上の比率の名称，算式，一般水準として示された指標は，資料[1]，[2]のとおりである。

⑴　企業規模との関連

　総資本経常利益率の全業種平均について，大企業が中小企業を下回っているのは，大企業の統計データとして銀行業等のアセットビジネスを営む業種を含んでいるためである。例えば，銀行業の総資本経常利益率は0.51%（2015年）とかなり低い水準である。このような例外を除けば，資料[1]，資料[2]のとおり，大企業が中小企業よりも比率の水準が高いことは確かであろう。

〔資料 ①〕 **総資本経常利益率**（大企業）

(単位：%)

業　　種	2013年	2014年	2015年
電気機器業	3.76	5.43	6.17
小　売　業	6.45	5.99	5.15
建　設　業	3.65	5.05	4.83

(出所)　「開示 Net」(㈱インターネットディスクロージャー提供) を利用して作成

〈算式〉　使用総資本経常利益率 $= \dfrac{経常利益}{総資産の2期平均} \times 100$

〔資料 ②〕 **総資本経常利益率**（中小企業（法人企業））

(単位：%)

業　　種	2011年	2012年	2013年
全　業　種	2.77	2.90	3.50
製　造　業	3.20	3.81	3.78
小　売　業	2.62	2.67	3.48
建　設　業	2.15	1.69	4.01

(出所)　中小企業庁『中小企業実態基本調査』(平成 26 年確報 (平成 25 年度決算実績))

〈算式〉　総資本経常利益率 $= \dfrac{経常利益}{総資本（総資産）} \times 100$

　中小企業は大企業と比較して，総資本経常利益率が低くなるのはなぜか。そこにはいろいろな事情が伏在しているのであろうが，ひとつの理由として，資本構成（調達資本のなかにおける他人資本と自己資本の構成）の違いからくるものと考えられる。すなわち，上場している大企業は，公募増資等の方法により自己資本を広く調達できるが，中小企業は資本調達方法が限られているため，一般的に借入等の他人資本を調達する。他人資本の調達は金利負担を伴うため，中小企業の経常利益水準は上場している大企業と比べて低くなる傾向にある。その結果，中小企業は大企業と比較して，総資本経常利益率が低くなるものと考えられる。

　この点，中小企業が大企業よりも他人資本に依存している程度が高いこと

は，自己資本比率（資料29,　30）から明らかである。

(2)　資本構成との関連

　総資本経常利益率は，また，企業の資本構成，すなわち調達資本のなかに占める他人資本（負債）と自己資本の構成割合いかんによって，いろいろな影響を受ける。

　まず，自己資本のウエイトが小さいと総資本経常利益率が経済の動きにつれて大きく変動し，不安定になるが，自己資本のウエイトが高いと変動が少なく安定的になる。わが国企業の場合は，自己資本が充実してきたとはいえ，なお過少で他人資本のウエイトが大きいため，景気変動などによって総資本経常利益率は大きく変化する。それは，他人資本が多いとそれに対する支払金利も多額となり，その大部分は売上高等に変化があっても負担額が変わらず固定的であるために，売上高や営業利益の減少する不況期にあっては金利負担割合が増大し，また反対の好況期には逆の減少が生じ，それぞれの経常利益額の増減幅が大きくなり，これを反映して総資本経常利益率の変動割合に大きく不安定な面がみられる。

　資本構成との関連でいまひとついえることは，業種的な特性から商社，銀行のように，自己資本が極端に少なく，他人資本が圧倒的に多い業種では，総資本経常利益率がきわめて低いということである。たとえば，商社は借入金依存度〔（借入金＋社債＋割引手形）÷総資産×100〕が55％程度と全業種平均33％と比べて非常に高く，調達資本の大部分が他人資本であるために利息負担が大きくなるため，総資本経常利益率は好況期であっても低く，特異な存在となっている。

(3)　判定の基準

　以上に述べてきたように，総資本経常利益率は，企業規模や業種によって多少の格差があり，その判定の基準をどこにおくかというと，厳密にはむずかしい点もある。しかし，特定業種を除いては，資本構成の良否をも含めた企業の収益性を，業種のいかんを問わず総括的に判定する指標としてはもっともベターな比率であるといえる。

　判定の基準を大企業に限ってズバリいえば，３％程度が収益性は普通，こ
れを下回るものは収益性が低いとみる。また，７％を超えるものは収益性が
高く，さらに10％を超えるものは収益力抜群の企業といってよいであろう。
３％を収益性普通で優良でもなく不良でもないとしたのは，一般水準値を考
慮して導き出されたものであることはいうまでもないが，企業経営をするか
らにはその程度の利益をあげるのは当然ではないかという考え方に基づくも
のである。ただし，大企業と中小企業は資本構成等に違いがあるため，総資
本経常利益率にて大企業と中小企業の収益性を単純に比較できない点を留意
しなければならない。

〔3〕　経営資本営業利益率

1　指標の意味と算出方法　　経営資本営業利益率は，経営資本に対する
　　　　　　　　　　　　　　　営業利益の割合であって，企業が本来の目
的としている営業活動の収益性をあらわすものとして，実務上も比較的よく
用いられる。

$$経営資本営業利益率 = \frac{営業利益}{経営資本} \times 100$$

　分子の営業利益は，損益計算書において売上高から売上原価と「販売費お
よび一般管理費」とを差し引いた金額であり，金融や投資活動等に関連する
営業外収益・営業外費用を加減する前の利益である。したがって，資本構成
や投資面にかかわる費用・収益はまったく含まれない利益，つまりプロパー
の営業活動による利益ということができる。

　分母の経営資本とは，企業本来の営業活動に運用されている資本（資産）
をいい，それは営業利益をもたらすために運用されている資本を指す。具体
的には，総資本から営業外資産（投資資産），遊休資産（営業活動に参加してい
ない遊休資産，または準備資産）などの額を差し引いたものをいう。このよう
な経営資本は，貸借対照表の総資本から上記の経営外資産を除いて算出する

が，外部分析者の立場からは，遊休資産などは貸借対照表面だけからそうで
ないものと区別することが困難な場合があり，そのようなときは正確な経営
資本の額を算出できないこともありうる。したがって，経営資本の額を正し
くつかみうる内部分析の場合は問題ないとしても，外部分析の場合には経営
資本営業利益率はやや算出しにくいという難点がある。

2　営業活動にかかわる収益性を表現

企業の経営活動は，これを分け
れば，物を仕入れ，加工して製
品をつくり，売る，あるいはサービスを提供するといったような営業活動
と，その営業活動に必要な資金を調達し，必要に応じて直接営業活動にかか
わらない部門へ投資したり，余剰金を運用するなどといった財務活動の２つ
に分類することができる。前者が経営活動の中心であり，後者がこれを補足
ないし拡充する活動であることはいうまでもない。経営資本営業利益率は，
このうちの前者のみに関連する比率であり，本来の営業活動にかかわる収益
性をあらわす指標である。その意味では，この指標は重要視されることも少
なからずあり，ことに企業内の実務では利益計画をたてる場合の指標として
利用される。

　しかし，経営資本営業利益率は，営業活動のみの結果を示すものであっ
て，そこには財務活動の結果は反映されない。したがって，それは有力な収
益性の指標ではあるが，財務活動をも含む総合的な収益性の指標ではなく，
部分的な収益性の指標である。これに対して，前項の総資本経常利益率は，
営業・財務の両活動を含む総合的な収益性の指標であり，両指標の意味する
ところは異なる。

　このようなことから，経営資本営業利益率は，財務的な活動をも含めた企
業全般の総合的な収益性をみるものとしては，不十分であることに注意を要
する。とくに，わが国企業の場合は，他人資本が多く借入金による資本調達
等財務活動のウエイトが比較的大きいので，財務活動面を除いた収益性では
企業評価の点で不十分さをぬぐえず，経営資本営業利益率によって収益性を

判定する場合には，この点を忘れてはならない。

3　一般水準と判定の基準　経営資本営業利益率の統計上の比率の名称，算式，一般水準として示された指標は，資料③，④のとおりである。この比率は，その指標の重要性が指摘されるわりには，諸統計には算出されることが少ない。

したがって，厳密にはそれぞれの比率の内容がやや異なるので，一般水準というものも判定しがたい。標準的な算式の経営資本営業利益率について一般的にいえば，それは総資本経常利益率よりもおよそ1～2％高目のものを判定基準とすることになろうか。とくに，大企業の場合には投資勘定等の経営外資産（資本）が相当額にのぼり（総資本の10％以上），総資本と経営資本との差が比較的大きく，かつ，有価証券利息等の営業外の収益も多いので，その傾向がある。

これに対して，中小企業では経営外資産や営業外の収益は大企業よりもやや少ないのが普通なので，総資本経常利益率とのギャップは大企業よりも少ないと思われる。

なお，経営資本営業利益率においても，総資本経常利益率の場合と同様に，企業規模や業種等によって水準に格差のあることはいうまでもない。

〔4〕　自己資本経常利益率

1　指標の意味と算出方法　自己資本経常利益率は，自己資本に対する経常利益の割合であって，株主や企業所有主の投下した資本の収益性をあらわすものである。

$$自己資本経常利益率 = \frac{経常利益}{自己資本} \times 100$$

自己資本は，貸借対照表の純資産の部の株主資本および評価・換算差額等からなる。

〔資料③〕 **経営資本営業利益率**（大企業）

（単位：％）

業　　　種	2013年	2014年	2015年
全　業　種	1.84	2.19	1.78
卸　売　業	3.50	4.03	3.76

（出所）「開示 Net」（㈱インターネットディスクロージャー提供）を利用して作成

〈算式〉 経営資本営業利益率（連結決算）＝ $\dfrac{営業利益}{総資産－投資その他の資産－繰延資産} \times 100$

〔資料④〕 **経営資本営業利益率**（中小企業（法人企業））

（単位：％）

業　　　種	2011年	2012年	2013年
全業種	2.69	2.64	3.27
製造業	3.23	3.63	3.48
卸売業	2.91	2.46	2.61
小売業	2.02	1.73	2.51

（出所）中小企業庁『中小企業実態基本調査』（平成 24 年，25 年，26 年確報）を利用して算出

〈算式〉 経常資本営業利益率＝ $\dfrac{営業利益}{総資産－建設仮勘定－投資その他の資産－繰延資産} \times 100$

　自己資本経常利益率は，企業自体の立場からよりも，株主等の立場からみた収益性をあらわすものである。すなわち，自己の投下した資本（そこから生みだされた利益の留保額をも含む）に対して，どれだけの利益が得られたかをみることにより，配当金としてどれだけ受け取れる可能性があるか，あるいは積立金等として自己に帰属する分はどの程度かを知ることができる。分母の自己資本の額は，その他の資本利益率と同様に，期首と期末の平均額によって計算するのが正しいが（期中に増資をした場合はそれをも加味して平均額を算出），配当能力をみるためには，むしろ期末の自己資本額とする方が適切である。

2　資本構成の比率に与える影響

自己資本経常利益率は，資本構成によって比率がかなり異なってくる。

とくに，わが国の企業は，〔2〕総資本経常利益率の項においても触れたように，一般に自己資本が過少であるために，自己資本経常利益率が比較的高い。これは分子の経常利益が多いというよりも，分母の自己資本の額が小さいために招く結果である。したがって，企業の立場にたって自己資本経常利益率をみるときは，それだけで収益性を総合的に判定するのでなく，配当可能性の検討をとおして収益性の一面を判定するものである。その場合，資本構成との関係をにらみ合わせ，高い比率を示しても，それが自己資本の過少のためでないかどうかに注意しなければならない。

たとえば，総資本が20億円で1億円の経常利益をあげている企業でも，自己資本比率 $\left(\dfrac{\text{自己資本}}{\text{総　資　本}}\times100\right)$ が10％のときの自己資本経常利益率は50％，同じく20％のときは25％，同じく30％のときは16.7％というようになる。したがって，自己資本比率が低く，企業の財務体質が弱いと，逆に高く示される自己資本経常利益率は，収益性を示す総合指標としては問題があると考えられる。

3　総合指標としては適切か

しかし，一方では，自己資本経常利益率は収益性の総合指標として適切であり，少なくとも総資本経常利益率よりはベターであるという見解がある。その理由としては，〔2〕総資本経常利益率の項ですでに触れたように，分子の経常利益に対応しうるものは総資本でなく自己資本であるから，自己資本経常利益率が適切であることなどをあげているが，そのような見解をとる直接的な根拠というのは，上述の資本構成との関係にあるようである。

すなわち，総資本経常利益率にしろ自己資本経常利益率にしろ，資本構成いかんによってそれらの比率が有利に，あるいは不利に算出されることからいずれが収益性の総合指標として適切か迷うところであるが，わが国企業の多くは自己資本比率が低いという現状からみて，総資本経常利益率よりも自

己資本経常利益率の方が自己資本比率の低い企業の場合には有利に働くとい
ったような企業環境からみて，自己資本経常利益率の方がベターとするもの
である。

　そして，これは大企業を分析対象としていわれていることである。大企業
では総資本経常利益率が低くても，それは業種的な特性や企業環境の影響か
らくるもので内容的には優良会社である場合があること，それに比べれは自
己資本経常利益率によって判定する方がこのような矛盾が少ないことによる
ものとみられる。

　このような見方は，大企業を財務分析面から評価判定しようとする場合に
は，ひとつの現実的な見方として納得できる面をもっている。しかしなが
ら，このような企業の見方は，わが国企業の自己資本が過少であるという企
業体質の弱い面を棚上げにして分析評価をしているという感じがする。少な
くとも，こうした考えは，高度成長期には通用しえたとしても，それ以後の
低成長期にはとおらないのではないかと考えられる。

　以上のことから，収益性の総合指標としては，資本構成の適否をも加味し
て算出される総資本経常利益率が適切であり，自己資本経常利益率をベター
とする考え方には賛成しがたいということになる。

4　一般水準と判定の基準

自己資本経常利益率の統計上の比率の名称，算式，一般水準として示された指標は資料⑤，⑥のとおりである。

　判定の基準は，企業規模によって異なろうが，おおむね15％以上といった
ところが良好ということであろうが，自己資本比率の高い企業ではそれより
も低い水準で判定してもよいであろう。

　自己資本経常利益率は，前述のように株主の立場からの収益性の判定に利
用されるので，そうした意味から考えると，上場会社の場合は投資家から注
目される指標であり，証券市場との関係もあるので，非上場会社の場合より
も指標として無視できない面がある。

ところで，株主等の立場から配当をみるためには，自己資本経常利益率よりもさらに直接的な判定比率として，資本金利益率がある。

$$資本金利益率 = \frac{当期純利益}{資\quad本\quad金} \times 100$$

分子の利益は，統計では経常利益（または税引前当期純利益）を使っている場合もあるが，前述までの各資本利益率と異なって，処分可能利益である当期純利益（税引後）の方が判定のねらいからみて適当ではないかと思われる。また，分母の資本金は年度末の法定資本金であることが一般である。

 **重視する財務指標**

　もっとも重視する財務指標をひとつあげるとすれば，例年どおり売上高経常利益率で，全企業の33.7％となっている。この傾向は変わっていない。自分の努力で資本は変わらないが売上高は変わる。身近なものは資本ではなく売上高であるという事実から説明できる。

　分母となる売上高も分子となる経常利益も従業員の創造性発揮の成果を如実にあらわす指標といえよう。

　その後，2004年に行われた同内容の調査（注）では，もっとも重視する財務指標のトップは経常利益伸び率の21.0％であり，次いで売上高経常利益率19.0％，以下，営業利益伸び率12.5％，売上高営業利益率が10.0％となっている。従来の調査では売上高経常利益率が長らくトップであったが，直近の調査結果からは，経常利益伸び率や営業利益伸び率といった成長をあらわす指標をより重視する傾向がうかがえる。

　（注）「続・総合力指標」【資料】『三田商学研究』47-6，2004，p.99-120，岡本大輔・古川靖洋・佐藤和・梅津光弘・山田敏之・大柳康司

[資料⑤] **純資産経常利益率**（大企業） （単位：％）

業　種	2013年	2014年	2015年
全　業　種	10.61	12.12	10.66
卸　売　業	13.35	12.74	11.44

（出所）　「開示 Net」（㈱インターネットディスクロージャー提供）を利用して作成

〈算式〉　純資産経常利益率＝$\dfrac{経常利益}{純資産} \times 100$

[資料⑥] **自己資本経常利益率**（中小企業（法人企業））（単位：％）

業　種	2011年	2012年	2013年
全　業　種	8.64	9.97	10.12
製　造　業	8.47	10.07	9.32
卸　売　業	9.22	8.57	9.17
小　売　業	10.75	10.34	12.34
建　設　業	7.27	9.85	11.97

（出所）　中小企業庁『中小企業実態基本調査』（平成 26 年確報（平成 25 年度決算実績））
　　　　　を利用して算出

〈算式〉　自己資本経常利益率＝$\dfrac{総資本経常利益率}{自己資本比率} \times 100$

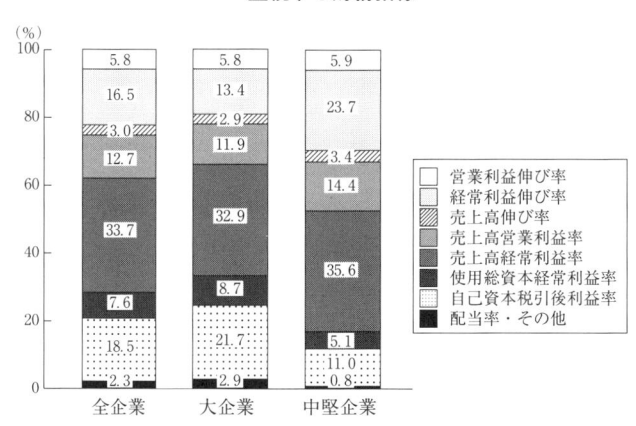

重視する財務指標

（出所）　平成12年度版「総合経営力指標（製造業編）」経済産業省経済産業政策局産業人材政策室編

ケース・スタディ① ▷各資本利益率の分析◁ ────────

　次に示す財務資料から，A社，B社（いずれも製造業で1年決算会社）の総資本経常利益率，自己資本経常利益率，利子支払前総資本経常利益率，経営資本営業利益率，および資本金利益率をそれぞれ算出し，両社の収益性を比較検討してその特徴に触れなさい。

（金額単位：百万円）

〔A　社〕

貸 借 対 照 表

流 動 資 産	1,025	負　　　債	475
固 定 資 産	535	純　資　産	1,085
合　　計	1,560	合　　計	1,560

資　本　金	40
売　上　高	2,550
営 業 利 益	295
経 常 利 益	295
当 期 純 利 益	205
支 払 金 利	14

〔B　社〕

貸 借 対 照 表

流 動 資 産	1,505	負　　　債	1,650
固 定 資 産	675	純　資　産	530
合　　計	2,180	合　　計	2,180

資　本　金	50
売　上　高	1,750
営 業 利 益	196
経 常 利 益	141
当 期 純 利 益	76
支 払 金 利	83

　（注）　A社，B社とも，総資本＝経営資本とする。

3 総資本経常利益率の展開

〔1〕 総資本経常利益率の分解

1 収益性分析の第2段階 前節の各種資本利益率のうち，収益性の総合指標としてもっとも適切と思われるものが総資本経常利益率であることは，先に述べたとおりである。この比率は，経営活動の究極の目的である利益と，経営活動の源泉となっている総資本との関係を明らかにするものであり，企業の財務構造の良否と経営能率の良否とを総合した収益性をもっともよくあらわしている。したがって，収益性分析の第1段階としての資本利益率の分析では，この総資本経常利益率による検討がもっとも望ましい。

さて，収益性分析の第2段階は総資本経常利益率の展開であり，それによってさらに立ち入った分析を進める必要がある。いかに，総資本経常利益率が総合指標であるといっても，それだけで収益性のすべてがわかるわけではなく，収益性が高い低いの原因はどのようなところにあるのか，あるいは収益構造の特徴は何か，といったようなことまで認識するのでなければ，その企業の収益性の実態をつかんだことにはならないからである。

2 売上高経常利益率と総資本回転率 総資本経常利益率は，その算出公式の分子と分母に売上高を挿入して次のように2つの比率に分解し，展開することができる。

$$\frac{経 常 利 益}{総 資 本} = \frac{経 常 利 益}{売 上 高} \times \frac{売 上 高}{総 資 本}$$

（総資本経常利益率）　（売上高経常利益率）　　（総資本回転率）

　上式により，総資本経常利益率は，売上高経常利益率と総資本回転率の相乗積であることがわかる。売上高経常利益率は売上高に対する利幅を示すものであり，また，総資本回転率は投下資本の売上高による回転度合いを示すものである。この総資本経常利益率と，それを構成する2つの比率の関係を例によって示すと，年間経常利益50百万円，総資本1,250百万円，年間売上高2,500百万円の場合は，次のようになる。

$$総資本経常利益率 = \frac{50}{2,500} \times \frac{2,500}{1,250} = 2\% \times 2回 = 4\%$$

　すなわち，売上高経常利益率は2％，総資本回転率は2回転であり，その結果，この2つの比率を乗じた総資本経常利益率は4％となる。

　このように，総資本経常利益率は2つの比率の積であるから，売上高経常利益率が高く，かつ総資本回転率が高い場合には総資本経常利益率は高い。また，売上高経常利益率が低くても総資本回転率がかなり高い場合，あるいは反対に，総資本回転率が低くても売上高経常利益率がかなり高い場合には，総資本経常利益率は高い。したがって，売上高経常利益率と総資本回転率をみると，なぜ総資本経常利益率が高いのか，あるいは低いのかがよくわかることになる。

　　（注）経営資本営業利益率についても，総資本経常利益率に準じて，次のように分解し，分析を進めることができる。

$$\frac{営 業 利 益}{経 営 資 本} = \frac{営 業 利 益}{売 上 高} \times \frac{売 上 高}{経 営 資 本}$$

（経営資本営業利益率）（売上高営業利益率）　　（経営資本回転率）

3　回転率・回転期間の意味　　ここで，回転率，あるいは回転期間の意味について触れておこう。回転とは新旧

入れ替わることをいうが，財務分析でいう資本の回転とは，企業に投下された資本（資金）がまずそれによって商品を仕入れ，次にその商品を売って資金を回収し，さらにその資金でまた次の商品を仕入れるというように，投下した資金が何回も繰り返して使われることをいう。この資本の回転度合いは，資金が回収されることとなる売上高によって測定することが営業活動の実態からみて適切なので，回転率等は原則として売上高と各資本・資産の在高との対比によって算定される。

回転率とは，1期間（一般に1年間）において，諸資産や資本がそれぞれ何回新旧入れ替わって使われるかを示すもので，1期間における回転回数をいう。たとえば，売上債権が1年に12回新旧入れ替わる場合は，売上債権回転率は1年に12回ということになる。その一般的な算式は，次のとおりである。

$$\text{回 転 率} = \frac{\text{売上高（年）}}{\text{資産または資本の在高}}$$

これに対して，回転期間とは，諸資産や資本がそれぞれ新旧入れ替わるのに何日，あるいは何か月かかるかということであり，いいかえれば1回転するのに要する期間のことをいう。月単位の回転期間を求めるとすれば，その算式は次のとおりである。

$$\text{回転期間（月）} = \frac{\text{資産または資本の在高}}{\text{月平均売上高}}$$

上記の回転率と回転期間との関係は，分子と分母とが逆，つまり逆数関係にある。回転率を回転期間（月）に，また回転期間（月）を回転率に換算する場合には，次のように行う。

$$\text{回転率} = \frac{12}{\text{回転期間（月）}} \quad \text{回転期間（月）} = \frac{12}{\text{回転率}}$$

例① 回転期間3.2か月は回転率3.75回

$$12 \div 3.2 = 3.75\text{回}$$

例② 回転率2.5回は回転期間4.8か月

$$12 \div 2.5 = 4.8 \text{か月}$$

以上の回転率（または回転期間）は資本（資産）の運用効率をあらわすもので，回転率が高いほど（回転期間が短いほど）資本の回収速度が速く，運用効率もよいということであるが，それは同時に安全性の一指標としての意味ももっている。これらの具体的な問題については，以下に出てくる各種回転率（または回転期間）の項でそれぞれ触れることとする。

〔2〕　売上高経常利益率

1　指標の意味と算出方法　売上高経常利益率は，売上高に対する経常利益の割合であり，売上高に対して，それから諸費用（経常的でないものを除く）を差し引いたネットの売上マージン率を意味する。比率の名称は，売上高純利益率，売上高対経常利益率などとも呼ばれる。

$$\text{売上高経常利益率} = \frac{\text{経常利益}}{\text{売上高}} \times 100$$

この比率は高ければ高いほど収益率が高いことを示す。分子は経常利益とし，税引前当期純利益や当期純利益は用いない。その理由は，前節の〔2〕総資本経常利益率の項で述べたところと同様である。

売上高経常利益率を高めるには，売価の引上げや諸費用の引下げを図らなければならない。このためには，販売政策，仕入政策の検討，生産の合理化，営業費の効率的使用などを考える必要がある。

しかし，それ以前の問題として売上高経常利益率の水準を大きく決めるものは，その企業の業種，業態である。すなわち，一般に資本回転率が低い業種は売上高利益率が高く，逆に資本回転率が高い業種は売上高利益率が低い。そして，このような業種的な制約条件のなかにあっても，総資本経常利益率を高めるには，売上高経常利益率と総資本回転率の適切な組合せが求め

〔**資料7**〕　**売上高経常利益率**（大企業）

（単位：%）

業　　種	2012年	2013年	2014年	2015年
全　業　種	4.57	5.44	6.43	6.26
電気機器業	3.64	4.22	6.12	6.73
建　設　業	1.76	1.84	3.15	4.05
小　売　業	4.24	3.94	3.89	3.71

（出所）　「開示 Net」(㈱インターネットディスクロージャー提供）を利用して作成

〈算式〉　売上高経常利益率 ＝ $\dfrac{経常利益}{売上高・営業収益}$ × 100

〔**資料8**〕　**売上高経常利益率**（中小企業（法人企業））

（単位：%）

業　　種	2011年	2012年	2013年
全　業　種	2.38	2.58	2.87
製　造　業	2.93	3.43	3.37
卸　売　業	1.60	1.42	1.51
小　売　業	1.45	1.59	1.93
建　設　業	1.73	2.02	3.13

（出所）　中小企業庁『中小企業実態基本調査』（平成 26 年確報（平成 25 年度決算実績））

〈算式〉　売上高経常利益率 ＝ $\dfrac{経常利益}{売上高}$ × 100

られるのである。

2　一般水準と判定の基準

売上高経常利益率の統計上の比率の名称，算式，一般水準として示された指標は，資料7，8のとおりである。これによって明らかなように，売上高経常利益率は業種によって格差が大きい。一般に製造業は商業よりも高く，商業でも小売業は卸売業よりも高い。

判定の基準を大企業に限ってズバリいえば，製造業では 4 ～ 5 ％が普通の水準，8 ～10％以上ならば高い収益力をもっているといえよう。卸売業では

2〜3％，小売業では3〜4％がそれぞれ普通の水準といったところである。

〔3〕 総資本回転率

1 指標の意味と算出方法　総資本回転率は，売上高によって総資本が何回転したかということを示し，総資本がどの程度ムダなく使われているかという，企業における総合的な資本の運用効率あるいは利用度をあらわすものである。

$$総資本回転率 = \frac{売上高}{総資本}$$

回転率は年間で算定されるので，分子の売上高は年間とし，6か月決算の場合は売上高を2倍にした年換算額による。

総資本回転率は総資本の運用効率をあらわすものであるから，原則として回転率は高い方がよいとされる。総資本回転率が低いということは，総資本の利用度が低いことを意味し，資本の運用方法にムダやロスがあることとなる（売上債権の長期化，設備過剰，在庫過剰，在庫管理の不備など）。このムダやロスがあると，必要利益があがらず，収益性低下の一要因となる。

しかし，総資本回転率の大枠を決めるものは売上高経常利益率と同様にその企業の業種，業態であり，回転数は業種によってかなりの相違がある。商業の場合は，商品を仕入れてから販売して代金の回収に至るまでの回転速度が製造業よりも一般に速く，製造業の場合は，生産設備を購入し原材料を仕入れて加工のうえ，販売し，代金回収するまでの回転速度が商業より遅い。

2 一般水準と判定の基準　総資本回転率の統計上の比率の名称，算式，一般水準として示された指標は，資料⑨，⑩のとおりである。

業種的には，製造業，建設業，商業の順で回転率は高くなり，とくに製造

〔資料⑨〕　**使用総資本回転率**（大企業）

（単位：回）

業　　種	2012年	2013年	2014年	2015年
全 業 種	0.31	0.31	0.32	0.31
電気機器業	0.94	0.93	0.96	0.95
建 設 業	1.22	1.24	1.25	1.21
小 売 業	1.81	1.85	1.82	1.70

（出所）　「開示 Net」(㈱インターネットディスクロージャー提供) を利用して作成

〈算式〉　総資本回転率 $= \dfrac{売上高・営業収益}{総資産2期平均}$

〔資料⑩〕　**総資本回転率**（中小企業（法人企業））

（単位：回）

業　　種	2011年	2012年	2013年
全 業 種	1.16	1.12	1.22
製 造 業	1.09	1.11	1.12
卸 売 業	1.74	1.85	1.89
小 売 業	1.80	1.68	1.81
建 設 業	1.25	0.84	1.28

（出所）　中小企業庁『中小企業実態基本調査』（平成 26 年確報（平成 25 年度決算実績））

〈算式〉　総資本回転率 $= \dfrac{純売上高}{総資産}$

業と卸売・小売業とでは著しい格差がある。また，同業種でも大企業と中小企業とではかなりの格差があり，とくに製造業では，大企業が生産設備等の固定投資の多い資本集約的企業なので，中小企業に比べると回転率は相当に低い。

　判定の基準は，規模，業種の格差が大きいのでいいにくいが，中小企業では，製造業が1.0回，卸売業および小売業が1.8回といった程度が普通の水準と思われる。

　ここで注意しておきたいのは，総資本経常利益率の構成要素である売上高

経常利益率と総資本回転率とは，相互に関連して観察検討しなければならないということである。総資本経常利益率が上昇したり，下降している場合は，この2つの比率の変化のうち，いずれが多く影響し，その原因となっているかをつかむ必要がある。

　また，上述したところからわかるように業種的にかなりの特徴があり，一方が悪い業種は他方がよく，相互に補完しあって，総資本経常利益率を構成しているということができる。すなわち，収益性分析をする場合，収益性のよしあしを問題にするだけでなく，業種別の収益構造の特徴をつかむことも分析のひとつのポイントである。

　次に，業種が同じであっても，企業によって経営方針や営業方針が異なる場合には，その特徴が2つの比率にあらわれることもある。たとえば，同じ呉服の小売専門店でも，高級品志向のA店と中級品の量販志向のB店とでは，総資本経常利益率が同じ程度であっても，売上高経常利益率はA店が高くB店が低いが，総資本回転率はA店が低くB店が高いといったような収益性の特徴が出てくるので，それらをとおしてその企業の実態をつかむ必要がある。収益性を分析する場合は，当該企業の業種業態に応じたこのような収益構造を認識したうえで，同業種平均，あるいは同業他社との比較をすることが有効である。

4　売上高経常利益率の展開

〔1〕　売上高経常利益率の分析展開

1　収益性分析の第3段階

前節で触れた売上高経常利益率による分析は，さらにその比率がなぜ高いのか，あるいは低いのかという分析にまで進まなければならない。収益性分析の第3段階は，この売上高経常利益率の内容に深く立ち入って分析を展開することである。そのためには，各種の売上高利益率，または費用率を検討する必要がある。

すなわち，売上高経常利益率の分子の経常利益は損益計算書をみれば明らかなように，売上高から売上原価を差し引いて「売上総利益」，売上総利益から「販売費および一般管理費」を差し引いて「営業利益」，営業利益に営業外収益を加え，営業外費用を差し引いて「経常利益」という計算順序で算定される。

したがって，これらの各過程における利益の売上高に対する割合を検討するのが次の段階ということになる。

2　売上高総利益率と売上高営業利益率

以上のように，各過程における利益の売上高に対する割合，すなわち，次の売上高利益率を中心に検討すれば，売上高経常利益率の内容がさらに明らかになるはずである。

$$売上高総利益率 = \frac{売上総利益}{売\ \ 上\ \ 高} \times 100$$

$$売上高営業利益率 = \frac{営業利益}{売\ \ 上\ \ 高} \times 100$$

このような各売上高利益率の検討をとおして売上高経常利益率の良否の原因を追求することによって，収益性を構成する企業体質の内容はいっそう具体的に浮彫りにされる。

そこで，まず売上高総利益率の検討からはじめることにしよう。

〔2〕　売上高総利益率

1　指標の意味と算出方法　　売上高総利益率は，売上高に対する売上総利益の割合を示すものである。

$$売上高総利益率 = \frac{売上総利益}{売\ \ 上\ \ 高} \times 100$$

売上総利益は粗利益ともいい（そのことから，売上高総利益率は粗利益率ともいう），売上高から売上原価を差し引いたものである。売上原価とは，商工業の場合は販売商品の仕入原価，または製造原価をいう（30頁の損益計算書のひな型参照）。

そこで，売上高総利益率は，次のようにあらためることができる。

$$売上高総利益率 = \frac{売上高 - 売上原価}{売\ \ 上\ \ 高} = 1 - \frac{売上原価}{売上高} = 1 - 売上原価率$$

すなわち，売上高総利益率は，売上原価率のいかんによって左右される。したがって，売上高総利益率の高低は，売上原価率の高低とウラハラの関係になるわけであるから，売上原価を小さくするような対策，たとえば商品の仕入原価を低く抑えることにより，また，売上原価の絶対額は変わらなくても販売価格を引き上げ，売上原価を相対的に低くすることによって，売上高総利益率は高くなり，それが収益性を高めることになる。

2　売上高総利益率変化の要因　売上高総利益率を検討する場合には，それがなぜ高いのか，あるいは低いのか，また，期間的に比較してみて，なぜ高くなったのか，あるいは低くなったのか，その原因までを探る必要がある。この原因を探ることによって，その企業の実態をつかむことができ，また将来の方向をも探ることができるはずである。

売上高総利益率を左右する要因としては，一般に次のものをあげることができる。

① 売上単価の高低

② 仕入（原材料，または商品）単価の高低

③ 原材料以外の労務費，経費の増減（製造業の場合）

④ 生産（売上）数量の増減（操業度の高さ）

⑤ 売上製品（商品）構成の変化

まず，売上単価の高低は，市場における製品の需給状況およびその企業の販売力，商品の競争力（品質，性能，他社商品との競合度，独占度），販売方法，販売政策等によって大きく変わり，売上高の額に直接影響を与える。

仕入単価の高低は，販売業の場合は売上原価にフルに影響を与え，製造業の場合は部分的に売上原価に影響を与える。また，製造業の場合は，原材料以外の製造費用，たとえば，労務費や外注加工費などの増減が売上原価に影響を与え，いずれの場合も売上高総利益率を左右する要因となる。

製造業の場合は，生産（売上）数量のいかんが単位当り原価の高低に影響を与える。製造業の製造原価（売上原価）には，生産数量の増減に関係なしにかかる費用，すなわち固定費（たとえば，減価償却費，労務費のうち固定的な給料等）が存在するので，生産数量が多ければ単位当り製造原価は低くなり，少なければ単位当り製造原価が高くなる。つまり，操業度のいかんにより，単位当り製造原価が変化するので，それが売上高総利益率を左右する要因となる。

売上製品（商品）構成の変化とは，製品種類ごとの売上高総利益率に差異

がある場合，その構成いかんが全体を総合した売上高総利益率に影響を与えることをいう。したがって，同じ売上高であっても，売上高総利益率の高い製品のウエイトが多く，低い製品のウエイトが少なければ，全体の売上高総利益率は上昇することになる。

3　製商品の収益力を表現

売上高総利益率は，商業の場合は商品そのものがもつ収益力を示し，製造業の場合は製品および生産過程そのものがもつ収益力を示す。この製商品のもつ収益力というものは，企業全般のもつ収益力に大きくかかわりをもつ。このことは，すでに第1章で触れたように，取扱商品の特色いかんが企業の内容を決定づけるということと相通じるものである。このことから，売上高総利益率は最終的な売上高経常利益率にもっとも大きな影響を与える。それは，損益計算書の構造からみても，売上総利益は経常利益を算出する過程での最初の段階の利益であり，経常利益の原点ともいえる利益だからである。

　一般に，売上高経常利益率が高い企業はだいたいにおいて売上高総利益率も高く，反対に低い企業の場合は売上高総利益率も低いといった現象がみられる。したがって，売上高総利益率がどの程度であるかによって，その企業のおおよその収益性水準が推定される場合も少なくない。それだけに，売上高総利益率の期間比較，あるいは同業比較による分析，さらにそれによって判明した変化や格差の原因背景についての検討は，収益性分析のひとつの大きなポイントといえよう。

4　一般水準と判定の基準

売上高総利益率の統計上の比率の名称，算式，一般水準として示された指標は，資料11，12のとおりである。

　売上高総利益率は，業種によってかなりの差異がある。業種別には，製造業は卸小売業よりも高く，小売業は卸売業よりも高い。製造業は小売業よりも高いのが本来という見方もあろうが，営業費のかかり方が異なるため，実

〔資料⑪〕　**売上高総利益率**（大企業）

(単位：%)

業　種	2012年	2013年	2014年	2015年
全　業　種	17.25	17.65	17.43	16.45
電気機器業	27.98	27.57	28.83	29.20

（出所）　「開示 Net」(㈱インターネットディスクロージャー提供) を利用して作成

〈算式〉　売上高粗利益率＝$\dfrac{売上総利益}{売上高}\times 100$

〔資料⑫〕　**売上高総利益率**（中小企業（法人企業））

(単位：%)

業　種	2011年	2012年	2013年
全　業　種	25.60	25.24	23.55
製　造　業	20.97	21.83	20.09
卸　売　業	16.54	15.99	14.03
小　売　業	28.36	26.88	27.94
建　設　業	22.29	18.92	19.22

（出所）　中小企業庁『中小企業実態基本調査』（平成 26 年確報（平成 25 年度決算実績））

〈算式〉　売上高総利益率＝$\dfrac{売上総利益}{売上高}\times 100$

際には小売業の方が製造業よりも高い。これらの業種別の総利益率の格差は，ひとつには資本の回転速度の差とウラハラの関係にある。製造業は，卸小売業よりも資本の回転が遅い代わりに総利益率が高いということが一般にいえる。

　また，同じ製造業，小売業であっても，取扱製商品の種類，業界，販売方法（例として，小売業における専門店と量販店）等によっても大きく異なる。業種業態の特色上，営業費（販売費および一般管理費）のかかり方との関係で格差がでる場合もある。たとえば，化粧品，医薬品などのメーカーでは総利益率は高いが営業費が多く，逆に中小の下請メーカーでは営業費はあまりかからないが総利益率は低いといった状態である。参考までに，大企業の場合と中小小売業の場合とで，売上高総利益率の高い業種と低い業種をおりませ，

表-5　業種別売上高総利益率

(1)　大企業（2015年）　　（単位：%）

繊　維　製　品　業	29.04
医　薬　品　業	60.46
電　機　機　器　業	29.20
建　　　設　　　業	11.97
サ　ー　ビ　ス　業	34.94
不　　動　　産	28.48
小　　売　　業	40.81

（出所）　「開示Net」（㈱インターネット
ディスクロージャー提供）を利用
して作成

(2)　中小企業（小売業）　　（単位：%）

各　種　商　品	24.7
織物・衣服・身の回り品	44.8
飲　食　料　品	28.5
機　械　器　具	24.0
無　　店　　舗	35.3
そ　　の　　他	26.2

（資料）　中小企業庁『中小企業実態
基本調査』（平成26年確報）

　いくつかのものを統計から抜きだしてみると，表－5のとおりである。
　売上高総利益率の水準は，また，企業規模によっても格差がある。総括的
な見方としては，中小企業の方が大企業よりも高いといえる。しかし，前述
の業種業態その他による格差とのからみもあって，そのように必ずしもいえ
ないこともある。
　以上のことから，売上高総利益率の判定の基準は，総資本経常利益率等の
ように割り切っていうことはむずかしい。あえて，中小企業の場合に限って
いえば，製造業では20%，卸売業では15%，小売業では27%といったところ
が収益性の普通の水準であり，これを一応のメドに良否を判定することにな
る。実際には，これに加えて同業種の水準とも比較検討しながら，その良否
を判定することが望ましい。

〔3〕　売上高営業利益率

1　指標の意味と算出方法　　売上高営業利益率は，売上高に対する営業
利益の割合をいい，営業活動の利幅をあら

わすものである。

$$売上高営業利益率 = \frac{営業利益}{売上高} \times 100$$

営業利益は，売上総利益（売上高－売上原価）から営業費（販売費および一般管理費）を差し引いたものであるから，売上高営業利益率は，次のようにあらためることができる。

$$売上高営業利益率 = \frac{売上高－売上原価－営業費}{売上高}$$

$$= 1 - \frac{売上原価}{売上高} - \frac{営業費}{売上高} = 1 - 売上原価率－営業費率$$

すなわち，売上高営業利益率は，売上原価率と営業費率のいかんによって左右されることになる。したがって，売上高営業利益率は前述の売上高総利益率の影響に加えて，営業費率が直接の影響を与える。

2 営業費の分析と人件費率

営業費は，販売直接費的なもの（荷造運賃，販売手数料，広告宣伝費等）を除いては，間接費的なもの（売上高に直接結びつかないもの）が多く，その相当部分が固定費的性格を帯び，変動費（売上高に比例して増減する費用）のウエイトは売上原価よりも小さいのが普通である。

また，営業費の内容にはいろいろな項目があり，バラエティに富んでいる。これらのことから，営業費の分析は，売上原価率に比べると変化の要因がつかみにくいので，金額的に多い費用項目，あるいは期間比較によって増減率や増減額が多い費用項目に重点をおいて，実情をつかむことが必要であろう。

多くの企業では，営業費のなかで人件費のウエイトが大きく，また，経営的な観点から近年は人件費管理の重要性が増しているおりから，次のような人件費率（人件費対売上高比率，売上高対人件費率ともいう）を算出し，分析することが行われる。

$$人件費率 = \frac{人件費}{売上高} \times 100$$

　数期間の比較により人件費率が増加傾向にある場合は，その企業の収益構造が変化していないかに注意し，とくに世間並みの給与ベースのアップによる人件費の膨張を売上等の収益増でカバーしきれないような状態の場合には，それが収益性悪化の原因となっていることがあるので，よく検討しなければならない。人件費率は，その増減の内容が人数の変化によるものか，給与ベースの変化によるものかをよく解明し，さらに人件費率の水準を同業他社等と比較しその実態の適否を判断する。

　なお，製造業の場合は，人件費は売上原価のなかにも含まれるので，営業費中の人件費とともにこれを総括的にまとめ，第4章の生産性分析における労働分配率によって，人件費分析が行われる（150頁以下参照）。

3　一般水準と判定の基準　売上高営業利益率は，営業プロパーの活動によって得られた営業利益を対象とするものであるから，企業の内部管理の立場からみれば重要な比率であり，利益計画等において，その予定目標のひとつとして有効に使われることが多い。また，信用調査の立場では，借入資本に対する金利負担を考慮の外においたプロパー活動の利益率であるから，その限りにおいての企業の実力をみる指標となる。

　売上高営業利益率の統計上の比率の名称，算式，一般水準として示された指標は，資料13，14のとおりである。

　売上高営業利益率も，売上高総利益率の影響を受けて業種別，企業規模別に若干の差がある。ただ，その格差の絶対値（％）は売上高総利益率のように大きくはない。これは総利益率が高いときは営業費率も高く，総利益率が低いときは営業費率も低いといった傾向が業種別にあるので，これらを包括した結果である売上高営業利益率では，両者の相当部分が相殺されて算出される結果である。また，企業規模別には，総利益率では大企業は中小企業よ

〔資料⑬〕 **売上高営業利益率**（大企業）

（単位：％）

業　種	2012年	2013年	2014年	2015年
全　業　種	3.79	4.24	4.90	4.43
電気機器業	3.37	3.15	5.56	6.10

（出所）「開示 Net」（㈱インターネットディスクロージャー提供）を利用して作成

〈算式〉 売上高営業利益率 ＝ $\dfrac{営業利益}{売上高・営業収益} \times 100$

〔資料⑭〕 **売上高営業利益率**（中小企業（法人企業））

（単位：％）

業　種	2011年	2012年	2013年
全　業　種	2.09	2.12	2.38
製　造　業	2.67	2.95	2.78
卸　売　業	1.39	1.19	1.21
小　売　業	0.95	0.92	1.24
建　設　業	1.52	1.61	2.91

（出所）中小企業庁『中小企業実態基本調査』（平成 26 年確報（平成 25 年度決算実績））

〈算式〉 売上高営業利益率 ＝ $\dfrac{営業利益}{売上高} \times 100$

りもかなり低かったが，営業利益率は大企業は中小企業よりも高い結果となっている。これは，大企業の方が規模の利益が働いて営業費の負担（対売上高）が軽くなることからくるものと思われる。判定の基準は，上記の諸統計の一般水準に近い数値を中心に考えればよい。

〔4〕　金融費用負担率

1　指標の意味と算出方法　売上高経常利益率は，売上高に対する経常利益の割合であり，企業の総合的な利幅を示すものであるが，経常利益は営業利益に営業外収益を加え営業外費用を差し引いたものであるから，売上高経常利益率は売上高営業利益率の影響を受けるとともに，営業外収益・営業外費用の額に左右される。とくにわが国企業では，借入金が多いことから，営業外費用の主体を占める支払利息・割引料の負担が比較的多く，売上高経常利益率がこの影響を受ける程度は大きい。

そこで，売上高営業利益率と売上高経常利益率との関係を解くために，前者から後者を差し引いたものに近い率（特殊な場合を除いて）となる金融費用負担率を，次のように算出して検討することが有効である。

$$\text{金融費用負担率} = \frac{\text{金融費用}}{\text{売上高}} \times 100$$

分子の金融費用とは，借入金等に対する支払利息・割引料，社債利息，社債発行差金償却等をさす。

この比率は，売上高営業利益率がどの程度であるかによって，その妥当性が判断される。金融費用負担率が売上高営業利益率を上回るような場合には，売上高経常利益率はマイナス，すなわち欠損となる場合が多いであろう。したがって，売上高営業利益率が高い企業ほど金融費用負担率は高くてもさしつかえなく，反対に前者が低ければ後者も低くなければ収益性も悪くなる。

2　一般水準と判定の基準　金融費用負担率の統計上に示された一般水準を示すと，資料⑮，⑯のとおりであるが，一般に，製造業では 4 ～ 5 ％，販売業では 2 ～ 3 ％がそれぞれの限度で

〔資料⑮〕 **売上高対支払利息**（大企業（資本金50億円以上））

(単位：％)

業　種	2010年	2011年	2012年
全　業　種	0.46	0.44	0.44
製　造　業	0.40	0.42	0.37

(出所)　経済産業省『企業活動基本調査確報』を利用して算出

〈算式〉　売上高純金利負担率＝

$$\frac{支払利息（支払利息＋手形売却損＋社債利息＋社債発行差金償却＋コマーシャルペーパー利息）}{売上高} \times 100$$

〔資料⑯〕 **売上高対支払利息割引料**（中小企業（法人企業））

(単位：％)

業　種	2011年	2012年	2013年
全　業　種	0.67	0.61	0.52
製　造　業	0.74	0.68	0.55
卸　売　業	0.43	0.37	0.33
小　売　業	0.48	0.36	0.41

(出所)　中小企業庁『中小企業実態基本調査』（平成24年，25年，26年確報）を利用して算出

〈算式〉　売上高対支払利息割引料＝$\dfrac{支払利息割引料}{売上高} \times 100$

あるといわれる。

　なお，金融費用負担率には，中小企業の経営指標のような金融費用のグロス額で算出するもののほかに，『日経経営指標』のように，支払利息・割引料から受取利息を差し引いたネット額で算出するものもあるので，統計指標との比較をする場合は注意する必要がある（資料⑮，⑯参照）。

ケース・スタディ② ▷売上高利益率の分析◁ ────────────

　下記は，C金属工業株式会社の最近3年間の損益計算書，ならびにその内容説明である。これによってC金属工業の収益性を売上高利益率の観点から分析しなさい。

比 較 損 益 計 算 書
（金額単位：百万円）

	第 25 期	第 26 期	第 27 期
売 上 高	1,300	1,200	940
売 上 原 価	910	755	610
売 上 総 利 益	390	445	330
販売費・一般管理費	240	290	265
営 業 利 益	150	155	65
営 業 外 収 益	6	8	12
営 業 外 費 用	21	35	27
経 常 利 益	135	128	50
特 別 利 益	9	13	15
特 別 損 失	33	46	24
税引前当期純利益	111	95	41
法 人 税 等	45	36	20
当 期 純 利 益	66	59	21

〈主要項目の内訳〉
（金額単位：百万円）

	第 25 期	第 26 期	第 27 期
製 品 製 造 原 価			
材 料 費	265	171	127
外 注 費	298	202	117
労 務 費	217	225	229
製 造 経 費	136	139	136
仕 掛 品	△11	17	△4
合 計	905	754	605
販売費・一般管理費のうち			
人 件 費	119	162	160
減 価 償 却 費	47	54	52
営業外費用のうち			
支 払 利 息 割 引 料	19	31	26
特 別 損 失 の う ち			
固 定 資 産 売 却 損	18	17	18
特 別 償 却	14	27	4

① 製品（機械部品）は高い精度を要求されるものがあるが，C 金属工業の技術水準は高く，国内シェアは約60％である。

② 機械導入による合理化には積極的である。また，高精度を要求される製品のため，工場における品質管理を厳正化し，26期，27期にはかなりの成果をあげた。

③ 従業員と販売単価指数は次のとおりである。

（金額単位：百万円）

	第 25 期	第 26 期	第 27 期
従 業 員 数 （ 人 ）	195	191	173
販 売 単 価 指 数	100	103	97

5　総資本回転率の展開

〔1〕　総資本回転率の分析展開

1　収益性分析の第4段階　第3節〔3〕項で触れた総資本回転率の分析は，さらにその比率がなぜ高いのか，あるいは低いのかという分析に進む。収益性分析の第4段階は，この総資本回転率の内容に深く立ち入って，その良否の原因を追究する分析を展開することである。そのためには，総資本回転率を構成するいくつかの資産回転率を算出し，検討する必要がある。すなわち，総資本はその具体的な運用形態としての各種の資産によって構成されているので，各資産ごとの回転率を算出し，それぞれの資産の運用効率をみなければならない。

2　3つの資産回転率　回転率については，すでに第3節において触れたが，それは各資産の在高に対する売上高の割合をいう。重要な資産回転率としては，次の3つのものがあげられる。

$$売上債権回転率 = \frac{売\ 上\ 高}{売上債権}$$

$$棚卸資産回転率 = \frac{売\ 上\ 高}{棚卸資産}$$

$$固定資産回転率 = \frac{売\ 上\ 高}{固定資産}$$

　分子の売上高は年額とするので，6か月決算の場合は2倍にした年換算額による。また，分母の資産残高は期末の残高をとることが多いが，正しくはその年度の平均残高（または，期首と期末の残高の平均）とする。

　前記の各資産回転率のうち，売上債権と棚卸資産については，回転率の代わりに回転期間を用いることがある。回転期間は第3節で述べたとおり回転率の逆数であるが，売上債権や棚卸資産については，回転率よりも回転期間によりその回転速度をみる方が具体性があるので実務的である。そこで，本書においても回転期間の分析を中心にとりあげることにする。

〔2〕　売上債権回転期間

1　指標の意味と算出方法　　売上債権の回転度合いは，次の算式の月商による回転期間により観察するのが，わかりやすく実務的である。

$$売上債権回転期間 = \frac{売上債権}{平均月商}$$

　分子の売上債権とは，一般に売掛金と受取手形の合計額をいう。受取手形のなかには，割引手形も含まれる。割引手形を含めないと，算出される回転期間の数値が実態にそぐわないものとなるので，注意を要する。

　売上債権回転期間は，製商品を販売してから売上代金が何か月で回収されるかという売上代金の回収期間，あるいは滞留期間を意味する。たとえば，売上債権残高が2,000万円，平均月商500万円の場合の売上債権回転期間は，次のように4か月であり，それが売上代金の回収期間，滞留期間ということである。

$$売上債権回転期間 = \frac{2,000}{500} = 4か月$$

　これを回転率で算出すると，次のように3回転（年間）となり，年12か月を回転数で除せば，回転期間4か月に一致する。

$$\text{売上債権回転率} = \frac{\text{売上高（年）}}{\text{売上債権}} = \frac{500 \times 12}{2,000} = 12 \div \frac{2,000}{500} = 3 \text{ 回}$$

　売上債権回転期間は，短いほど回収期間の速いことをあらわし，売上債権への投下資本の運用効率がよいことになる。反対に，回転期間が長いほど回

買入債務回転期間

　　　企業が商品や原材料などを購入するときは，短期間の支払猶予が認められる。それによって発生する負債が買掛金と支払手形である。この2つを総称して，買入債務（または買掛債務，仕入債務）という。

　買入債務回転期間は，商品等の仕入代金を平均何か月で支払ったかという仕入代金の支払期間，あるいは滞留期間を意味し，「本来の回転期間」は，次の算式により算出される。

$$\text{本来の買入債務回転期間} = \frac{\text{支払手形＋買掛金}}{\text{月平均商品（または原材料）仕入高}}$$

　しかし，実務的には資金繰り分析等では，上記の分母を平均月商として算出する回転期間の方が多用される。この場合の回転期間は，月商に対して何か月分の買入債務があるかという意味であり，所要運転資金算定の場合などには，売上債権等他の回転期間と加減算できるので（分母が同額のため），資金分析では使いやすい。

$$\text{買入債務回転期間} = \frac{\text{支払手形＋買掛金}}{\text{平均月商}}$$

　買入債務は，資金調達の効果をもつ。売り手にとっては，掛売りをすれば販売促進が図れるので，買入債務による購入をたやすく認めがちになる。しかし，それは買い手側からみれば過度の買入債務拡大となりかねず，財務内容の悪化を招く。したがって，買入債務回転期間は，売り手が営業取引で通常認める範囲内の支払期間を基準として判定することになり，それより長かったり短い場合には，その理由や背景をつかむ必要がある。支払条件いかんが仕入価格に反映して収益性に影響することもありうるであろう。そうしたことから，実務上の判定のメドは一般的にはだしにくい。本来の買入債務回転期間として，一般的にいえる水準は，1〜3か月であろうか。

　回転期間とは別の観点から，買入債務残高の妥当性を検討する比率として，次

収期間が遅いことをあらわし，資本の運用効率が悪いこととなる。

　なお，以上の売上債権回転期間（回転率）の名称は，これに代えて売掛債権回転期間，受取勘定回転期間（または各回転率）と呼ばれることもある。

のような補助比率もある。

$$買入債務対棚卸資産比率 = \frac{支払手形 + 買掛金}{棚卸資産} \times 100$$

　買入債務は，棚卸資産をその限度とするという趣旨から，100％以下を判定の基準とするもので，100％を超えるものは，販売済のものがまだ買入債務に残っていることを意味し，問題の所在を示唆することもある。

$$売上債権対買入債務比率 = \frac{売上債務}{買入債務} \times 100$$

　買入債務支払いの担保は売上債権であるから，100％以上が要求される。

買入債務回転日数（大企業（資本金50億円以上））

(単位：日)

業種	2010年	2011年	2012年
全業種	47.53	49.55	46.01
製造業	49.52	56.00	51.80

（出所）　経済産業省『企業活動基本調査確報』を利用して算出

〈算式〉　$買入債務回転日数 = \dfrac{支払手形・買掛金}{売上高} \times 365$

買入債務回転日数（中小企業（法人企業））

(単位：日)

業種	2011年	2012年	2013年
全業種	38.74	44.47	38.71
製造業	44.59	43.26	43.01
卸売業	55.01	51.48	53.14
小売業	31.26	39.55	30.32

（出所）　中小企業庁『中小企業実態基本調査』（平成24年，25年，26年確報）を利用して算出

〈算式〉　$買入債務回転期間 = \dfrac{支払手形・買掛金}{売上高} \times 365$

2 売上債権回転期間の決定要因

売上債権の回転期間は，基本的には業界の慣習，一般水準によっておおよその期間が決まるほか，その企業の商品力，販売力の強さ，市場の競争状態，得意先との力関係などによっても決まる。たとえば，市場の競争状態では，売手の競争が激しい場合には，販売促進の手段として売掛期間が長くなり，反対に独占的な商品や品薄品などの場合には，売掛期間が短くなる。

　売上債権回転期間は，このような営業活動上の影響を受けてその大枠が決まるが，このほかに企業の売上債権の回収管理のまずさによって回転期間が長期化することがある。すなわち，売上債権の回収が企業の定める一定の基準，ルールにのっとりきちんと行われ，その管理が徹底していれば問題はないが，その管理が不十分であると，一部の得意先の回収が慢性的に遅れ，それが通幣化して他の得意先にも及ぶといった状態となり，全般的な回転期間の長期化につながる可能性がある。さらに，一部の売上債権が相手方の倒産等により焦げ付き，そのような長期滞留債権が金額的に大きくなると，全体の売上債権回転期間が長期化する。

　その企業の売上債権回転期間が適切かどうかの判断は，以上で述べたような業界水準やその企業の営業の実態とよく関連づけて考え，それらに納得できないことがあれば，それはいかなる事情によるのか，長期化の原因は回収管理の甘さや焦付債権の発生によるものでないかなどに注意し，それらをとおして企業の実態に触れるように努めなければならない。それは，企業の収益性にかかわる問題だけでなく，後述の安全性や資金繰りの分析にもかかわることでもある。

3 一般水準と判定の基準

売上債権回転期間（または回転率）の統計上の比率の名称，算式，一般水準として示された指標は，資料⒄，⒅のとおりである。この比率は，前述のように割引手形を含めたものであることが望ましいのであるが，統計では割引手形を含めない売上債権で算出されているものも多いので，比較のさいにはその点に

留意すべきである。売上債権回転期間は，前述のように，業種業態，管理水準等によって異なるほか，企業規模によっても異なる。一般に，企業規模が小さくなるにつれて売上債権回転期間はやや短くなる傾向にある。また，景

〔資料17〕　売上債権・買入債務回転率（大企業）

（単位：回）

		業　種	2013年	2014年	2015年
回転日数	売上債権	小　売　業	298.04	299.15	163.26
		卸　売　業	10.17	7.35	6.45
	買入債務	小　売　業	11.85	12.77	11.21
		卸　売　業	8.70	8.10	8.19

（出所）「開示 Net」（㈱インターネットディスクロージャー提供）を利用して作成

〈算式〉　売上債権回転率（回）＝ $\dfrac{売上高}{売上債権の2期平均}$

　　　　　買入債務回転率（回）＝ $\dfrac{売上高}{買入債務の2期平均}$

〔資料18〕　売上債権・買入債務回転日数（中小企業（法人企業））

（単位：日）

		業　種	2011年	2012年	2013年
回転日数	売上債権	全　産　業	50.16	50.05	46.38
		製　造　業	67.03	60.36	63.33
	買入債務	全　産　業	38.74	44.47	38.71
		製　造　業	44.59	43.26	43.01

（出所）中小企業庁『中小企業実態基本調査』（平成 24 年，25 年，26 年確報）を利用して算出

〈算式〉　売上債権回転日数 ＝ $\dfrac{（売掛金・受取手形）}{売上高} \times 365$

　　　　　買入債務回転日数 ＝ $\dfrac{（支払手形・買掛金）}{売上高} \times 365$

気等の経済変動による企業間信用の伸縮に応じて，変化をきたす。

売上債権回転期間の一般的な判定基準は設定しにくい。業種業態によって大きな相違があるからである。わが国では，手形取引が普及している関係から企業間信用が発達しており，このため売上債権回転期間は特定業種を除き2〜3か月（回転率でいえば4〜6回）というのが一般的な実態であろう（この点で，中小企業庁の指標における回転率は一般にやや高目の傾向にある）。

判定にあたっては，算定された回転期間がその企業でとられている代金回収条件から導き出された回転期間と合致するかどうか，さらに，その企業の回収条件は業界一般の取引条件と比べて著しく違わないか，違いがあるとすればどのような事情によるのかなどについて検討し，あわせて同業種の一般水準との比較をしながら適否を決める。とくに，当該企業の数期間にわたる時系列比較によってその変化を観察し，原因を探ることは重要である。

〔3〕 棚卸資産回転期間

1 指標の意味と算出方法　棚卸資産の回転度合いも，売上債権と同様に，次の算式の月商による回転期間により観察するのがわかりやすい。

$$棚卸資産回転期間 = \frac{棚卸資産}{平均月商}$$

棚卸資産回転期間は，何か月分の棚卸資産があるかという手持期間の意味と，手持ちのものは何か月でなくなっていくかという費消期間の意味とがある。ただ，この手持期間や費消期間という見方は，実をいうと正確なものではない。本来の意味での手持期間，あるいは費消期間とは，販売業の例でいえば，次のように平均月仕入高，または，平均月費消高（売上原価）を分母とするものでなければならない。

本来の棚卸資産回転期間（販売業の場合）

$$= \frac{棚 \quad 卸 \quad 資 \quad 産}{平均月売上原価（または平均月仕入高）}$$

たとえば，平均月商500万円，平均月仕入高400万円，棚卸資産残高400万円の場合，月商による回転期間は0.8か月 $\left(\frac{400}{500}\right)$ であるが，本来の棚卸資産回転期間は1か月 $\left(\frac{400}{400}\right)$ である。しかし，平均月商による回転期間であっても，概括的には棚卸資産の手持期間（または費消期間）の意味をもっており，これを期間比較することなどにより，棚卸資産の回転度合いや運用効率をつかむことは十分に可能である。そこで，棚卸資産に関して立ち入った分析をする場合は別として，一般的な収益性分析において棚卸資産の回転度合いをみる場合は，実務的には平均月商で算出することが多い。それはまた，各資産共通の平均月商によって回転期間（回転率）を算出する方が，これらを総合的に比較検討する場合に便利でもある。棚卸資産回転率についても，以上の事情は同様である。

2　製造業の棚卸資産回転期間　棚卸資産といっても，販売業の場合は商品だけであるが，製造業の場合は製品，仕掛品，原材料等いくつかの種類に分かれるので，これらを合計したものを分子として棚卸資産回転期間を算出する。この場合，次のように棚卸資産の種類ごとに回転期間（または回転率）を算出して分析することもある。

$$\text{製品回転期間} = \frac{製 \quad 品}{平均月商}$$

$$\text{仕掛品回転期間} = \frac{仕 \quad 掛 \quad 品}{平均月商}$$

$$\text{原材料回転期間} = \frac{原 \quad 材 \quad 料}{平均月商}$$

上記のそれぞれの回転期間も，それらは月商に対する倍率であることに注意したい。

製造業における本来の回転期間は，一般的には次のようにして算出する。

$$本来の製品回転期間 = \frac{製\quad品}{平均月売上原価}$$

$$本来の仕掛品回転期間 = \frac{仕\quad掛\quad品}{(平均月原材料費 + 平均月製品製造原価) \div 2}$$

$$本来の原材料回転期間 = \frac{原\quad材\quad料}{平均月材料費}$$

上記のうち，仕掛品回転期間の算出方法について説明すると，分母は，仕掛品のなかにも原材料に近いものもあるし，完成品に近いものもあるから，その平均をとるために，

$$（原材料費 + 製品製造原価）\div 2 = 仕掛品費消高$$

として算出したものである。ただし，このような算出方法は，生産工程の最初で原材料が投下され，その後の工程は加工のみという場合に考えられるものであるから，そうでない業種の場合には必ずしも正しい算出法とはいえない。

この本来の仕掛品回転期間とは，原材料を生産工程に投下してから，製品に仕上っていくまでに何か月かかるかという，製造期間，生産期間という意味がある。

〈製造業の棚卸資産回転期間の計算例〉

① 条件　平均月商 11,000万円　　平均月売上原価 7,800万円

　　　　平均月材料費 6,400万円　平均月製品製造原価 8,200万円

　　　　製品残高 11,000万円　　　仕掛品残高 4,100万円

　　　　材料残高 2,700万円

② 月商による回転期間

$$棚卸資産回転期間 = \frac{11,000 + 4,100 + 2,700}{11,000} = 1.62か月$$

$$製品回転期間 = \frac{11,000}{11,000} = 1か月$$

$$\text{仕掛品回転期間} = \frac{4,100}{11,000} = 0.37\text{か月}$$

$$\text{原材料回転期間} = \frac{2,700}{11,000} = 0.25\text{か月}$$

③　本来の回転期間

$$\text{製品回転期間} = \frac{11,000}{7,800} = 1.41\text{か月}$$

$$\text{仕掛品回転期間} = \frac{4,100}{(6,400 + 8,200) \div 2} = 0.56\text{か月}$$

$$\text{原材料回転期間} = \frac{2,700}{6,400} = 0.42\text{か月}$$

　上記の計算例でわかるように，製造業の場合は，月商による回転期間と本来の回転期間とではかなりのギャップがある。製品の回転期間が，売上高総利益率（または売上原価率）のいかんによる差異であることは，販売業の商品の場合と同様である。しかし，仕掛品や原材料の回転期間のギャップはもっと大きく，場合によっては2倍近くの差異がでることもある。したがって，月商による棚卸資産回転期間は各棚卸資産残高の月商に対する倍率と割り切って考え，実質回転期間とは異なるが，その動きを間接的にとらえる指標であるということができよう。そして，総資本経常利益率を形成する一環としての総資本回転率に関連させて分析するには，月商比の回転期間による方がよいと思われる。

3　業種業態等による格差　棚卸資産回転期間は，棚卸資産の手持期間を意味するのであるから，資産の運用効率の点からみれば短い方がよい（回転率では高い方がよい）。これが長くなれば在庫投資の過大，短くなれば在庫投資の節減となる。ただ，棚卸資産は手持期間があまり短いと，生産活動や販売活動に支障をきたすことがあるので，企業の実情に応じた適正在庫高との関係にも注意する必要がある。

棚卸資産回転期間は，業種業態，生産方法，販売方法，管理方法，仕入の難易等により，企業間に格差がある。また，景気変動等により回転期間に伸縮があることもある。

棚卸資産回転期間が長期化する場合は，売行不振による滞貨，販売計画以上の生産（仕入）過大，生産工程の乱れなどによることがあり，また，時に不良在庫が発生しているケースもある。これらは資金繰りのうえにも大きな影響を与える。棚卸資産は，営業生産活動との関係から常に流動的であり，その完全な管理は実務上困難な面もあるので，その運用効率化は重要な課題である。したがって，棚卸資産回転期間の分析は，収益性分析のなかでも重要なもののひとつである。

4　一般水準と判定の基準

棚卸資産回転期間（または回転率）の統計上の比率の名称，算式，一般水準として示された指標は，資料⒆，⒇のとおりである。

棚卸資産回転期間の業種的な特徴をみると，①サービス業などのように物品を販売するものでない業種では，棚卸資産はあまりないからもっとも短く，②販売業と製造業とでは，生産活動のない販売業の方が短く，製造業は長い。また，③製造業では生産期間の長い業種（たとえば，造船業）は回転期間が長く，生産期間の短い業種（たとえば，食料品，セメント）は回転期間が短い。④建設業も生産（工事）期間が長いので極端に回転期間が長い。さらに，⑤販売業では卸売業が短く，小売業がそれよりも長い。

棚卸資産回転期間の判断の基準は定めがたい。その企業の業種業態に照らして，同業種水準と比較し，かつ数期間の時系列比較によってその変動要因を探ることが必要である。回転期間が長期化している場合は，在庫高の計数的信憑性や不良在庫の有無などについて注意することも肝要である。

〔資料⑲〕　**棚卸資産回転日数**（大企業（資本金 50 億円以上））

（単位：日）

業　　種	2010年	2011年	2012年
全　　業　　種	27.36	29.65	29.85
製　　造　　業	36.58	40.77	40.82
卸　　売　　業	18.78	18.91	19.06
小　　売　　業	24.26	25.01	27.22

（出所）　経済産業省『企業活動基本調査確報』を利用して算出

〈算式〉　棚卸資産回転日数 $= \dfrac{\text{棚卸資産}}{\text{売上高}} \times 365$

〔資料⑳〕　**棚卸資産回転日数**（中小企業（法人企業））

（単位：日）

業　　種	2011年	2012年	2013年
全　　業　　種	25.87	27.19	27.86
製　　造　　業	35.15	36.26	34.17
建　　設　　業	25.49	33.38	40.63
卸　　売　　業	20.35	23.88	21.25

（出所）　中小企業庁『中小企業実態基本調査』（平成 24 年，25 年，26 年確報）を利用して算出

〈算式〉　棚卸資産回転日数 $= \dfrac{\text{棚卸資産}}{\text{売上高}} \times 365$

〔4〕　固定資産回転率

1　指標の意味と算出方法　　固定資産回転率は，固定資産の利用度をあらわすもので，分子を売上高，分母を固定資産とした次の算式により算出する。

$$固定資産回転率 = \dfrac{\text{売 上 高}}{\text{固定資産}}$$

分子の売上高は，年間のものをとる。分母の固定資産の内容は，無形固定

資産や投資を含めるのが通常であるが，有形固定資産だけで回転率を算出する場合もある。

　この比率は，固定資産がどの程度有効に経営活動に利用されているかを検討するもので，この比率が低いほど，固定資産への投資が過大であること，あるいはその流動化が遅いことを意味する。固定資産に投下された資本は，比較的長期にわたって生産活動あるいは販売活動に利用され，それが売上収益によって資金回収される。この固定資産の資金回収は，実際には減価償却（売上高に対応する売上原価その他の費用の一部分として）によって行われるので，厳密な意味での固定資産回転率の分子は，減価償却費（年間）となるわけであるが，実務では売上高によって算出することがほとんどである。この比率は，回転期間によって算出することは少ない。

　固定資産回転率は，固定資産の利用度や操業度，あるいは投資効果をみるための指標であるが，この比率の内容については若干の注意が必要である。というのは，分母の固定資産は簿価をとるので，有形固定資産の場合は，設備投資をしなければ翌年は減価償却費の分だけ簿価が減り，売上高が増加しなくても回転率は上昇する。逆に，大幅な設備投資をすると固定資産が急増し，相当の売上増加であってもその増加率が固定資産の増加率を上回らなければ，回転率は低下する。したがって，単純に上昇すればよく，下降すれば悪いといえない場合もありうる。このことから，比率の傾向をみる場合には，その原因が何であるかをつきとめ，それとの関連でよしあしを判断するとともに，なるべく長期間にわたる比較検討が必要であろう。

　また，固定資産のなかには投資その他の資産の経営外資産が多額に含まれている場合があるので，そのようなときは有形固定資産だけで回転率をだす方が，操業度等をみる場合には適切であろう。

2　一般水準と判定の基準

固定資産回転率の統計上の比率の算式，一般水準として示された指標は，資料21，22のとおりである。

　固定資産回転率は，業種によってかなり異なる。一般に，製造業では多額の生産設備を必要とするので回転率は低く，これに対して販売業では回転率は高い。また，販売業のなかにあっても，卸売業では売上高に対して固定資産はきわめて少なく，一方，小売業では相応の店舗設備が必要なので，卸売業は小売業よりも回転率が高い。固定資産回転率のもっとも低い業種は，電力業，ガス業，それに固定資産の運用を主な業務とする不動産（賃貸）業である。

　また，企業規模の拡大に応じて，固定資産投資が増大し資本集約的となることから，固定資産回転率も低下する。

　判定の基準は，一般的にはなく，同業種水準との比較，数年間にわたる時系列での比較で判断することになる。

〔資料21〕　**固定資産回転率**（大企業（資本金 50 億円以上））

(単位：回)

業　　種	2010年	2011年	2012年
全　業　種	1.53	1.48	1.45
製　造　業	1.49	1.44	1.40

（出所）　経済産業省『企業活動基本調査確報』を利用して算出

〈算式〉　固定資産回転率 $= \dfrac{売上高}{固定資産合計}$

〔資料22〕　**固定資産回転率**（中小企業（法人企業））

(単位：回)

業　　種	2011年	2012年	2013年
全　業　種	2.56	2.38	2.63
製　造　業	2.36	2.40	2.58
建　設　業	3.61	2.48	3.64
小　売　業	4.06	3.72	4.06

（出所）　中小企業庁『中小企業実態基本調査』（平成 24 年，25 年，26 年確報）を利用して算出

〈算式〉　固定資産回転率 $= \dfrac{売上高}{固定資産}$

ケース・スタディ③　▷投下資本の運用効率の時系列分析◁ ──────

　　繊維製品卸売業であるＤ社の過去５年間の貸借対照表，ならびに売上高の推移は，次に示すとおりである。これによって，Ｄ社の投下資本の運用効率を時系列的に分析しなさい。

比較貸借対照表　（金額単位：百万円）

資産	第21期	第22期	第23期	第24期	第25期	負債および純資産	第21期	第22期	第23期	第24期	第25期
現 金 預 金	130	140	145	150	160	支 払 手 形	374	340	318	465	450
受 取 手 形	36	23	17	44	40	買 掛 金	24	29	48	34	28
売 掛 金	178	166	195	270	280	短 期 借 入 金	62	95	131	142	187
商 品	158	170	189	233	247	その他流動負債	22	10	20	8	6
その他流動資産	5	12	14	10	8						
固 定 資 産	51	51	53	60	64	純 資 産	76	88	96	118	128
合 計	558	562	613	767	799	合 計	558	562	613	767	799

　（注）割引手形　　第21期　　95　　　　第22期　　91
　　　　　　　　　　第23期　 109　　　　第24期　 150
　　　　　　　　　　第25期　 148

　　　　売上高推移　　　　　　　（年商）　　　（平均月商）
　　　　　　　　　第21期　　　　845　　　　　70.4
　　　　　　　　　第22期　　　　882　　　　　73.5
　　　　　　　　　第23期　　　　934　　　　　77.8
　　　　　　　　　第24期　　　 1,110　　　　　92.5
　　　　　　　　　第25期　　　 1,085　　　　　90.4

6　小売業等の販売効率指標

1　販売効率指標の意味　　小売業，サービス業等では，企業経営のうえで販売効率が業種がらとくに重視される。そこで，このような業種の収益性分析においては，一般の比率のほかに，販売効率指標を算出し，分析することが有効である。

　ここでいう販売効率とは，販売活動において売上原価以外に企業が投下する営業活動諸要素に対する売上高の割合をいい，営業活動要素1単位当りの年間（または月間）売上高で示される。企業の販売活動において投入された人的，物的要素がいかに効率よく活用され，それが売上の増大に寄与したかの度合いを示すものが販売効率である。

　販売効率指標の一般的なものとして，1人当り売上高，売場面積当り売上高の2つをあげることができる。

2　1人当り売上高　　販売効率指標のもっとも典型的なもので，販売員1人当りで算出する場合もある。多いほど効率が高いことはいうまでもない。卸売業，小売業のほか，飲食店等の指標として有効である。

$$従業員1人当り年間売上高 = \frac{年間売上高}{従業員数}$$

　一般水準との比較が望ましいが，業種により異なり，また業種が同じでも経営形態，企業規模等が異なると，比較の対象となりにくい場合もあるので，その企業の時系列比較を中心に分析し，同業水準との比較は参考程度に

〔資料23〕 **従業員1人当り売上高**（中小企業（法人企業））

（単位：千円）

業　種	2011年	2012年	2013年
全　業　種	19,345	17,625	20,746
卸　売　業	53,373	45,961	61,251
小　売　業	18,184	18,564	19,614
製　造　業	19,138	17,180	19,612
不動産業・物品賃貸業	23,622	20,489	22,835
宿泊業・飲食サービス業	5,407	5,420	5,477

（出所）　中小企業庁『中小企業実態基本調査』（平成24年，25年，26年確報）を利用して算出

〈算式〉　従業員1人当り売上高 ＝ $\dfrac{売上高}{期末従業員数}$

〔資料24〕 **売場3.3m²当り売上高**（中小企業）

（単位：千円）

業　種	指　標	業　種	指　標
小　売　業	2,729	家具・じゅう器小売業	1,125
衣服等小売業	2,133		
飲食料品小売業	4,285	電気器具小売業	3,788
靴　小　売　業	1,741	カメラ・写真材料小売業	3,015
医薬品小売業	4,464		

（出所）　中小企業庁『中小企業の財務指標』平成15年度調査

〈算式〉　売場3.3m²当り売上高 ＝ $\dfrac{純売上高}{売場面積}$ × 3.3

すべきであろう。統計上の一般水準は，資料23のとおりである。

3　売場面積当り売上高

坪効率，売場効率ともいう。店舗，売場面積の良否を判定し，設備の効率を検討する指標

である。この比率が低いことは，固定資産の有効利用の見地から問題があり，反対に比率が高すぎることは，売場面積拡張の必要性を示唆している場合もある。小売業，飲食業等の販売効率をみる場合には，欠きえない分析指標である。

$$\text{売場3.3m}^2\text{当り売上高} = \frac{\text{売 上 高}}{\text{売場面積}} \times 3.3$$

　この比率も，業種や営業形態，企業規模等によって格差があり，とくに店の立地条件，店歴によって大きな差がでてくるので，業種業態，規模，立地が似かよっている同業他社等と比較し，あわせて数期間の時系列比較，1 企業内の店別比較なども行い，効率を判定する。小売業全般とその一部業種の統計上の一般水準は，資料24のとおりである。

ケース・スタディ④	▷小売業の収益性分析◁

有限会社 M 商店は，S 駅の近くの商店街において，化粧品店と婦人洋品店の2つの店を経営する小売店である。以下に示す資料から，M 商店の概要を収益性を中心にして分析説明しなさい。

① 店舗の状況（最近3か年）

　　　化粧品店……26.4m^2（8坪）／従事者：社長夫妻，店員2名
　　　洋 品 店……16.5m^2（5坪）／従事者：専務夫妻，店員1名

　　このほかに，両店とも繁忙時にはパートを採用するケースが年を追うごとに増加している。

② 経営者は，小規模ながらも商店経営にきわめて熱心で，店舗改装にも積極的である。近く第3の店舗を新設し，年商1億円達成を当面の目標にしている。

③ 化粧品店店舗は社長から賃借，洋品店店舗は会社所有（敷地は借地）である。

比較貸借対照表

（単位：千円）

資　産		X3/12	X4/12	X5/12	負債および純資産		X3/12	X4/12	X5/12
流動資産	現 金 預 金	3,089	4,528	4,091	負債	買 掛 金	5,662	5,315	6,749
	商　　品	10,232	10,778	12,359		短 期 借 入 金	9,068	7,904	8,584
	その他流動資産	318	344	485		未 払 法 人 税 等	305	481	
						その他流動負債	836	585	686
						固 定 負 債	1,295	6,242	2,810
	合　　計	13,639	15,650	16,935		合　　計	17,166	20,527	18,829
固定資産	有形固定資産	3,000	5,695	4,114	純資産	資 本 金	1,800	1,800	3,600
	無形固定資産	4,070	4,070	4,070		利 益 剰 余 金	3,278	4,606	4,998
	投資等その他の資産	1,535	1,518	2,308					
	合　　計	8,605	11,283	10,492		合　　計	5,078	6,406	8,598
資 産 合 計		22,244	26,933	27,427	負債および純資産合計		22,244	26,933	27,427

④ 店別売上実績

（単位：千円，%）

	X3年	X4年	X5年	売上高総利益率
化 粧 品 店	24,370	28,399	33,187	29 〜 33
洋 品 店	26,911	32,089	36,008	26

⑤　在庫高内訳　　X 4 年：化粧品　5,654千円　洋品　5,124千円
　　　　　　　　　 X 5 年：化粧品　5,444千円　洋品　6,915千円
⑥　財務諸表は別掲（前項および下記）のとおりである。

比 較 損 益 計 算 書

（単位：千円）

	X3/1〜12	X4/1〜12	X5/1〜12
売　　　上　　　高	51,281	60,488	69,195
売　　上　　原　　価	37,844	43,567	48,767
売　上　総　利　益	13,437	16,921	20,428
販　売　管　理　費	11,362	14,544	18,767
（う ち，人 件 費）	(6,278)	(8,134)	(11,567)
（うち，減価償却費）	(779)	(856)	(1,581)
営　業　利　益	2,075	2,377	1,661
営　業　外　収　益	195	327	524
営　業　外　費　用	772	1,098	1,099
経　常　利　益	1,498	1,606	1,086
特　別　利　益		949	
特　別　損　失	83	287	46
税引前当期純利益	1,415	2,268	1,040
法　人　税　等	431	700	288
当　期　純　利　益	984	1,568	752

（注）　1．X4/12 期の特別利益のうち，863 千円は仕入先よりの設備受贈益である。また，特別損失 287 千円は固定資産除却損である。
　　　　2．人件費のうち，役員とその家族に対するものは次のとおり。
　　　　　　X3/12 期　4,710 千円　X4/12 期　5,710 千円　X5/12 期　8,202 千円

7 損益分岐点分析

1 損益分岐点分析のねらい 収益性の分析は，一般に比率分析が主体であり，これまでに触れてきた分析指標の説明もすべて比率分析を内容とするものであった。しかし，収益性の分析には，主流の比率分析に加えて，必要に応じた実数分析をすることも有効である。そこで，実数分析のひとつとして損益分岐点分析をとりあげてみる。

損益分岐点（Break-even point）とは，収益と費用が等しくなるとき，すなわち利益ゼロのときの売上高のことをいう。この損益分岐点をめぐる分析は，企業の収益構造を検討したり，利益計画をたてる場合などに使われる。とくに財務分析では，企業の収益構造をつかむことが必要であるが，それは損益分岐点分析をとおして原価と営業量と利益との関係を明らかにすることによって可能となる。この原価・営業量・利益の関係とは，営業量の変化は原価や費用に対してどのようなかかわりあいをもつかということである。このような原価・営業量・利益それぞれの相関関係のことをＣＶＰ関係（cost-volume-profit relationship）という。

営業量を端的にあらわす売上高が増減しても，すべての原価や費用がこれに比例して増減することは，一般にはまずありえない。したがって，数期間の推移で売上高の増減があると，それに応じて売上高総利益率，売上高営業利益率，売上高純利益率，また営業費比率などの費用率は，それぞれ変化する。

このように，売上高の変動に伴って各売上高利益率や費用率が変わるのは，原価や費用のなかに固定費というものが存在するからである。

　固定費とは，売上高の増減に関係なく，必ず一定額を必要とする費用であり，たとえば減価償却費や不動産賃借料などがこれにあたる。これに対するものが変動費であり，それは売上高の増減に比例して増減する費用で，たとえば，材料費や商品仕入原価などがこれにあたる。原価や費用のなかに，この固定費と変動費が混在していることが大きな原因となって，前述のように各利益率等に変動が生じるのである。そして，全体の費用のなかにおける固定費の割合が多ければ多いほど，売上高の変動に応じて各利益率が大きく変動する。また，固定費の割合が多い企業では，そうでない企業に比べて，売上高が増えれば増えるほど利益はより多く増加し利益率も上昇するが，損益分岐点以下の売上高になると，売上高が減るほど損失もより多く増えるということになる。このような収益構造の分析は，収益性分析におけるひとつのポイントとなり，また将来の収益予想をする場合に大きな参考となる。

2　損益分岐点の求め方

　損益分岐点は，費用を固定費と変動費に分解のうえ，次の公式により求められる。

$$\text{損益分岐点} = \text{固定費} \div \left(1 - \frac{\text{変動費}}{\text{売上高}} \right)$$

　すなわち，損益分岐点の売上高を x，固定費を f，変動費を v，売上高を s とすると，次のように示すことができる。この式における $\frac{v}{s}$ を変動費比率という。

$$x = f \div \left(1 - \frac{v}{s} \right)$$

　たとえば，ある企業の売上高が200百万円，固定費が80百万円，変動費が100百万円とすると，損益分岐点の売上高は次のように160百万円となる。

$$80 \div \left(1 - \frac{100}{200} \right) = 160\text{百万円}$$

　これを図表であらわすと，図 − 2 のような損益分岐点図表となる。この損益分岐点図表は，正方形をえがき，横軸で売上高，縦軸で売上高・費用・損

図-2　損益分岐点図表

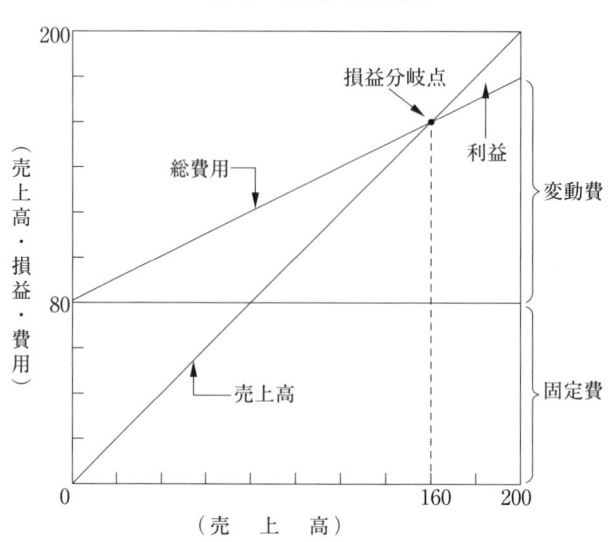

益を示すようにしてつくる。まず，売上高線を図の左下スミと右上スミを結ぶ線としてえがき，次に，縦目盛りによって80百万円の固定費線を横軸に平行にえがき，さらに横軸の売上高200百万円の線上に，固定費80百万円の上に重ねて変動費100百万円を縦軸180百万円のところにとり，この点と横軸の0の線上の縦軸固定費80百万円の点とを結んで総費用線をえがく。この結果，売上高線と総費用線の交差する点が損益分岐点の売上高160百万円として示される。

　この損益分岐点図表によって，損益分岐点以上の売上高ならば利益が発生し，分岐点以下の売上高ならば損失が発生することが明らかとなる。また，費用構造の変化による損益の変化は，次のようにして図のうえで容易にとらえることができる。

　①　変動費比率が変化するときは，総費用線の角度が変わる。

　②　固定費が変化するときは，固定費線が上下し，変動費率が変化しなければ，総費用線はその角度のまま上下にシフトする。

（注）限界利益図表　売上高から変動費を差し引いたものを限界利益（marginal income）という。したがって、限界利益は固定費と利益の合計額に等しい。前例の場合の限界利益は、売上高200 − 変動費100 = 100百万円であり、それは（固定費80 + 利益20）に等しい。限界利益の売上高に対する割合を限界利益率という。これは、

前記の公式中の$\left(1 - \frac{v}{s}\right)$のことであるから、損益分岐点の公式は、固定費÷限界利益率として示すこともできる。

　前掲の損益分岐点図表は、右のような限界利益図表によって示すこともできる。

　このような限界利益概念は、将来の利益計画などにかかわらせて使われることが多い。

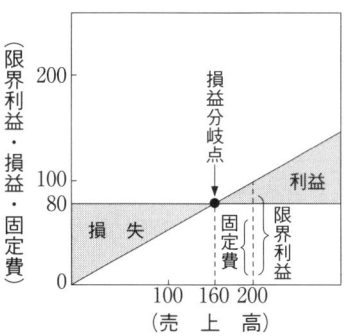

3　固定費と変動費の分解

　上述の損益分岐点を算出するには、費用を固定費と変動費に分解しなければならない。しかし、各費用それぞれを固定費と変動費に分けるのは、実務的にはなかなかむずかしい。

　というのは、費用のなかには固定費、変動費のいずれかということをはっきり断定できないものがかなりあるからである。たとえば、通信費や交際接待費は、売上高等の営業量にスライドして発生する部分がたしかにあるが、すべてがそうとはいえず、売上高いかんに関係なく発生する部分もある。このような、変動費部分が多いが固定費部分も含まれる準変動費や、固定費部分が多いが変動費部分も含まれる準固定費が、純粋の固定費、変動費のほかに比較的多い。

　この費用分解の方法には、個別費用法、総費用法、スキャターグラフ法、最小自乗法等いろいろあるが、決定的なものはない。このなかで実務上も比較的よく用いられる個別費用法（または勘定科目法）というのは、費用を各勘定科目ごとに検討し、それぞれの費用をその内容、性格によって固定費であるか変動費であるかを決定しようとするものである。この方法は、厳密には

いろいろな問題点も考えられようが，過去数期間の各費用の増減推移を売上高と対比すればおおよその傾向がわかるので，信用調査等の企業外部の立場からの分析では，概括的なものをつかむという意味で簡便かつ実務的である。

　個別費用法の一例として，統計で採用している費用分解基準を示すと，次のとおりである。

・日本銀行『主要企業経営分析』

　　固定費＝（販売費及び一般管理費－荷造運搬費）＋労務費＋（経費－外注加工費－動力燃料費）＋営業外費用－営業外収益

　　変動費＝売上原価－労務費－（経費－外注加工費－動力燃料費）＋荷造運搬費

・中小企業庁『中小企業の原価指標』

① 製 造 業

　　固定費——直接労務費，間接労務費，福利厚生費，減価償却費，賃借料，保険料，修繕料，水道光熱費，旅費・交通費，その他製造経費，通信費，支払運賃，荷造費，消耗品費，広告宣伝費，交際・接待費，その他販売費，役員給料手当，事務員・販売員給料手当，支払利息，従業員教育費，租税公課，研究費，開発費，その他管理費

　　変動費——直接材料費，買入部品費，外注工賃，間接材料費，その他直接経費，重油等燃料費，当期製品仕入原価，期首製品棚卸高－期末製品棚卸高，酒税

② 販 売 業（卸売業・小売業）

　　固定費——販売員給料手当，車両燃料費（卸売業の場合50％），車両修理費（卸売業の場合50％），販売員旅費・交通費，通信費，広告宣伝費，その他販売費，役員（店主）給料手当，事務員給料手当，福利厚生費，減価償却費，交際・接待費，土地建物賃借料，保険料（卸売業の場合50％），修繕費，光熱水道料，支

払利息，租税公課，従業員教育費，その他管理費

変動費——売上原価，支払運賃，支払荷造費，荷造材料費，支払保管
　　　　料，車両燃料費（卸売業の場合のみ50%），車両修理費（卸売業
　　　　の場合のみ50%），保険料（卸売業の場合のみ50%）

　（注）　小売業の車両燃料費，車両修理費，保険料は，すべて固定費に入る。

4　損益分岐点の位置

損益分岐点から，その企業の収益構造をみるには，まず，損益分岐点の位置を知ることである。それは，現在の売上高と損益分岐点売上高との関係をみるもので，損益分岐点比率（中小企業庁），または損益分岐点対売上高比率（日本銀行）ともいい，次のようにして算出される。

$$損益分岐点の位置 = \frac{損益分岐点売上高}{売　上　高} \times 100$$

いうまでもなく，損益分岐点売上高は低いほどよいわけであるから，上記の損益分岐点の位置もまた低ければ低いほど好ましく，収益性が安定しているといえる。この比率が80%であるということは，売上高が現在より20%減少すると収支トントンになるということであり，次の算式のような経営安全率としてみる場合もある。

$$経営安全率 = \frac{売上高 - 損益分岐点売上高}{売　上　高} \times 100$$

しかし，経営安全率がいかに高くても，売上高の安定性が保証されるわけではないので，売上高の変動に対する安定性とは別個のものであることに注意したい。

統計上の「損益分岐点の位置」の一般水準をみてみると，中小企業（製造業）では，2001年度で健全企業91.0%，欠損企業108.1%（中小企業庁『中小企業の原価指標』）となっている。

5　企業の費用構造の分析

次に検討したいのは，企業の費用構造である。一般に企業の費用構造は，次の4タイプに分けることができるが，損益分岐点分析からこの費用構造がわかる。

　　　Aタイプ——高固定費，低変動費型

　　　Bタイプ——低固定費，高変動費型

　　　Cタイプ——高固定費，高変動費型

　　　Dタイプ——低固定費，低変動費型

これらを，損益分岐点図表であらわすと，図−3（次頁）のようになる。

これらの各タイプを業種にあてはめてみると，製造業は固定投資が多いため固定費が多くてAタイプ，逆に，卸売業は固定費が少なく変動費が多いためBタイプ，小売業はAとBの中間になる。また，企業規模別には，大企業はAタイプ，中小企業はBタイプといえる。そして，Cタイプは限界企業，Dタイプは優良企業ともいうことができる。

以上の損益分岐点に関する収益構造，費用構造の分析は，さらに，これを数期間の比較分析や同業他社等との比較分析によって，損益構造の変化や傾向，また他企業と比べての特徴などをつかむことができ，それによっていっそう的確な判断をくだすことができる。

6　損益分岐点分析の利用

損益分岐点分析は，利益計画をはじめいろいろなものに利用される。ここでは詳説はさけるが，それらの場合に使われる諸算出公式を次に掲げる（算式内の記号は前記〈121頁〉に同じ）。

①　一定の売上高のときの利益はいくらか

$$利益 = 売上高 \times (1 - \frac{v}{s}) - f$$

②　一定の目標利益をあげるのに必要な売上高はいくらか

$$必要売上高 = (目標利益 + f) \div (1 - \frac{v}{s})$$

図-3 企業の費用構造の４つのタイプ

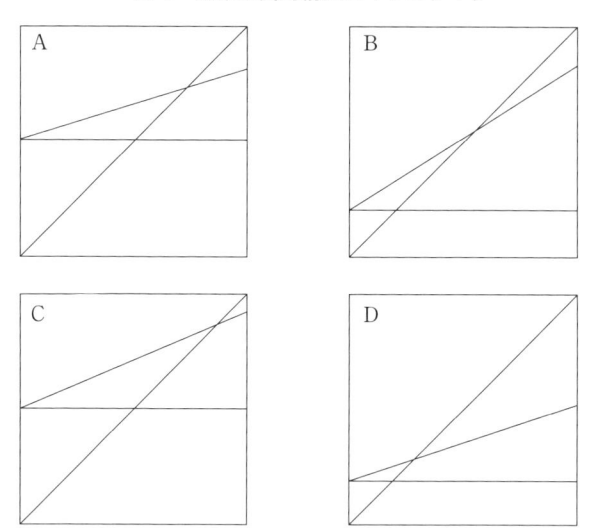

③ 一定の売上時に目標利益をあげるのに節約しなければならない費用はいくらか

$$\text{費用節約必要額} = \text{目標利益} + f - (\text{一定の売上高}) \times (1 - \frac{v}{s})$$

④ 設備投資後，現在利益のほかに新投資に対する利益を確保するのに必要な売上高はいくらか

$$\text{必要売上高} = (f + \text{増加固定費} + \text{現在利益} + \text{新投資の利益}) \div (1 - \frac{v}{s})$$

たとえば，$f = 400$，$s = 1{,}200$，$v = 480$の場合は，次のとおりである。

① 売上高1,500のときの利益

$$1{,}500 \times (1 - \frac{480}{1{,}200}) - 400 = 500$$

② 目標利益400をあげるのに必要な売上高

$$(400 + 400) \div (1 - \frac{480}{1{,}200}) \fallingdotseq 1{,}333$$

③　1,350の売上高で450の目標利益をあげるのに節約しなければならない
　　費用

$$450 + 400 - 1,350 \times (1 - \frac{480}{1,200}) = 40$$

④　設備投資後の増加固定費100，新投資に対する利益50，現在利益320を
　　確保するのに必要な売上高

$$(400 + 100 + 320 + 50) \div (1 - \frac{480}{1,200}) = 1,450$$

7　損益分岐点分析の前提と留意点

ところで，以上で触れた損益分岐点は，いくつかの前提条件を備えたうえでの損益分岐点であることに注意して，分析上の判断をする必要がある。その前提条件とは，主として次のようなことである。

①　固定費はある期間一定であること

②　変動費比率は変わらないこと

③　商品構成に変化がないこと

④　費用の分解が正確であること

しかし，これらの前提条件が厳密な意味で備わっていることは，実務上は少ない。たとえば，固定費が一定ということは，最近ではあまり考えられないことであり（固定費的な人件費でも毎期変動），また変動費比率が変わらないということも，売価，仕入価格変動はめずらしくないから，あまりあてにならない。したがって，せっかく損益分岐点を算出しても，それは1期限りのもので，翌期にはまた変化することが多い。

したがって，損益分岐点分析をする場合は，このような前提条件のあることをわきまえ，一般には概括的な収益・費用構造をつかむということに焦点をしぼり（前提条件の変化に伴う分析手法は別途にあるが），その分析の限界を知っておく必要がある。

8　利 益 増 減 分 析

1　利益増減分析のねらい　　実数分析による収益性分析には，損益分岐点分析のほかに利益増減分析がある。利益増減分析は，当期の利益は前期の利益と比較して，いかなる理由で増加・減少したのか，その原因をつかもうとするものである。利益は，収益（主として売上高）から費用を差し引いたものであるから，利益の増減に関係するものは，売上高と費用の2つである。そして，費用は売上原価，営業費用，営業外その他の費用に分けられ，損益計算書では売上高からこれらの各費用を段階的に差し引いて各種利益が算定されている。そこで，利益増減分析もこの各種利益，すなわち，売上総利益，営業利益，経常利益，当期純利益の増減分析に分かれる。

　この利益増減分析は，前述の売上高各利益率の分析を補完する役割をも果たすものであり，利益率分析に並行して実施すれば有効である。それは，比率が変化した原因や背景を実数面からとらえるものであるから，より具体的な実態をつかむことができる。

　また，比率があまり変化していない場合，あるいは利益の増減額が小さい場合は，ともすると収益構造もほとんど変化していないと判断しがちであるが，内容的には変化していることがあり，そのような発見は利益増減分析によってなしうるケースである。たとえば，営業費比率がほぼ同水準であっても，内容的には人件費率が上昇し，反面で他の諸経費が低下していることから，両者が相殺されて営業費比率には変化がない場合があるが，これらは各経費率の検討とともに，営業費の各費目別増減内容を分析することによって

つかむことができる。

2 売上総利益増減分析　ここでは，各利益の増減分析のうち，利益の第1次源泉としてもっとも重要と思われる売上総利益の増減分析をとりあげてみる。

売上総利益は，売上高から売上原価を差し引いたものであるから，売上高の増減と売上原価の増減が売上総利益の増減原因となる。また，売上高は売上単価と売上数量との積であるから，売上単価が変化し，売上数量が増減すると，売上高が増減する。一方，売上原価も単位当り売上原価と売上数量との積であるから，単位当り売上原価が変化し，売上数量が増減すると，売上原価が増減する。

そこで，売上単価の変化と売上数量の増減によって，売上高がそれぞれどれだけ増減したか，また，単位当り売上原価の変化と売上数量の増減によって，売上原価がそれぞれどれだけ増減したかを分析するのが，売上総利益増減分析の内容となる。

3 売上高の増減分析　まず，売上高の増減原因分析からはじめてみよう。売上単価，売上数量をそれぞれ次のように記号化して，各ケースにおける分析方法を算式と図解で以下に示してみる。

$$前期売上単価 = P　当期売上単価 = P'$$

$$前期売上数量 = M　当期売上数量 = M'$$

① 売上単価アップ，売上数量減少の場合（図−4〜(1)）

　・売上単価アップによる売上高増加（図の①）

　　　$P' \times M'$（当期売上高）$- P \times M'$

　・売上数量減少による売上高減少（図の②）

　　　$P \times M$（前期売上高）$- P \times M'$

　（注）　$P \times M' =$ 売上単価に変化がないとした場合の当期売上高

② 売上単価ダウン，売上数量増加の場合（図－4～⑵）

　・売上単価ダウンによる売上高減少（図の③）

$$P \times M （前期売上高） - P' \times M$$

　・売上数量増加による売上高増加（図の④）

$$P' \times M' （当期売上高） - P' \times M$$

　（注）　$P' \times M =$ 売上数量に増減がないとした場合の当期売上高

③ 売上単価アップ，売上数量増加の場合（図－4～⑶）

　・売上単価アップによる売上高増加（図の⑤）

$$P' \times M - P \times M （前期売上高）$$

　・売上数量増加による売上高増加（図の⑥）

$$P \times M' - P \times M （前期売上高）$$

　・共通要因による売上高増加（図の⑦）
　　残りの売上高増加分

④ 売上単価ダウン，売上数量減少の場合（図－4～⑷）

　・売上単価ダウンによる売上高減少（図の⑧）

$$P \times M' - P' \times M' （当期売上高）$$

　・売上数量減少による売上高減少（図の⑨）

$$P' \times M - P' \times M' （当期売上高）$$

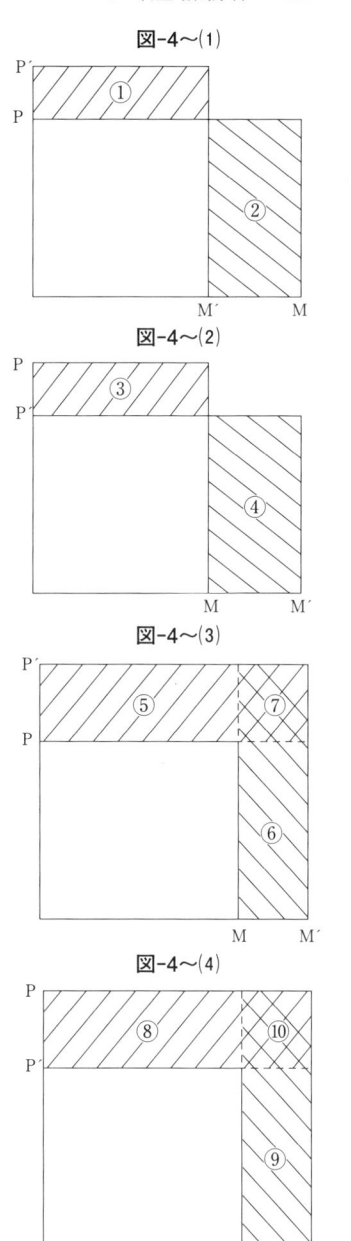

図-4～⑴

図-4～⑵

図-4～⑶

図-4～⑷

・共通要因による売上高減少（図の⑩）

　　残りの売上高減少分

4　売上原価の増減分析　次に，売上原価の増減原因分析につき，単位当り売上原価を次のように記号化して（売上数量の記号は前記〈130頁〉に同じ），各ケースにおける分析方法を算式により以下に示してみよう。なお，図解は前掲の各図のP，P′をそれぞれC，C′におきかえてみればよい。

前期単位当り売上原価＝C

当期単位当り売上原価＝C′

①　単位当り売上原価アップ，売上数量減少の場合

・単位当り売上原価アップによる売上原価増加

C′× M′(当期売上原価) － C × M′

・売上数量減少による売上原価減少

C × M(前期売上原価) － C × M′

（注）　C× M′＝単位当り売上原価に変化がないとした場合の当期売上原価

②　単位当り売上原価ダウン，売上数量増加の場合

・単位当り売上原価ダウンによる売上原価減少

C × M(前期売上原価) － C′× M

・売上数量増加による売上原価増加

C′× M′(当期売上原価) － C′× M

（注）　C′× M ＝売上数量に増減がないとした場合の当期売上原価

③　単位当り売上原価アップ，売上数量増加の場合

・単位当り売上原価アップによる売上原価増加

C′× M － C × M （前期売上原価）

・売上数量増加による売上原価増加

C × M′－ C × M （前期売上原価）

・共通原因による売上原価増加

残りの売上原価増加分

④ 単位当り売上原価ダウン，売上数量減少の場合

・単位当り売上原価ダウンによる売上原価減少

$C \times M' - C' \times M'$（当期売上原価）

・売上数量減少による売上原価減少

$C' \times M - C' \times M'$（当期売上原価）

・共通原因による売上原価減少

残りの売上原価減少分

5　変化率による分析数値の算出

以上の各ケースの算式からもわかるように，総利益増減分析では，次の数値がわかれば，それを使って原因分析をすることができる。

$P \times M'$＝売上単価に変化がないとした場合の当期売上高

$P' \times M$＝売上数量に増減がないとした場合の当期売上高

$C \times M'$＝単位当り売上原価に変化がないとした場合の当期売上原価

$C' \times M$＝売上数量に増減がないとした場合の当期売上原価

これらは，当期は前期に比べて売上単価が何％上下したか，あるいは売上数量が何％増減したのかのいずれかがわかれば，それらをとおして以上のすべての数値がわかるようになっている。したがって，2期間にわたる売上単価や売上数量，あるいは単位当り売上原価を直接つかまなくても，分析は可能である。

たとえば，売上単価が何％アップしたかがわかれば，$\dfrac{P'}{P}$ を使って，上記の4つの数値は次のように計算することができる。

① $P \times M' = (P' \times M') \div \dfrac{P'}{P}$

② $P' \times M = (P \times M) \times \dfrac{P'}{P}$

③ $C \times M' = \dfrac{C \times M（前期売上原価）}{P \times M （前期売上高）} \times (P \times M')$

④ $C' \times M = \dfrac{C' \times M'（当期売上原価）}{P' \times M'（前期売上高）} \times (P' \times M)$

また，売上数量が何％増加したかがわかれば，$\dfrac{M'}{M}$ を使って次のように計算することができる。

① $P \times M' = (P \times M) \times \dfrac{M'}{M}$

② $P' \times M = (P' \times M') \div \dfrac{M'}{M}$

③ $C \times M' = (C \times M) \times \dfrac{M'}{M}$

④ $C' \times M = (C' \times M') \div \dfrac{M'}{M}$

6 売上総利益増減分析の事例

以上で説明した売上総利益増減分析を，次のような具体的な事例を使って分析してみよう。

◁事例▷ K社は，当期は販売量が前期比40％増加したが，売上総利益が次に示すように前期比410万円減少したのはいかなる原因によるものか分析しなさい。

（単位：万円）

	〈前期〉	〈当期〉	〈増減〉
売　上　高	7,830	10,050	2,220
売　上　原　価	6,680	9,310	2,630
売　上　総　利　益	1,150	740	△410

この事例の場合は，販売量が40％増加した割には，売上高，売上原価が増加していないので（P'× M'，C'× M'を，それぞれ P × M'，C × M'と比較すれば

表-6 売上総利益増減分析表

（単位：万円）

I 売上高の増減		
1．売上単価ダウンによる売上高の減少		
P × M	7,830	
P′ × M	7,179	△651
2．売上数量増加による売上高の増加		
P′ × M′	10,050	
P′ × M	7,179	2,871
売上高の増加（Ⓐ）		2,220
II 売上原価の増減		
1．単位当り売上原価ダウンによる売上原価の減少		
C × M	6,680	
C′ × M	6,650	△30
2．売上数量増加による売上原価の増加		
C′ × M′	9,310	
C′ × M	6,650	2,660
売上原価の増加（Ⓑ）		2,630
売上総利益の減少（Ⓑ−Ⓐ）		410

（注意）　$P′ × M = (P′ × M′) ÷ \dfrac{M′}{M} = 10,050 ÷ \dfrac{140}{100} = 7,178.5 ≒ 7,179$

$C′ × M = (C′ × M′) ÷ \dfrac{M′}{M} = \ 9,310 ÷ \dfrac{140}{100} = 6,650$

わかる），売上単価，単位当り売上原価はともにダウンしていることがわかる。そこで前記の分析方法でいえば，売上高の②「売上単価ダウン，売上数量増加の場合」，売上原価の②「単位当り売上原価ダウン，売上数量増加の場合」に該当することになり，これによって分析すれば，表−6のようになる。

　この分析表をみれば明らかなように，当期の売上総利益が前期比410万円

減少しているのは，もっぱら売上単価のダウンによるものである。すなわち，売上単価のダウンによって651万円の総利益が減少したが，売上数量の増加によって211万円（2,871−2,660＝211），売上原価ダウンの努力によって30万円と売上総利益がそれぞれ増加し，これらが売上単価ダウンによる総利益の減少の一部をカバーしたために，売上総利益は410万円の減少にとどまった。したがって，売上総利益の減少の原因は，売上単価が前期比8.3％$\left(1 - \dfrac{P' \times M}{P \times M} = 1 - \dfrac{7,179}{7,830} \fallingdotseq 8.3\%\right)$ダウンしたことによるもので，それ以外のことは考えられない。

　なお，売上総利益率の変動状況をみると，14.7％から7.4％へと下落しており，その原因を分析するには上記のような利益増減分析が有効適切であることも明らかであろう。

7　利益増減分析の実務上の問題点

利益増減分析は，比率の変動原因を実数によって具体的につかむものであるから，収益性分析のなかにあっても効果的な分析手法である。しかし，以上で触れたことからもわかるように，売上総利益増減分析では，売上単価や売上数量の変動の実態がほぼつかまれていないと，分析することができない。そして，売上単価または売上数量の変動状況がほぼつかめる場合にはよいが，実務上はつかみにくい場合も少なくない。

　というのは，単価や数量をつかむことは，単一製商品を製造販売している場合には容易であるが，数種類の製商品を扱っている場合には，簡単でない。多くの企業では，単一製商品を扱っている例は少なく，数種類になるのが普通であるから，こうなると利益増減分析も単純にはいかない。こうした場合の分析方法もいろいろ考えられるが，複雑，かつ手間のかかることも含めて，それらがすべての分析実務に通用するかどうかは疑問もある。

　こうした数種類の製商品がある場合の利益増減分析は，以上で触れた分析方法よりもその企業における損益状況を部門別に計算した部門別業績表によるものでないと，明快な分析は困難と思われる。そのような部門別業績表を

企業内で作成している場合は，それによって利益増減分析をする方が適切であろう。

　以上のように考えると，本節で述べた分析方法は，価格や数量の変動状況の概要がつかめる場合に限られてしまう。しかし，数種類の製商品がある場合でも，たとえば，それを1製品に換算して全般の単価や数量の変動におきかえるなどの工夫により，概括的な分析を試みることもケースによっては考えられる。

 ## ROE（Return on Equity）
－自己資本利益率－

2015年は，スチュワードシップ・コードおよびコーポレートガバナンス・コードのいわゆる「2つのコード」がそろった最初の年となった。2つのコードが目指すのは，中長期的な企業価値の向上である。株主視点からの企業価値を示す代表的な指標といえば自己資本利益率（ROE）であることからもROEへの関心が非常に高まっている。ROEとは，当期純利益（税引利益）を自己資本（株主資本）で除して算出したものをいう。海外投資家比率が高く，また，グローバルに展開している上場企業のROEは近年高まってきているものの，全体としては依然として低水準にある。

企業は，資本金などの自己資本と借入金などの他人資本を使って事業活動を行うが，その運用効率をあらわす収益性指標が総資本経常利益率である。これに対して，ROEは，株主持分である自己資本をいかに効率的に使ってどれだけの税引利益を生みだしたかをみる指標である。投資家である株主の立場からみた指標であるから，株式市場の投資判断指標の基本となるものである。

自己資本利益率（大企業（資本金50億円以上））

年度	07年	08年	09年	10年	11年	12年
全産業	7.73	△0.57	2.62	3.81	2.57	3.54
製造業	8.70	△2.64	0.91	4.20	2.49	3.34

（出所）経済産業省『企業活動基本調査確報』を利用して算出

〈算式〉　自己資本利益率 $= \dfrac{\text{当期純利益}}{\text{株主資本}} \times 100$

日本企業のROEは，長期的に低下傾向にあった。70年代はじめに15％だったものが，1991年には5％台に，さらにその後も低下している。ROEは，売上高当期利益率，総資本回転率，財務レバレッジ（総資本／株主資本）の三要素の積によって決まる。この要素を分析してみると，ROE低下の主因は売上高当期利益率の低下にあるといわれる。日本企業の資本構成は近年改善されているので，負債のレバレッジ効果は減殺されたが，それを上回って売上高当期利益率の低下が影響しているとされている。

9　収益性分析のまとめ

1　収益性分析の体系　　以上において，収益性分析の方法を重点的に説明した。この収益性分析は，上述したことからおおよそわかるように，各比率を個別的バラバラに分析し検討するのでなく，各比率それぞれを他の比率と有機的に関連させ，総合的な指標となる比率，すなわち，総資本経常利益率の検討からはじめて逐次これを分解して部分的な比率の検討へと進め，最終的な結論を出すことが必要である。この方法をとることによって，収益性の分析は全般的，総合的な立場から判断することができ，問題点のある部分は重要度のいかんによって深く追求し，また分析のもれが生じることはない。

　これらの収益性分析の体系を図示すると，図-5のとおりである。

図-5　収益性分析の体系

<③売上高経常利益率の展開>

<②総資本経常
　利益率の展開>

<①総合指標>
総資本経常利益率
{
　売上高
　経常利益率
{
　　売上高
　　総利益率 ─売上原価率
　　売上高
　　営業利益率 ─営業費率─各個別費用率
　　金融費用
　　負担率
}

　　<④総資本回転率の展開>
　総資本
　回転率
{
　　売上債権
　　回転期間
　　棚卸資産
　　回転期間
　　固定資産
　　回転率
}
}

2 比率分析は実数分析で補完

前記の分析体系は、そのすべてを示したわけではないから、部分的な比率は必要に応じてさらに細分することができる。たとえば、売上原価率は製造業であればその主体を占める製造原価の内訳費目別（材料費、労務費等）の費用率や原価中に占める各費用の割合などを算出して検討し、棚卸資産回転期間は製品、仕掛品、原材料の各回転期間に分解して検討することもできる。

また、売上高経常利益率の検討に関連して収益構造の実態や変化を探るには、実数分析の側面から損益分岐点分析や利益増減分析を適宜行い、比率分析の結果と有機的なつながりをもたせて収益性分析を進めることも必要である。比率分析だけではつかみえない面を実数分析によって補完することによって、収益性の実態をより的確に把握することができるからである。

なお、収益性の分析はこれだけにとどまらず、さらに収益性とおおいに関係のある生産性分析をある程度とりいれて行う必要がある。労務問題が最近では経営上の大きな課題として注目されていることから、生産性分析を加えて、収益性分析の完全を期するためである。

それでは、次章で生産性分析についてみてみることにしよう。

第 4 章

生産性分析の方法と見方

1　生産性分析の意義

1　生産性の意味　　生産性とは，生産要素の有効利用の度合いをいい，一般に生産要素の投入高（インプット）と，それによって得られた生産物の産出高（アウトプット）との割合によって示される。これを算式によってあらわすと，次のとおりである。

$$生産性 = \frac{産\;出\;高}{投\;入\;高}$$

　このような生産性の意味することは，投入高に対して産出高が多ければ多いほど生産性は高く，反対の場合には，生産性は低いということである。

　生産性分析は，この生産性を分析し，いかに能率的に生産物を産出したかを測定することを目標とするものである。

> （注）　生産性のなかでいう生産とは，製造業における製品の生産ばかりでなく，財貨あるいはサービスを顧客に提供することを含めた広い意味のものをさす。以下における場合も，同様である。

2　生産性分析の目的　　生産性分析は，これを収益性分析と比較してみると，その特色が明らかになり，また収益性分析との関連を理解するためにも役立つ。

　収益性分析は，前章において明らかにしたように，資本利益率を中心にして展開され，投下資本に対してどれだけの利益を獲得したかを測定する。しかし，企業の能率は資本利益率のみによって示されるものではない。なぜならば，企業が利益の獲得という目的を果たすためには，その前提条件として

生産活動の遂行という任務が必要であり，そこでは資本以外の生産要素も生産活動に貢献しているからである。

　資本以外の生産要素のなかで，もっとも重要なものが人（労働）である。そこで，企業は資本の組織であるという見方（収益性の立場）もあるが，より具体的には人（労働）と物・金（資本）との組織であるということができる。

　また，一方，企業の成果は利益のみによってあらわされるものではない。たとえば，労務費を抑えて利益を多くしても，企業の能率がよいとはいえない。反対に高賃金，高能率の企業の場合に，獲得した利益が少なければ，資本利益率ではよい結果を示さない。したがって，収益性の分析のみで，企業の能率を測定することにも問題がある。

　以上のことから，生産性分析は，収益性分析よりも広い立場から，企業の能率を測定するために必要となるものである。これが生産性分析の第1の目的である。

　次に，企業は生産した成果を，労働と資本に適正に配分しなければならない。生産成果を，企業の生産活動に貢献した生産諸要素（主として労働と資本）に適正に配分しないと，労働問題などが発生し，企業の存続発展をおびやかされることがあり，生産成果の配分の問題は重要な課題である。

　そこで，生産性を正しく測定し，その成果配分の在り方を考えることが必要となる。これが生産性分析の第2の目的である。

　以上に述べたような意義をもつ生産性分析は，収益性分析を企業の能率測定という広義のものと解すれば，そのひとつとみることができる。

　ただ，生産性分析の必要性が大きいからといって，本来の収益性分析が必要でないというのでなく，収益性分析はあくまで本来の収益性を追及することが本筋であり，それだけでは不十分な部分を生産性分析によってカバーしようとするのが，分析の実務的な要請であろう。

2　付加価値による分析

〔1〕　付加価値の概念と内容

1　付加価値の概念　　　　生産性は，前述のように，投入高と産出高との関係を意味するが，実際の分析にあたっては，このような抽象的な意味づけだけではどうにもならないので，より具体的な分析方法が必要となる。そこで，生産性分析の具体的な尺度になるものとして考えられたのが付加価値である。

　付加価値とは，企業が生みだした新しい価値である。企業は，その生産・販売活動をとおして，社会に有形・無形の財貨・サービスを提供する。このような経営活動上の成果が付加価値である。

　付加価値は，利益という概念とは異なり，また売上高とも異なり，いわば両者の中間的な概念である。すなわち，企業では製品を生産し販売するためには，その製品の生産に必要とされる原材料は，その企業が自ら生産することはなく，それを生産した他者から購入し，生産のために消費する。同じことは，その他の経費等についてもいえる。このような外部から購入した財貨や用役を前給付原価という。

　売上高（生産高）からこの前給付原価を差し引いたものが，付加価値と呼ばれる。前給付原価は，その企業で新しく生みだした価値ではなく，他社が生みだしたものであるから，売上高からこれを差し引けば，付加価値が算出される。

2　付加価値の具体的な内容　付加価値の概念は，これをさらに具体的に算出する場合に，どのような内容のも

のになるかということについては，論者や統計によってかなり異なり，統一されていない。そこで，ここでは実務的な立場からよく用いられるものを紹介して，付加価値の理解に役立てよう。

① 　日銀方式（日本銀行の『主要企業経営分析』平成7年度まで，その後休止）

付加価値額＝経常利益＋人件費＋金融費用＋賃借料＋租税公課

＋減価償却費

（注）　①　人件費には，福利厚生費，退職金，退職給付引当金および賞与引当

金繰入額等を含む。

②　金融費用には，社債発行差金償却および社債発行費償却を含む。

③　租税公課には，事業税を含むが，法人税等を含まない。

② 　日経経営指標方式（日本経済新聞社の『日経経営指標』で用いられているもの）

粗付加価値額＝人件費＋賃借料＋租税公課＋支払特許料－減価償却実

施額＋純金利負担＋利払後事業利益

純金利負担＝支払利息・割引料－受取配当金－受取利息・割引料

利払後事業利益＝営業利益＋受取利息・割引料・有価証券利息＋受取

配当金－支払利息・割引料

③ 　中小企業庁方式（中小企業庁の『中小企業実態基本調査』で付加価値額として用いられているもの）

付加価値額＝労務費＋売上原価の減価償却費＋人件費＋地代家賃

＋販売費及び一般管理費の減価償却費＋従業員教育

費＋租税公課＋支払利息・割引料＋経常利益

以上の3つの方式は，計算方法が比較的簡単であり，理解も容易なので実務的といえよう。

日経経営指標方式では，『粗付加価値』という概念で営業利益を中心とした一定の計算式で付加価値額をとらえているのが特徴となっている。

中小企業庁方式では，付加価値ということばを使っていないが，加工高はいわば粗付加価値とでもいうべき概念に入ると考えられる。加工高の概念を販売業にあてはめて考えるときは，売上総利益がこれに該当することになろう。以下の説明では，この加工高も付加価値額として取り扱うことにする。

　以上のように，付加価値の概念は統一されていないので，生産性分析において統計と比較する場合は，その比較対象とする統計の付加価値の内容がどういうものかを確かめてから行う必要がある。

　なお，日銀方式のものは，現在発表を休止中である。

　　（注）　付加価値の計算において，期間中の製品・仕掛品の在庫高に大幅な増減があると，付加価値の計算にひずみが生じることがある。在庫高のなかにも付加価値が含まれているので，その増減高が小さければ大勢に影響はないが，大きい場合には，これを調整した方が実態を反映した付加価値計算となる。この調整計算は，在庫高にどの程度の付加価値が含まれているかを期間中の実績値から概算で推定し，これを付加価値額に，在庫増の場合は加算，在庫減の場合は減算して付加価値額を算定する。なお，前記の統計では，この調整計算は行われていない。

〔2〕　労 働 生 産 性

1　指標の意味と算出方法　　　労働生産性とは，次に示す算式のように，付加価値額と従業員の人数（平均）との比率によって算出される，従業員1人当りの付加価値額のことをいう。付加価値生産性ともいう。

　この場合の付加価値額は，すべて年額で計算する。したがって，6か月決算の場合は，2倍にした年換算額による。

$$従業員1人当り付加価値額 = \frac{付加価値額}{従業員数}$$

生産性を測定する基本的な指標としては，いろいろなものが考えられるが，労働生産性もそのひとつであり，実務的にはもっともよく用いられる。

　労働生産性は，従業員1人当りの稼ぎ出した付加価値であるから，労働能率の良否をあらわし，それは高ければ高いほど高能率であることを示す。この労働生産性が低いということは，労働力の利用が十分に効果をあげていないということであり，このような状態が続くと，企業の収益性も低下し，経営状態が次第に悪化していくことになる。したがって，労働能率の向上をめざさなければならないが，労働生産性を高めるには，これだけが対策として考えられるわけではない。というのは，付加価値は労働だけでなく，資本の力によっても生みだされているからである。

　　　（注）　①　労働生産性と資本生産性…生産性の測定は，前述のように $\left(\dfrac{産出高}{投入高}\right)$ によって行われるが，分母の投入要素には労働と資本の2つがあるから，生産性としては前述の労働生産性のほかに資本生産性というものがある。資本生産性は，分母が投下資本となって，たとえば，次のような指標によって示される。

$$総資本投資効率 = \frac{付加価値額}{総\quad資\quad本}$$

　　　　　　②　物的生産性と価値的生産性…生産性の測定は，また，これを物量単位で行うか，貨幣単位で行うかによって，物的生産性と価値的生産性とに分かれる。物的生産性は，たとえば，具体的には次のように算出される。

$$従業員1人当り生産性 = \frac{生\quad産\quad量}{従業員数}$$

　　　　　これに対する価値的生産性は，分子を貨幣額であらわした付加価値額によって算出する。上述の1人当り付加価値額をはじめ，財務分析でとりあげる指標は，すべて価値的生産性に属するものである。

2　労働生産性の原因分析

　労働生産性が高い，あるいは低い原因をさぐるには，この指標の算式に，売上高，投下資本などを挿入して，次のように2つないし3つの比率に分解してみるとよい。

$$労働生産性 = \frac{付加価値額}{売上高} \times \frac{売上高}{従業員数}$$
$$\qquad (付加価値率) \qquad (従業員1人当り売上高)$$

$$従業員1人当り売上高 = \frac{総資本}{従業員数} \times \frac{売上高}{総資本}$$
$$\qquad (資本集約度) \qquad (総資本回転率)$$

$$労働生産性 = \frac{付加価値額}{売上高} \times \frac{有形固定資産}{従業員数} \times \frac{売上高}{有形固定資産}$$
$$\qquad (付加価値率) \qquad (労働装備率) \qquad (有形固定資産回転率)$$

　労働生産性の水準は，上記の分解諸比率のいかんによって決まる。すなわち，労働による生産能率，販売能率の向上によって，従業員1人当り売上高や総資本回転率は上昇し，高能率の機械設備を導入するなどの資本投下によって，資本集約度や労働装備率は高くなり，また，固定資産の利用度を高めることによって固定資産回転率は向上し，それらによって，労働生産性は高くなる。多くの場合，生産設備の充実によって，労働生産性は大きく上昇する。しかし，この場合でも不況で操業度が低下するならば，労働生産性の低下につながることもある。

　また，人数をあまり増やすことなく，加工度の高いもの，あるいは利幅の大きいものを，そうでないものに代わって生産，販売することによって，付加価値率は上昇し，労働生産性は高くなる。

　このように，労働生産性は企業のいろいろな面からの努力によって向上するものであるから，企業の能率をみる場合のよい指標となる。そしてさらに，この労働生産性のいかんは，収益性水準にも影響を与える。

3　一般水準と判定の基準

　労働生産性の水準は，業種によってかなりの差がある。すなわち，資本集約的な業種（多額の設備を必要とするもの）では労働生産性が高く，反対に労働集約的な業種（人手を多く必要とするもの）では労働生産性が低い。

　また，一般に，資本集約的な産業の多くは大企業であり，労働集約的な産業は中小企業であることが比較的多い。労働生産性の一般水準を業種別に示すと，資料25，26のとおりである。

　このように，労働生産性は業種別，企業規模別にその水準が異なることに加えて，統計上の付加価値概念が相違し，また貨幣額による指標であるから，年度によって大きく変動する。そこで，分析をするさいの労働生産性の判定基準は，収益性分析の各比率に比べると，その良否の判定がしにくい。

[資料25]　**労働生産性**（大企業）

（単位：万円）

業　　　種	2010年	2011年	2012年
全　　業　　種	888	847	824
製　　造　　業	1,104	1,065	1,059
電　気　ガ　ス　業	4,095	2,822	2,576
情　報　通　信　業	1,009	993	994
卸　　売　　業	916	944	926
小　　売　　業	506	513	497
物　品　賃　貸　業	2,469	2,505	2,329

（出所）　経済産業省『企業活動基本調査確報』を利用して算出
※従業員数 50 人以上かつ資本金額または出資金額 3,000 万円以上の会社を調査対象とし，大企業も含んでいる
〈算式〉　労働生産性 $=\dfrac{\text{付加価値額}}{\text{常時従業員数}}$

[資料26]　**従業員 1 人当り付加価値額**（中小企業（法人企業））

（単位：千円）

業　　　種	2011年	2012年	2013年
全　　業　　種	4,878	4,523	4,944
製　　造　　業	5,454	5,121	5,476
卸　　売　　業	6,138	5,098	5,881
小　　売　　業	3,674	3,479	3,858

（出所）　中小企業庁『中小企業実態基本調査』（平成 24 年，25 年，26 年確報）を利用して算出
〈算式〉　従業員 1 人当り付加価値額 $=\dfrac{\text{付加価値額}}{\text{期末従業員数}}$

したがって，その企業における労働生産性を時系列に算出し，その傾向を観察することが，分析検討の中心になる。そして，同時に統計上の同年度，同規模，同業種水準と比較し，最終的な判定をする。

〔3〕　労働分配率

1　指標の意味と算出方法
付加価値は，労働への分配部分と，労働以外（資本その他）への分配部分とからなる。労働への分配部分とは，人件費（賃金，給料，およびそれに付帯する福利厚生費等）をさし，これの付加価値額に対する割合を労働分配率という。

$$労働分配率 = \frac{人　件　費}{付加価値額} \times 100$$

付加価値は，生産活動に寄与した割合に応じて，労働，資本，その他に公正に配分されなければならない。この各生産要素に対する分配が公正に行われないと，企業経営において大きな問題が発生する。とくに，労働と資本とに対する分配は重要である。すなわち，労働に対する分配率が低いと，従業員は不満をもち，勤労意欲が阻害されるが，反対にこれが高いと資本に対する分配が圧迫される。また，資本に対する分配率が低いと収益性の悪化を招き企業の存立発展に支障をきたすが，反対に高いと労働に対する分配が圧迫される。

このようなことから，労働分配率が適切であるかどうかをみきわめることは，財務分析上も欠くことができない。

2　資本分配率との関係と給与水準
付加価値のうち純利益がどのくらいの割合であるかを示す比率は，資本分配率といわれる。

$$資本分配率 = \frac{純　利　益}{付加価値} \times 100$$

〔資料27〕 **労働分配率**（大企業（資本金50億円以上））

（単位：%）

業　　　　　種	2010年	2011年	2012年
全　　業　　種	48.65	53.50	54.25
製　　　造　　　業	54.73	58.42	58.75
物　品　賃　貸　業	16.56	18.04	17.89
小　　　売　　　業	52.12	51.73	52.43
卸　　　売　　　業	61.24	62.55	64.68
情　報　通　信　業	59.47	59.12	58.61
サ　ー　ビ　ス　業	73.29	76.43	75.50

（出所）　経済産業省『企業活動基本調査確報』を利用して算出

〈算式〉　労働分配率 $= \dfrac{給与総額＋福利厚生費}{付加価値額} \times 100$

〔資料28〕 **労働分配率**（中小企業（法人企業））

（単位：%）

業　　　　　種	2011年	2012年	2013年
全　　業　　種	70.73	71.61	69.20
製　　　造　　　業	72.10	72.80	71.85
卸　　　売　　　業	68.39	69.62	66.46
小　　　売　　　業	69.00	69.51	67.38

（出所）　中小企業庁『中小企業実態基本調査』（平成26年確報（平成25年度決算実績））

〈算式〉　労働分配率 $= \dfrac{労務費・人件費}{付加価値額} \times 100$

　この比率は，高ければ高いほど望ましく，それが高い企業は収益性も高いのが普通である。また，資本分配率が高いときは，これとウラハラに労働分配率が低くなる。

　付加価値の分配に関して，企業にとってもっとも望ましいことは，従業員に比較的高水準（世間の一般水準に比して）の給与を支払いながら，労働分配率はできるだけ低く抑え，資本分配率を高くすることである。そのためには，分配の財源である付加価値を大きくし，労働生産性を高めることであり，それ以外に方法はない。逆に，もっとも好ましくないことは，従業員の

給与水準が低いにもかかわらず，労働分配率が高く，資本分配率がきわめて低いことである。

このように考えると，付加価値の分配に関する分析では，労働分配率はできるだけ低く，資本分配率はできるだけ高くということが第1に望まれることであるが，次に，従業員の給与水準がどの程度かということにも注意する必要がある。労働分配率が低くても，給与水準の高くない企業は，付加価値の分配方法に問題があるかもしれず，それが企業の今後の発展を阻害するおそれなしとはいえない。

3　一般水準と判定の基準

労働分配率も，労働生産性と同様に業種別にかなりの差がある。すなわち，労働分配率は，資本集約的な業種は低く，労働集約的な業種は高い。業種別の一般水準を示すと，資料27，28のとおりである。

労働分配率が，時系列に比較して上昇傾向にある場合には，とくに注意しなければならない。このような場合，何らかの対応策をとって，その上昇傾向をストップさせないと，収益状況を悪化させることが多い。その対応策とは，賃金給料を引き下げることではなく，生産性の向上を図ることであることに留意する必要がある。

ケース・スタディ⑤ ▷収益性・生産性の総合分析◁ ─────

　次に示す株式会社R製作所（製造業，1年決算）の財務資料によって，R製作所の収益性，生産性を時系列的に分析し，R製作所の今後の課題を指摘しなさい。

比較貸借対照表

（金額単位：百万円）

資　産		第6期	第7期	第8期	負債および純資産		第6期	第7期	第8期
流動資産	現 金 預 金	34	41	36	流動負債	支 払 手 形	40	57	73
	受 取 手 形	14	23	21		買 掛 金	21	31	38
	売 掛 金	48	56	65		短期借入金	30	30	35
	貸倒引当金	△1	△1	△1		未払法人税等	3	6	4
	製 品	6	8	20		そ の 他	4	6	6
	仕掛品原材料	22	25	28		合 計	98	130	156
	そ の 他	1	2	1	負債	長期借入金	20	40	45
	合 計	124	154	170					
固定資産	有形固定資産 土 地	25	50	47		合 計	118	170	201
	建物構築物	20	21	35	純資産	資 本 金	30	30	30
	機械器具	15	17	26		資本剰余金	3	3	4
	計	60	88	108		利益剰余金	35	41	45
	投資その他の資産	2	2	2					
	合 計	62	90	110		合 計	68	74	79
資 産 合 計		186	244	280	負債および純資産合計		186	244	280

（注）　割引手形　第6期　35　第7期　35　第8期　40

比較損益計算書

項　　　　目	第6期	第7期	第8期
売　　　上　　　高	336	396	420
売　上　原　価	235	276	301
売　上　総　利　益	101	120	119
販売費および一般管理費	84	96	102
営　業　利　益	17	24	17
営　業　外　収　益	3	5	5
営　業　外　費　用	8	10	11
経　常　利　益	12	19	11
特　別　損　益		△2	7
税引前当期純利益	12	17	18
法　人　税　等	5	8	8
当　期　純　利　益	7	9	10
減　価　償　却　費	5	6	7
支　払　利　息　割　引　料	7	9	11
一般管理販売費のうち人件費	31	38	46

＜製造原価の内訳＞

項　　　　目	第6期	第7期	第8期
原　材　料　費	121	167	190
外　　注　　費	16	23	22
労　務　費	30	43	49
製　造　経　費	35	47	49
合　　計	202	280	310

＜付加価値額（加工高）の計算＞

	第6期	第7期	第8期
売　　上　　高	336	396	420
原　材　料　費	△121	△167	△190
外　　注　　費	△16	△23	△22
付　加　価　値　額	199	206	208
従　業　員　数	117	120	122

第 5 章

安全性分析の方法と見方

1 安全性分析の意義

1 資金繰りと融資判断　安全性とは，企業経営の安全度のことをいうが，それはつきつめていえば，資金繰りの安全性ということができよう。したがって，安全性の分析は資金繰りの分析ともいわれる。しかし，ここでいう資金繰りとは，日常の短期的な資金繰りだけではなく，企業体質に根ざす長期的な資金繰り状況をも含む広い意味のものである。

　企業の倒産は，いろいろな原因によって発生するが，直接的，あるいは最終的には資金繰りが大きく悪化し，その結果支払不能におちいることからくる。また，そのような資金繰りの悪化は，多くは収益性の悪化からくる。したがって，収益性が高ければ基本的には安全性が高いといえる。利益が相応にあがっているのに倒産する例もあるが，その利益は財務諸表の粉飾によって計上され，実質的には赤字であったという場合もある。

　しかし，収益性が高くても，資金繰りが円滑にいかない場合がある。それは，企業における収益・費用の流れと資金の収入・支出の流れとが必ずしも一致しないからである。そこで，企業では採算管理とともに資金繰り管理が必要となり，財務分析においても収益性のほかに安全性や資金繰りの検討が必要となる。資金繰りは，1期間における収入と支出のバランスの問題であるから，このバランスをとることの難易によって，資金繰りが苦しい，あるいは楽であるという。安全性の分析は，この資金収支のバランスがどのような状態になっているかということを中心課題として検討する。

　資金繰り上，一定期間における支出が収入を上回ることになれば，その不

足分は手元の現金預金を使ってカバーする。しかし，それでも不足分がカバーできなければ，増資なり借入金によって資金を調達し，支出に充当しなければならない。そこで，銀行はこのような企業の借入申入れに応じて貸出しをすることになる。銀行が融資をする場合には，一般の信用調査のほかに，その融資資金は何に使われるのか，いつ，どれだけ必要なのか，また融資を必要とするような資金不足はどのような原因から生じるのか，返済原資は何かといったようなことも調査しなければならない。

このような調査は，資金繰り分析によって行われる。したがって，銀行における融資判断においては，資金繰り分析は欠くことができず，実務的には収益性の問題以上に強い要請が資金繰り分析にはある。

2　安全性分析の態様

収益性の分析では，既述のように総資本経常利益率を中心とする比率分析の展開を通じて総合的，体系的な分析を進めることができる。これに対して，安全性ないし資金繰りの分析では，まとまった分析体系というものが必ずしもあるわけではない。それは，ひとつにはいろいろな角度からの分析ポイントがあること，いまひとつは分析資料が財務諸表だけでなく資金繰り表なども含まれることが関係している。とくに，上述のような融資判断のさいには，その大きなねらいが資金繰りの安全性，健全性にあることはいうまでもないが，その分析ポイントはいろいろある。

また，種々の指標で安全性を判定する場合には，一応の基準となる水準があるわけであるが，わが国企業の場合は，海外企業に比べると借金依存型経営であるという特徴があることから，安全性の判定を単純明快にくだしえない面がある。そうしたことからも，基本的な判定基準はほぼ明らかであっても，その内容の最終的な判断にあたっては，わが国企業特有のニュアンスを考慮して結論を出さないと，現実的な判定となりえない面をもっている。それゆえに，安全性の分析では，上述のようないろいろな角度からの分析が必要になるともいえるのである。

　以上のことをふまえ，本書では，まず基本的な安全性の検討からはじめ，さらに資金運用表や資金繰り表による分析に進み，最終的には融資判断のための諸検討に及ぶことにする。

2 比率による安全性分析

〔1〕 自己資本比率

1 指標の意味と算出方法 もっとも基本的な安全性の分析は，貸借対照表の構造分析によって行う。貸借対照表は，これを資金的にみれば，資産は資金の運用状況を，負債・純資産は資金の調達状況をそれぞれ示すものであるから，それらを総称して，一定時点における企業の財政状態を明らかにするものであるといわれる。そこで，安全性の観点からは，資産ならびに負債・純資産の構成内容，および両者の相互関係を比率によって算出し，これらを分析することになる。主要な安全性比率を示すと，自己資本比率または負債比率，流動比率，当座比率，固定比率，固定長期適合率をあげることができる。

さて，自己資本比率は，企業が使用する総資本，すなわち，（負債＋純資産）のうち，自己資本の占める割合がどのくらいであるかを示すものであり，資本構成から企業の安全性をあらわす指標とされている。

$$自己資本比率 = \frac{自己資本}{総\ 資\ 本} \times 100$$

分子の自己資本とは，貸借対照表における純資産の部の株主資本と評価・換算差額等からなる。

自己資本は，株主等の出資者が拠出した資本，およびその出資者に帰属する資本であるから，原則として返済する必要がなく，またそれに対しては一

定率の利子を支払う必要もなく，利益をあげたときに配当を支払うものである。したがって，使用資本としてはこれを永続的に使うことができ，きわめて安定的な資本である。これに対する自己資本以外の他人資本（負債）は，いずれは返済する必要があり，かつ利子を支払うものも含まれるので，使用する場合の安定度は低い。自己資本比率は，このような使用資本の調達面からの安定度をとおして，企業の安全性をみるものである。したがって，高ければ高いほど，資本の安全性，安定性が高いということになる。

2　安全性の基本的指標

自己資本比率は，企業の安全性を示すもっとも基本的な指標である。自己資本比率が高いということは，それだけ負債，すなわち借金が少ないということであり，返済する必要のある負債が少なければ少ないほど資金的な安全性は高まる。自己資本比率が低く，負債が多いと，その負債が支障なく調達できるときはよいが，負債の返済を迫られたり，金融市場の悪化により負債による資金調達が円滑にいかなくなるときは，資金的な安全性がそこなわれることになる。このような企業に投下された資本の安全性を示す比率は，まさに企業の安全性をうんぬんする場合には，もっとも基本的な指標ということができる。

　永続的に営まれる企業において，一定量の資本を恒久的，継続的に運用する場合は，その投下資本は返済する必要のない安定的な自己資本によるのが原則であって，負債によるのは例外的，臨時的なこととするのが本来的な考え方である。そうした見地からすると，自己資本比率は相当に高率であるのが普通とみられるが，実際には後述のような諸事情から必ずしもそうなっていない。そうした現状にも照らして，自己資本比率が重要な安全性の指標であることを認識したい。

3　収益力の安定性への影響

自己資本比率は，資金面の安全性ばかりでなく，収益性にも影響を及ぼす。すなわち，自己資本比率が低いと，負債に対する金利負担が大きくなり，これが

収益力を圧迫する。この金利負担は，不況時において営業利益が減少する場合にも軽減されないので経常利益は大幅に落ち込み，逆に，好況時において営業利益が増加しても金利負担はそれほど増加しないので経常利益は大きく上昇する。したがって，収益性は好不況によって大きく上下し，不安定となる。これに対し，自己資本比率が高く，金利負担が小さければ，好不況によって収益性は大きく変化せず，安定的となる。このことは，第3章の総資本経常利益率の項においても触れたとおりである。

4　わが国企業の自己資本比率

わが国企業の自己資本比率は，表-7で示されているように，目立たないが着実に上昇している（本例は大企業であるが）。1990年代から投下総資産が圧縮されるなかで，自己資本比率が上昇しているものである。とくに，製造業においてそれが目立つ。それは固定資産の割合が高まり，それにつれて売掛債権が減少し，資産効率化，在庫管理や決済システムの高度化などが反映して，流動負債の割合が低下し，固定負債の比率とともに，自己資本比率が上昇したことにあるようである。

表-7　自己資本比率の推移

（単位：%）

	全企業	製造業	非製造業
97年度	31.6	42.2	18.0
98年度	31.9	42.7	18.0
99年度	33.1	43.7	19.0
2000年度	33.1	44.6	19.5
01年度	33.0	44.8	19.4
02年度	33.8	45.7	20.3
03年度	35.2	46.8	21.4
04年度	36.4	48.0	22.2
05年度	38.7	49.4	25.1
06年度	38.9	48.5	26.3

（資料）　三菱総合研究所「企業経営の分析」（平成18年度版）

ところで，自己資本比率の適否は，本来は収益性の問題である前に資金の安全性の問題として考えるべきである。わが国企業の場合は，ともすると借金経営に依存してきた体質から，その点の認識が一般にやや浅い感じがある。そして，安全性を犠牲にするような収益性を追求するのは，一時的にはともかく，危険なことであるから，自己資本の問題は不況時における資金的なリスクに備えて十分に考えるべきであろう。

5　一般水準と判定の基準

自己資本比率の統計上の比率の名称，算式，一般水準として示された指標は，資料29，30のとおりである。

自己資本比率は，業種によって固定資産の多い設備型経営であるか，ある

〔資料29〕　**自己資本比率**（大企業（資本金50億円以上））

（単位：%）

業　　種	2010年	2011年	2012年
全　業　種	38.29	39.17	37.36
製　造　業	47.19	46.02	46.34

（出所）　経済産業省『企業活動基本調査確報』を利用して算出

〈算式〉　自己資本比率 = $\dfrac{総資産}{負債合計＋純資産合計} \times 100$

〔資料30〕　**自己資本比率**（中小企業（法人企業））

（単位：%）

業　　種	2011年	2012年	2013年
全　業　種	32.05	29.08	34.53
卸　売　業	30.18	30.71	31.18
小　売　業	24.37	25.83	28.23
建　設　業	29.58	17.12	33.47
製　造　業	37.76	37.80	40.56

（出所）　中小企業庁『中小企業実態基本調査』（平成26年確報（平成25年度決算実績））

〈算式〉　自己資本比率 = $\dfrac{自己資本}{総資本} \times 100$

いは流動資産の多い取引型経営であるかによって異なる。たとえば，製造業は卸売業に比べて固定資産がはるかに多いので，自己資本比率は製造業の方が高く，また大企業の例でいうと，資産のなかに占める固定資産の割合が，ガス業のように80〜90％と大きい業種と，建設業35％，商業42％程度と小さい業種を対比すると，自己資本比率は前者が30〜50％台，後者が25〜30％と異なる。したがって，自己資本比率の適否の判断は，その比率の高さだけによるのでなく，資産構成における固定資産割合との対比でそれとのバランスを考えることに注意すべきである。なお，このことに関しては後述の固定比率の項を参照されたい。

　企業規模別には，統計上からは大企業は中小企業よりも高い。それは，上場している大企業は，公募増資等の方法により中小企業と比べて自己資本を容易に調達することができるためである。

　自己資本比率は50％以上であることが望ましいが，わが国の現状からみればそれにいま一歩の水準であり，それをふまえた一般的な判定基準は，30％程度が普通，40〜50％以上であれば高水準にあるといえよう。ただし，業種等によってはその基準を多少引き下げてもよいであろう。

　中小企業によくある例であるが，自己資本比率が低い企業は，業績が順調で利益剰余金も増加しているが，それ以上に企業規模が拡大しているために低い企業と，業績不振で負債が増加しているために低い企業のどちらかであることが多い。前者の場合は，規模の拡大に応じて適度の増資がないと，総資本の増加に比例した自己資本の増加が不足し，自己資本比率の低下につながる。また，いかに利益をあげていてもその大部分を配当等の社外流出にあてている場合には，増資をしない限り，自己資本は増加しない。自己資本比率が低い場合は，以上のようなことをこれまでの推移をたどってその原因を検討する必要がある。

　ところで，自己資本比率と同様のことを検討する比率として，負債比率がある。

　この比率は，負債（他人資本）は資本（自己資本）に対してどのぐらいの割

有価証券の評価

　有価証券はその保有目的別に区分され，それぞれの区分ごとに評価基準が金融商品会計基準にて定められている。

　(1)　売買目的有価証券

　時価の変動により利益を得ることを目的として保有する有価証券で，いわゆるトレーディング目的のものをいい，一般事業会社にはほとんどない。評価は時価法により処理され，評価差額は当期の損益として処理される。

　(2)　満期保有目的の債券

　満期まで保有する意図で保有する社債その他の債券をいう。取得原価により評価する。債券の取得価額と債券金額との差額の性格が金利の調整と認められるときは，償却原価法（取得差額を利息期間に応じて配分する方法）を適用する。

　(3)　子会社株式および関連会社株式

　取得原価により評価する。

　(4)　その他有価証券

　売買目的有価証券，満期保有目的有価証券，子会社および関連会社株式以外の有価証券をいう。評価は，一般原則によれば，時価法によって評価し，評価差額は洗替方式により次のいずれかの方法で処理する。いずれの場合でも，時価が著しく下落し，回復見込みがない場合は，減損処理しなければならない。

　①　全部純資産直入法…評価差額の合計額を純資産の部に計上する方法

　②　部分純資産直入法…評価差益相当額は純資産の部に計上し，評価差損
　　　　　　　　　　　　相当額は当期の損失として処理する方法

　なお，上記の純資産の部に計上する評価差額については，税効果会計を適用する。

　※　時価を把握することが極めて困難と認められる有価証券については，
　　　以下のとおり評価する。

　①　時価を把握することが極めて困難と認められる社債その他の債券
　　　　　　　　…債権の貸借対照表価額に準じて評価する。

　②　時価を把握することが極めて困難と認められる社債その他の債券以外
　　　の有価証券　　…取得原価により評価する。

合であるかを示す指標であり，資本構成のいかんをあらわす。

$$\textbf{負債比率} = \frac{負\quad債}{自己資本} \times 100$$

　負債比率は，低ければ低いほど安全性が高く，自己資本比率とは逆の方向で動く。自己資本比率の高い企業は負債比率が低く，自己資本比率の低い企業は負債比率が高い。

　その一般水準は，自己資本比率の水準を反映して大企業で260〜150％，中小企業で250〜110％程度で，自己資本比率と負債比率は，同じ趣旨の指標であるから，両者を算出する必要はなく，そのいずれかを算出すればよい。

〔2〕　流　動　比　率

1　指標の意味と算出方法　安全性の分析では，比較的短期的な支払能力を検討するために，流動比率，当座比率，また長期的な財務構造の安全性を検討するために，固定比率，固定長期適合率をそれぞれの指標として算出し，分析する。これらの比率は，いずれも，貸借対照表における資産と負債・純資産の相互関連を分析するものである。それらは一般に，安全性分析または流動性分析のための代表的な比率であるといわれている。

　さて，流動比率は，流動資産と流動負債の割合を示す比率で，短期間のうちに支払わなければならない流動負債に対して，これをまかなうべき流動資産がどの程度あるかを意味し，企業の支払能力を判定する指標である。

$$\textbf{流動比率} = \frac{流動資産}{流動負債} \times 100$$

　分子の流動資産は，現金預金をはじめ，売上債権，棚卸資産など，ほぼ1年以内に現金化される資産であり，これに対して，分母の流動負債は，買入債務や短期借入金など，1年以内に支払期限の到来する負債である。割引手形は，上記の流動資産，流動負債のいずれからも除いて比率を算出する。割

引に付した受取手形は，割引手形の決済に充当するものであって，それ以外の負債の支払いにはあてられないから，これを双方から除くのである。もっとも，貸借対照表には割引手形は計上されず脚注表示するのが慣行であるから，この場合はそのままの流動資産，流動負債で算出すればよい。

　流動比率は，高ければ高いほどよいとされている。この比率を提唱したウォールは，流動資産は流動負債の2倍なければ支払能力は十分ではないと主張し，200％以上あることが望ましいとした。この考え方は大筋としては理解できるが，それは，企業が解散し清算する段階では，売上債権や棚卸資産などは簿価の半額以上に現金化することが困難であろうから，安全率をみて200％以上としたのであろう。しかし，企業は解散を前提とするものでなく，継続することを建前とするものであるから，この考え方には若干の問題があるように思われる。

2　流動比率の質的検討

流動比率によって支払能力を判定する場合には，前述のような200％というような画一的な基準によるだけでなく，さらにその内容に立ち入って質的な検討をあわせて行うことが望ましい。質的な検討とは，流動資産や流動負債の各科目ごとの回転度合いがどのような状態であるかをみて，実質的な支払能力を判定することである。それには，科目ごとの回転期間（または回転率，いずれも売上高によるもの）を算出して，検討を加える。とくに，重要科目である売上債権，棚卸資産，買入債務の回転期間 $\left(\dfrac{買入債務}{平均月商}\right)$（100〜101頁参照）は必ず算出して，期間比較や科目間の相互関連を比較し，検討する。

　たとえば，売上債権や棚卸資産の回転期間が非常に長い場合には，流動比率が高くなることが多いが，それだけで流動負債の支払能力があるとはいえない。また，このような場合には，売上債権のなかに不良債権が含まれていないか，棚卸資産のなかに陳腐化品や死蔵品などが混在していないか，といったようなことにも注意する必要がある。そのような支払いに充当しえない資産は，支払能力の判定のためには，流動資産から除外されなければならな

い。

　流動比率は，また，業種業態によって格差がある。それは，上述したような各資産，負債の回転度合いが，業種等の特性で異なるからである。よくあげられる例として，電力会社の流動比率は100％未満であるが，現金取引が中心で在庫も少ないので運転資金は必要としないことから，それでも安全性についてはまったく問題ない。百貨店などの小売業（大企業）も，流動比率は100％前後で比較的低い。

3　一般水準と判定の基準　　流動比率の統計上に示された一般水準は，資料31，32のとおりである。なお，名称，算式は各統計とも同様である。

〔資料31〕　**流動比率**（大企業（資本金50億円以上））

（単位：％）

業　　種	2010年	2011年	2012年
全　産　業	129.04	127.32	127.29
製　造　業	130.68	127.50	126.40

（出所）　経済産業省『企業活動基本調査確報』を利用して算出

〈算式〉　流動比率＝$\dfrac{\text{流動資産合計}}{\text{流動負債合計}} \times 100$

〔資料32〕　**流動比率**（中小企業（法人企業））

（単位：％）

業　　種	2011年	2012年	2013年
全　業　種	153.62	142.68	152.23
製　造　業	173.00	164.89	176.57
卸　売　業	143.09	148.52	139.75
小　売　業	137.00	127.70	139.45

（出所）　中小企業庁『中小企業実態基本調査』（平成26年確報（平成25年度決算実績））

〈算式〉　流動比率＝$\dfrac{\text{流動資産}}{\text{流動負債}} \times 100$

わが国企業の水準は，おおむね120〜140％程度であり，前述の200％の基準にはなお距離がある。

　小売業は，現金商売が基本であるため，流動資産のなかの売上債権は少ないのに比べて，買入債務は大きくなるため，流動比率が小さくなる傾向にある。

　一般的な判定基準は，120〜150％程度といえよう。そして，このような量的基準による判定とともに，質的な検討も必要なことは上述したとおりである。

〔3〕　当　座　比　率

1　指標の意味と算出方法　　当座比率は，当座資産と流動負債の割合を示す比率で，流動負債を当座資産で支払う能力がどの程度であるかをあらわす。

$$当座比率＝\frac{当座資産}{流動負債}×100$$

　分子の当座資産とは，換金性のもっとも高い資産をいい，現金預金，売上債権，未収入金，短期貸付金，一時的所有の市場性のある有価証券などがこれに含まれる。したがって，流動資産から棚卸資産を除いたものが当座資産の内容を形成する。

　この比率は，支払能力の判定のさいに，流動比率の補助比率として用いられてきたものであり，酸性試験比率ともいう。すなわち，流動資産のなかには棚卸資産が含まれているが，この棚卸資産は，売却されなければ現金化できず，支払手段としてはそのままでは役立たない。したがって，流動資産中に棚卸資産がどの程度あるかによって，流動資産の支払能力は大きく異なってくる。そこで，流動比率による支払能力の判定を助けるために，あるいは流動比率を支払能力という観点から一段ときびしく検討するために，当座比率が用いられるようになった。

　この比率も，流動比率と同様に，高ければ高いほどよいとされている。ア
メリカでは，流動比率200％の半分，100％以上あることが望ましいとされて
いる。しかし，当座比率が高くても，売上債権に不良債権が含まれているケー
スがあるので，注意を要する。したがって，当座比率も，比率だけで判断
するのでなく，流動比率の場合と同様に，当座資産や流動負債の内容や回転
度合いをもあわせ考えて検討することが必要である。

2　一般水準と判定の基準

　当座比率の統計上の算式，一般水準として
示された指標は，資料33，34のとおりであ

〔資料33〕　**当座比率**（大企業）

（単位：％）

業　　種	2013年	2014年	2015年
電気機器業	220.03	217.81	204.40
卸　売　業	139.75	139.32	139.43

（出所）　「開示 Net」（㈱インターネットディスクロージャー提供）を利用して作成

〈算式〉　当座比率＝$\dfrac{\text{当座資産合計}}{\text{流動負債合計}} \times 100$

〔資料34〕　**当座比率**（中小企業（法人企業））

（単位：％）

業　　種	2011年	2012年	2013年
全　業　種	105.86	95.96	100.23
製　造　業	122.15	113.05	123.07
卸　売　業	110.91	106.89	101.54
小　売　業	84.48	81.43	84.15

（出所）　中小企業庁『中小企業実態基本調査』（平成 24 年，25 年，26 年確報）を利用
して算出

〈算式〉　当座比率＝$\dfrac{\text{現金・預金＋受取手形＋売掛金＋有価証券}}{\text{流動負債}} \times 100$

る。

　当座比率は，わが国企業の場合は，流動比率の半分以上の数字を示している。小売業の当座比率は，流動比率の場合と同様の理由で，小さくなる傾向にある。

　一般的な判定基準は，80%程度であろう。

　この比率も業種等により格差があるので，判定にあたっては注意を要する。

〔4〕　固 定 比 率

1　指標の意味と算出方法　　流動比率と当座比率が短期的な支払能力の判定に用いられるのに対し，固定比率と固定長期適合率は，より基本的な財務構造の良否を判定する比率である。それらは，いわば長期的な支払能力を判定するものである。

　固定比率は，自己資本と固定資産の割合を示す比率で，固定資産が自己資本に対してどのぐらいの割合か，したがって，自己資本が固定資産にどれだけ投下されているか，つまり，資本固定化の程度をあらわすものである。

$$\text{固定比率} = \frac{\text{固定資産}}{\text{自己資本}} \times 100$$

　　（注）　固定比率は，次のように，上記算式の逆数で算出されることもある。この場合の算出比率は，一般の場合と逆，すなわち，100%以上が基準で，高い方がよいと判定される。

$$\text{固定比率} = \frac{\text{自己資本}}{\text{固定資産}} \times 100$$

　固定資産に投下された資本は，その性質上長期にわたって固定し，流動資産のように短期間に現金化するといったものではない。それは，長期間にわたって減価償却をとおして資金回収が行われる。したがって，固定資産は，返済の必要がある負債でまかなわれるべきではなく，自己資本のように原則として返済期限のない，安心して長期間投資できる資本でまかなわれなけれ

ばならない。

ことに，流動負債のように短期間に返済しなければならない資本で，固定資産投資を行うと，資金回収前に負債を返済しなければならないから，企業の支払能力は悪化する危険性をもつ。このような危険の程度を判定するために，固定比率はある。

固定比率は，低いほど長期的な資金の安全性が高いとみられ，原則として100%以下であることが望ましいとされている。

2　一般水準と判定の基準　　固定比率の統計上の比率の名称，算式，一般水準として示された指標は，資料35・36

〔資料35〕　**固定比率**（大企業（資本金 50 億円以上））

(単位：%)

業　　種	2010年	2011年	2012年
全　産　業	146.00	148.33	148.93
製　造　業	121.29	121.64	123.37

（出所）　経済産業省『企業活動基本調査確報』を利用して算出

〈算式〉　固定比率 $= \dfrac{\text{固定資産合計}}{\text{純資産}} \times 100$

〔資料36〕　**固定比率**（中小企業（法人企業））

(単位：%)

業　　種	2011年	2012年	2013年
全　業　種	146.77	162.06	133.74
製　造　業	118.98	122.35	107.08
卸　売　業	111.91	105.18	105.13
小　売　業	182.29	174.62	157.56

（出所）　中小企業庁『中小企業実態基本調査』（平成 26 年確報（平成 25 年度決算実績））

〈算式〉　固定比率 $= \dfrac{\text{固定資産}}{\text{自己資本}} \times 100$

のとおりである。

　これによると，一般水準はかなり悪く，100％を大きく上回っている。業種別には，固定資産構成比率の高い業種である小売業，運輸業，不動産賃貸業，宿泊業が高くなっている。業種別には，固定資産構成比率の高い業種である小売業，運輸業，不動産賃貸業，宿泊業が高くなっている。また，欧米企業の自己資本比率は一般的に日本企業よりも高いため，固定比率は日本企業よりも低く安定していると考えられる。企業規模別には，大企業と中小企業ともに全業種平均150％程度であり，大きな差異はない。

　このような一般水準の状態からみると，一般的な判定基準は決めがたい。中小企業では，卸売業が100％，製造業が110〜130％程度であろうか。なお，固定資産の簿価は，資産の取得時期の相違（とくに土地の場合）や償却実施状況によって異なってくるので，表面的な固定比率による判定だけでなく，その実態をつかむことにも注意を払うべきである。固定比率による判定は，わが国企業の現状からみると適切でない面がみられるので，次の固定長期適合率がよく使われる。

〔5〕　固定長期適合率

1　指標の意味と算出方法　固定長期適合率は，固定資産が自己資本と固定負債を加えた長期安定資本に対してどのぐらいの割合かを示す比率で，長期資本の固定化の程度をあらわす。固定資産対長期資本比率などともいう。

$$固定長期適合率 = \frac{固定資産}{自己資本 + 固定負債} \times 100$$

　（注）　固定比率と同様に，上式の逆数で算出される場合もある。

　固定比率が100％を超える場合には，その比率の分母に固定負債を加えて，ゆるやかな指標で判定しようというので考えられたのが，この固定長期適合率である。わが国企業の多くは，固定資産を自己資本だけでまかなうことが

〔資料37〕　固定長期適合比率（大企業）

（単位：％）

業　種	2010年	2011年	2012年
全 産 業	84.88	85.11	85.36
製 造 業	85.02	85.48	86.41

（出所）　経済産業省『企業活動基本調査確報』を利用して算出

〈算式〉　固定長期適合比率 ＝ $\dfrac{固定資産}{純資産＋固定負債} \times 100$

〔資料38〕　固定長期適合比率（中小企業（法人企業））

（単位：％）

業　種	2011年	2012年	2013年
全 業 種	70.53	74.61	71.20
製 造 業	65.61	68.43	63.71
卸 売 業	58.40	59.23	62.99
小 売 業	73.87	78.73	73.60

（出所）　中小企業庁『中小企業実態基本調査』（平成24年，25年，26年確報）を利用
　　　　　して算出

〈算式〉　固定長期適合比率 ＝ $\dfrac{固定資産}{自己資本＋固定負債} \times 100$

できず，その不足分を長期借入金や社債などでカバーする場合が多い。そのような長期借入金などの固定負債は，返済期限も長期であるから自己資本に準じた長期安定資本と考えることができるので，固定長期適合率で長期資金の安全性を判定するわけである。この比率は，わが国特有の経営風土から生まれたもので，日本的な安全性指標ということができる。

　固定長期適合率は，安全性指標としては固定比率よりも判断が甘いので，必ず100％以下という基準で判定されなければならない。もし，この比率が100％以上の場合には，固定資産の一部が流動負債に依存していることになり，明らかに不健全な状態といえる。また，この比率が100％以上の場合は，貸借対照表の構造から考えて，流動比率も100％以下であることを意味し，短期的な支払能力も不十分という判断をくださざるをえない。

2 一般水準と判定の基準

固定長期適合率の統計上の比率の名称，算式，一般水準として示された指標は，資料 37, 38 のとおりである。

一般水準では，大企業，中小企業とも90％以下である。一般的な判定基準は，60～80％程度とすべきであろう。

 **税効果会計**

企業で計上される税引前利益に対しては，基本的にはそれに税率を乗じて「法人税等」が算出され，税引前利益から「法人税等」が差し引かれ税引利益が計上される。

たとえば，1億円の税引前利益が計上され，税率が40％の場合は，法人税等40百万円，税引利益60百万円となり，会社の税引前利益，法人税等，税引利益の各対応関係は，10：4：6のままであり，そのままの決算数字として計上され問題はまったくない。これは，税引利益＝課税所得の場合である。

ところが，損益の認識の時点が会計上と税務上にズレが生ずる場合，上記の利益と税額との対応関係がうまくいかなくなる。

上記決算のなかで，たとえば貸倒引当金20百万円を計上しており，税法上の計上限度額が10百万円であった場合,その超過額10百万円が加算されて課税所得110百万円となり，それに対する税額が44百万円（110×0.4）となる。したがって，これをそのまま計上処理すると，次のようになり，利益と税金の関係のバランスが乱れる。

税引前利益　100
法人税等　　 44
税引利益　　 56

この貸倒引当金が翌期になって，計上額20百万円全額が税務上認容となった場合は，次のようになる（翌期も税引前利益1億円とする）。この場合，法人税は，(100−10)×0.4＝36百万円となる。

　この比率をみる場合は，固定負債の内容に注意したい。固定負債のなかでは，社債は一般に償還期限が長いのでもっとも安全である。また，長期借入金は何年間にわたって毎年どのぐらい返済していくのかによって資金的な安全度が異なる。年返済額に見合った（償却＋利益）が見込めれば，安全度はあるが，そうでなければ安全性を欠くということになる。

（翌期）

税引前利益	100
法人税等	36
税引後利益	64

　以上のような場合，税法上の減算額10百万円の税額4百万円は前期に加算して支払ったものが戻入れとなったものと考えられ，その分は前期に前払いした税金とみられる。そこで前期においてこれを前払税金として支払ったとみて「繰延税金資産」として貸借対照表に計上し，これに対応して「法人税等調整額」を損益計算書に計上することにより，利益と計上税金額との対応関係を調整することになる。これが税効果会計といわれるものである。
　上記の例の場合の税効果会計にかかる仕訳と，損益計算書の計上内容を示すと，次のとおりである。
（税効果適用仕訳）
当期　（借方）　繰延税金資産　　4　　（貸方）　法人税等調整額　4
翌期　（〃）　法人税等調整額　4　　（〃）　繰延税金資産　　4

	当期	翌期
税金等調整前当期純利益	100	100
法人税，住民税および事業税	44	36
法人税等調整額	△4	4
差引（または計）	40	40
当期純利益	60	60

　上記の法人税等調整額は，会計と税務との一時差異項目について行われるものである。一時差異とは，会計と税務の間の期間的ズレから生ずるもので，引当金限度超過額，資産評価損などがある。これに対して，交際費，寄付金限度超過額などは永久差異といい，税務上どの期間の収益，費用ともならないもので，税効果をもたらさない差異であり，税効果の対象とならない。
　なお，以上の説明のなかで，税金，または「法人税等」としたものの内容は，法人税，法人住民税，法人事業税の3つをいうものとする。

ケース・スタディ⑥　▷**安全性の比率分析**◁ ————————

　次に示すS商会（食品製造業）の貸借対照表によって，S商会の安全性比率を算出し，分析批判しなさい。

比較貸借対照表　（金額単位：百万円）

資　　産		前期	当期	負債および純資産		前期	当期
流動資産	現　金　預　金	181	234	流動負債	支　払　手　形	67	87
	受　取　手　形	15	7		買　　掛　　金	46	47
	売　　掛　　金	106	107		未　　払　　金	26	7
	棚　卸　資　産	161	219		短　期　借　入　金	132	187
	そ　の　他	7	11		未　払　法　人　税　等	4	
					そ　の　他	4	2
	合　　計	470	578		合　　計	279	330
固定資産	有形固定資産	107	158	固定負債	長　期　預　り　金	20	21
	無形固定資産	1	1		長　期　借　入　金	162	274
	投資その他の資産	6	7		退職給付引当金	1	1
					合　　計	183	296
				純資産	資　　本　　金	30	30
					利　益　剰　余　金	92	88
	合　　計	114	166		合　　計	122	118
資　産　合　計		584	744	負債および純資産合計		584	744

（注）　割引手形　前期　91　　当期　110
　　　　売上高　前期　780　　当期　888

3　資金運用表による分析

〔1〕　資金運用表の作り方

1　資金運用表とは何か

資金運用表とは，前期と当期の貸借対照表を比較対照し，各科目間の在高の増減をとらえて，これを資金の調達（源泉）とその運用（使途）とに分類整理し，それによって当該期間における資金の動きを示したものをいう。1期間における企業の資金の動きは，貸借対照表や損益計算書などの財務諸表からは，いかにそれが正確に作成されていても，それだけでは明らかにされない。そこで，企業の資金がどのように調達され，どのように運用されているかというような財政状態を明らかにする手段として，資金運用表が作成される。

資金運用表は，資金繰り表のように資金の動きを直接とらえるのでなく，結果的に資金収入をもたらす事由の発生をもって資金の調達とし，また結果的に資金支出をみちびく事由の発生をもって資金の運用として理解する。

2　資金の運用と調達

まず，資金の調達を意味する項目としては，次のものをあげることができる。

〈資金の調達項目〉

①　資産の減少……売掛金，商品等の流動資産の減少，土地，建物，機械等の固定資産の減少

②　負債の増加……買掛金，支払手形，短期借入金等の流動負債の増加，

　社債，長期借入金等の固定負債の増加

③　純資産の増加……資本金の増加，利益の発生

　前記のうち，資産の減少が資金の調達を意味するというのは，少し理解しがたいことと思われるが，それは資産として運用していたものが減ることであり，たとえば，売掛金や貸付金の減少は，その期間にそれだけ資金を回収したことを意味し，それは資金を調達したのと同じことになるからである。棚卸資産や固定資産の減少についても，これに準じた考え方ができる。

　これに対して，資金の運用を意味する項目としては，次のものをあげることができる。

〈資金の運用項目〉

①　資産の増加……売掛金，原材料，商品等の流動資産の増加，土地，建物等の固定資産の増加

②　負債の減少……買掛金，短期借入金等の流動負債の減少，社債，長期借入金等の固定負債の減少

③　純資産の減少……資本金の減少，損失の発生

　資金運用表では，これらの諸項目を資金の調達と資金の運用の2つに分類整理して，対照表示される。これらを要約したもっとも簡易な資金運用表の形式を示すと，次の表−8のとおりである。

表-8　資金運用表

資金の運用		資金の調達	
資産の増加	×××	資産の減少	×××
負債の減少	×××	負債の増加	×××
純資産の減少	×××	純資産の増加	×××
合　　計	×××	合　　計	×××

　この資金運用表は，実際には各項目ごとに分けて記載されるので，それによって，その期間にどのような方法でどれだけの資金が得られ，また，それをどのような方面にどれだけ支出したかという，その期間における資金の動きが明らかになる。

表-9　正味運転資本型資金運用表

資 金 の 調 達		
当期純利益	× × ×	
減価償却費	× × ×	
………………	× × ×	× × ×
資 金 の 運 用		
配当・役員賞与	× × ×	
法 人 税 等	× × ×	
固定資産の増加	× × ×	
……………………	× × ×	× × ×
差引正味運転資本の増加		× × ×
正味運転資本増加の明細		
流動資産の増加		
現 金 預 金	× × ×	
売 上 債 権	× × ×	
製品・原材料・仕掛品	× × ×	
そ の 他	× × ×	× × ×
流動負債の増加		
買 入 債 務	× × ×	
短 期 借 入 金	× × ×	
…………………………	× × ×	× × ×
そ の 他	× × ×	× × ×
差引正味運転資本の増加		× × ×

3　資金運用表の型　　資金運用表では，前述の資金の動きを固定資本（固定資金）と運転資本（運転資金）とに分けてみるのが一般的である。それは，資金の収支を固定資本（または基礎資本）と正味運転資本とに分けた二分割法によるもので，これを正味運転資本型，またはアメリカ型の資金運用表といっている（表-9参照）。

　この資金運用表は，流動資産と流動負債については，正味運転資本の増減として示し，資金の調達，運用としては，固定資産，固定負債および純資産の諸項目の増減だけについてあらわす。そして，正味運転資本の増減をとおして企業の支払能力と資金繰り状況をみようというものである。

　また，この正味運転資本型と内容的にはあまり変わらないが少し変型し，資金収支を固定資金と運転資金の2つに区分し，それぞれの資金調達と資金運用の内容を示した資金運用表がある。

　そして，銀行等における財務分析では，この2区分に，さらに財務資金という区分を加えて，表-10のような三分割法による資金運用表がつくられる。この財務資金の区分には，二分割法では運転資金項目となる現金預金と短期借入金（割引手形を含む）の増減を記入する。財務資金の区分を設けることによって，運転資金項目の内容を純化し，あわせて現金預金・借入金関係の財務，あるいは金融取引上の収支を明確につかむことができる。三分割法

表-10　三分割資金運用表の構造

	資　金　の　運　用	資　金　の　調　達
固定資金	固定資産の増加 純資産の減少 固定負債の減少	純資産の増加 固定負債の増加 固定資産の減少
運転資金	流動資産（現金預金を除く）の増加 流動負債（短期借入金を除く）の減少	流動負債（短期借入金を除く）の増加 流動資産（現金預金を除く）の減少
財務資金	現金預金の増加 短期借入金の減少	短期借入金の増加 現金預金の減少

によって，企業の資金収支の実態はいっそう明確に示されることになり，とくに銀行における分析実務では効果的である。その具体例は後にとりあげる。

　　（注）財務資金としてとりあげる項目には，上述の現金預金，短期借入金のほかに，増減資，社債，長期借入金を含む場合もある。それもひとつの考え方ではあるが，本書では，主として銀行における分析実務の立場から，その方法はとらず，現金預金，短期借入金のみに限定する。

4　特定項目の修正処理　　以上で触れたように，資金運用表は各科目の増減額を運用・調達に分け，さらに，それらを固定，運転，財務の3つの資金収支に分類整理して作成されるのであるが，一部の特定項目については，単純に科目増減額をそのまま計上するのでなく，これに若干の修正処理を加えて計上する。それは，貸借対照表の増減項目以外の取引で資金の収支に関係のあるものを加え，また増減項目であっても，逆に資金の収支に関係のないものを除くことによって，資金収支の状況を実態にそってより明瞭に示すためである。

　このような特定項目は，一般には会計上の修正仕訳を行い，精算表をとおして資金運用表を作成することになっている。しかし，ここでは，そのような方法によらず，いま少し実務的で簡便な方法によって以下に説明することにする。

⑴　減価償却費・引当金・割引手形の処理

(A)　固定資産と減価償却費

　①　当期減価償却実施額は，「資金の調達，固定資金」へ計上する。

　②　当期末固定資産残高は，「当期末固定資産残高＋当期減価償却実施額」として固定資産増減額を算出し，次のように計上する。

　　・固定資産の増加⇨「資金の運用，固定資金」

　　・固定資産の減少⇨「資金の調達，固定資金」

　　　たとえば，建物が前期2,000，当期2,500であれば，増加額は一応

500となるが，当期に減価償却150を実施している場合，減価償却は現金支出を伴わない費用であるから，現金収支に関係のある実際の増加額は，

$$(2,500 + 150) - 2,000 = 650$$

となり，これが固定資産の増加として「資金の運用」に計上され，一方で減価償却費150が「資金の調達」に計上される。

⑻　引　当　金

引当金の繰入れ，戻入れも，減価償却費と同様に現金支出を伴わない費用または収益であるが，これは貸借対照表上の増減額をそのまま「資金の調達」（増加の場合），または「資金の運用」（減少の場合）に，次の資金区分により計上する。

　　・貸倒引当金，流動負債の引当金（賞与引当金など）⇨運転資金
　　・固定負債の引当金（退職給付引当金など）⇨固定資金

⒞　割引手形

割引手形は，貸借対照表上の受取手形から控除され脚注表示されているのが一般であるが，資金運用表を作成する場合はこれを流動資産の受取手形に加算し，同時に流動負債に割引手形を計上し，そのうえで，受取手形，割引手形の増減額を算出し，受取手形（割引手形を含む）は運転資金に（増加は「資金の運用」，減少は「資金の調達」），割引手形は財務資金に（増加は「資金の調達」，減少は「資金の運用」）それぞれ計上する。

⑵　当期純利益・社外流出・法人税等支払の処理

資本勘定（自己資本）の増減額については，次のように取り扱う。

⒜　税引前当期純利益

当期の「当期純利益」（税引）は，税引前当期純利益に戻して「資金の調達，固定資金」へ計上する。税引前当期純利益は，損益計算書における法人税等を差し引く前の税込当期純利益である。当期欠損金の場合は，これを「資金の運用，固定資金」へ計上する。

⒝　社外流出

　　社外流出額は，次により算出したものと一致することを確認のうえ，前期利益処分による支払配当，役員賞与をそれぞれ「資金の運用，固定資金」へ計上する。

　　　　社外流出額 ＝ 前期資本勘定合計額 － (当期資本勘定合計額 － 当期分当期純利益 － 当期増資現金払込額)

(C)　増資払込額

　　当期増資現金払込額 (時価発行における額面超過払込金を含む) は，「資金の調達，固定資金」へ計上する。

(D)　法人税等支払

　　流動負債に計上されている未払法人税等 (または，納税充当金，法人税等充当金など) は，その増減額を運転資金項目にいっさい計上しない。これに代わって，法人税等支払額は，以下により算出した額を，「資金の運用，固定資金」へ計上する。

　　　　法人税等支払額 ＝ 前期 B/S 未払法人税等 ＋ 当期 P/L 法人税等 － 当期 B/S 未払法人税等

　(注)　税効果会計を適用している場合においても，上記の法人税等支払額の計算方法は変わらない。すなわち，この場合損益計算書上において，税引前当期純利益から「法人税等」を差し引くとともに，「法人税等調整額」を加算または減算して当期純利益が算出されるが，税金支払額を計算する場合には，この「法人税等調整額」は (同時に貸借対照表に同額の繰延税金資産，または繰延税金負債が計上される) 考慮外でよいことになるからである。

5　決算資金項目処理の具体例

以上の当期純利益，社外流出，法人税等支払という決算資金関係項目の処理について，以下に具体例を示してみる。

〈事例〉 ▷**比較貸借対照表抜すい**

（単位：百万円）

科　　　目	前　　期	当　　期	増　　減
資　　本　　金	500	500	0
利　益　準　備　金	90	105	15
その他利益剰余金	420	375	△　45
自 己 資 本 合 計	1,010	980	△　30

前期利益処分額　配当　100　　役員賞与　50　　利益準備金　15
（未払）法人税等　前期 B/S　110　　当期 B/S　30
当期純利益　　　前期 P/L　180　　当期 P/L　120

⑴　社外流出額＝（前期自己資本合計）−{（当期自己資本合計）−（当期分当期純利益）}

$$1,010 - (980 - 120) = 150$$

⑵　社外流出の内訳は，前期の剰余金処分計算書の社外流出項目によりつかむ。

社外流出額＝剰余金処分額のうち支払配当額と役員賞与額

$$150 = 100 + 50$$

（注）　中間配当をしている場合は，次のとおり。

⑶　資金運用項目として計上する税金支払額（法人税，法人住民税等）は，次により算出する。

税金支払額＝前期 B/S 未払法人税等＋当期 P/L 法人税等

−当期 B/S 未払法人税等

$$110 + 120 - 30 = 200$$

▷貸借対照表と損益計算書に計上されている(未払)法人税等の相互関係

損益計算書の法人税等は，当期の確定申告により計算された法人税等

の総額を示す。一方，貸借対照表の未払法人税等は，当期の法人税等の
総額のうち納付済税額を差し引いた決算日現在における未納額を示す。

　一般に当期の法人税等は，決算日後2か月以内に納付され，決算日現
在では未納となっており，これが貸借対照表に計上される。したがっ
て，当期に支払った当期分法人税等は，

　　①　当期に支払った当期分法人税等（中間納税等）＝当期 P/L 法人税
　　　　等 − 当期 B/S 未払法人税等

　また，貸借対照表上の未払法人税等は，決算日後2か月以内に支払わ
れるので，当期に支払った前期分の法人税等は，

　　②　当期に支払った前期分法人税等＝前期 B/S 未払法人税等

　この①と②を合計したものが，上記算式と一致する。

　　（注）　1年決算会社で，中間納税額を流動資産の仮払税金に計上している場合
　　　　　は，これを上記 B/S 未払法人税等から控除して，上のように計算する。

(4)　税引前当期純利益＝当期分当期純利益＋ P/L 法人税等

　　　　　　$120 + 120 = 240$

(5)　以上をまとめれば，資金運用表は次のようになる。

▷**資金運用表**

	運　　　用		調　　　達	
固定収支	税 金 支 払 額 配 当 支 払 額 役員賞与支払額	200百万円 100 50	税引前当期純利益	240百万円

　　（注）　中間配当がある場合は，配当支払額に加算して計上する。

〔2〕　資金運用表の見方

1　資金運用表の作成事例　本項では，事例により上述したところにそって三分割法の資金運用表を作成し，次にこの資金運用表によって資金の動きをどのように分析し，みていくかということの説明に進むことにしよう。

まず，事例としてとりあげる「あすなろ商事(株)」の貸借対照表その他を次に掲げる（表-11）。

さて，この事例によって作成した三分割法の資金運用表は表-12のとおりである。

その作成過程と算出の根拠を示せば，以下のとおりである。

〈資金運用表の作成過程と算出根拠〉

①　税引前当期純利益　21期 P/L 税引前当期純利益　21

②　減価償却費　21期減価償却実施額　16

③　法人税等支払　20期 B/S 未払法人税等＋21期 P/L 法人税等－21期 B/S 未払法人税等＝6＋10－4＝12

④　社外流出総額　20期自己資本合計－(21期自己資本合計－同期当期純利益)＝144－(146－11)＝9

⑤　利益処分との照合　20期配当金7＋役員賞与2＝9

　　上記総額と一致（利益処分のうち，利益準備金繰入は非現金支出項目なので無関係）

⑥　固定資産増加　減価償却費16－固定資産減少10＝6

⑦　売上債権増加　受取手形・売掛金増加＋割引手形増加＝△18＋66＋(43－30)＝61

　　同時に，割引手形増加13(43－30)は，「資金の調達，財務資金」へ

⑧　引当金増加　賞与引当金，貸倒引当金の各増加額は運転資金へ

⑨　その他項目は，増減額をそのまま該当区分箇所に計上

表-11　あすなろ商事（株）貸借対照表

（単位：百万円）

資　　　産	第20期	第21期	増減	負債・純資産	第20期	第21期	増減
現 金 預 金	266	237	△ 29	支 払 手 形	512	627	115
受 取 手 形	87	69	△ 18	買 　掛 　金	175	179	4
売 　掛 　金	262	328	66	短 期 借 入 金	280	245	△ 35
商 　　　品	283	325	42	賞 与 引 当 金	5	6	1
その他流動資産	67	83	16	未払法人税等	6	4	△ 2
貸 倒 引 当 金	△ 10	△ 11	△ 1	その他流動負債	8	13	5
流動資産計	955	1,031	76	流動負債計	986	1,074	88
有形固定資産	245	233	△ 12	長 期 借 入 金	220	196	△ 24
その他固定資産	150	152	2	負 　債 　計	1,206	1,270	64
固定資産計	395	385	△ 10	資 　本 　金	70	70	0
				利 益 剰 余 金	74	76	2
				純資産計	144	146	2
資 産 合 計	1,350	1,416	66	負債・純資産合計	1,350	1,416	66

受取手形割引残高　　20 期　　　30　　　21 期　　　43
減価償却実施額　　　20 期　　　22　　　21 期　　　16
20 期利益処分額　　　株主配当金　7　　　役員賞与金　2
　　　　　　　　　　　利益準備金積立　1
損益計算書の内容　　　税引前当期純利益 20 期　　　24　　21 期　　　21
　　　　　　　　　　　法 人 税 等　20 期　　　13　　21 期　　　10
　　　　　　　　　　　売 　　上 　　高　20 期　2,736　21 期　3,004
　　（注）　当社は卸売業（消費関連品）で 1 年決算会社であり（2 月決算），中間配当は実施していない。

⑩　以上のすべての項目を計上した後，固定資金，運転資金の各運用金額，調達金額を仮合計し，調達が運用より少なければ調達欄にその差額を「資金不足」として計上，調達が運用より多ければ運用欄にその差額を「資金余剰」として計上する。

　　次に，この「資金不足」は財務資金の運用欄に，「資金余剰」は財務

表-12 あすなろ商事（株）第21期資金運用表

（単位：百万円）

資金の運用		資金の調達	
項　目	金　額	項　目	金　額
固定資金 法　人　税　等　支　払	12	税引前当期純利益	21
配　当　金　支　払	7	減　価　償　却　費	16
役　員　賞　与　支　払	2	資　金　不　足	14
固　定　資　産　増　加	6		
長　期　借　入　金　減　少	24		
合　　　　　計	51	合　　　　　計	51
運転資金 売　上　債　権　増　加	61	買　入　債　務　増　加	119
商　品　増　加	42	賞　与　引　当　金　増　加	1
その他流動資産増加	16	貸　倒　引　当　金　増　加	1
資　金　余　剰	7	その他流動負債増加	5
合　　　　　計	126	合　　　　　計	126
財務資金 短　期　借　入　金　減　少	35	現　金　預　金　減　少	29
固　定　資　金　不　足	14	割　引　手　形　増　加	13
		運　転　資　金　余　剰	7
合　　　　　計	49	合　　　　　計	49

資金の調達欄にそれぞれ転記計上し，最後に各区分ごとの合計を算出計上する。

この場合，固定，運転，財務の各資金区分ごとの運用合計額と調達合計額が一致することを確かめる。一致していれば，そこで資金運用表は完成する。

（注）資金運用表の各項目の計上方法については，前述のように資産の増加，負債・純資産の減少は運用欄に，資産の減少，負債・純資産の増加は調達欄にそれぞれ計上するのが本来の方法であるが，このうち減少項目につい

ては，資産の減少項目を運用欄に△（マイナス）表示で計上，また負債・純資産の減少項目を調達欄に△（マイナス）表示で計上する次のような方法がとられることもある。

資 金 運 用 表

	資 金 の 運 用		資 金 の 調 達	
固定資金	固定資産	△ 7	長期借入金	△ 5
運転資金	売上債権	△ 51	買入債務	△ 31

（以　　下　　略）

2　精算表による作成方法　　資金運用表の作成方法については，以上の手順によるのが簡便で実務的であるが，このほかに精算表による作成方法がある。この方法が正式の作成方法なのであるが，精算表の作成自体が大変手間のかかるものであることから，日常実務ではこの方法は得策ではない。

しかし，正式な作成方法をとおして資金運用表の構造を理解する意味から，参考までにこの精算表による作成方法を，「あすなろ商事(株)」を例にとって紹介しておく。

その精算表は，表-13のとおりである。

精算表の作り方について簡単に説明すると次のとおりである。

❶貸借対照表欄に前期，当期の各科目の金額を計上する。

❷増減欄には，資産の増加額，負債・純資産の減少額は借方欄に，資産の減少額，負債・純資産の増加額は貸方欄にそれぞれ記入する。

❸修正欄には，前述のような資金収支に関係のあるものを加え，関係のないものを除くために，次のような修正仕訳を記入する（表-13では，表-11の利益剰余金のうち利益準備金を20期10，21期11として別計上した）。

表-13　あすなろ商事（株）第21期資金運用表（精算表）

（単位：百万円）

勘 定 項 目	貸借対照表		増　　減		修　　正		固定資金		運転資金		財務貯金	
	20 期	21 期	借方	貸方	借方	貸方	借方	貸方	借方	貸方	借方	貸方
流 動 資 産												
現　金　預　金	266	237		29								29
受　取　手　形	87	69		18	④13					5		
売　　掛　　金	262	328	66						66			
商　　　　　品	283	325	42						42			
その他流動資産	67	83	16						16			
貸　倒　引　当　金	△ 10	△ 11		1	② 1							
固 定 資 産												
有　形　固　定　資　産	245	233		12	①16		4					
その他固定資産	150	152	2				2					
合　　　　　計	1,350	1,416	126	60								
流 動 負 債												
支　払　手　形	512	627		115						115		
買　　掛　　金	175	179		4						4		
短　期　借　入　金	280	245	35								35	
賞　与　引　当　金	5	6		1	③ 1							
未　払　法　人　税　等	6	4	2			⑧ 2						

項目												
その他流動負債	8	13	5							5			
固定負債													
長期借入金	220	196	24					24					
純資産													
資本金	70	70											
利益準備金	10	11	1			⑥1							
未処分利益	64	65	1			⑤11	⑥10						
合計	1,350	1,416	61	127									
減価償却費							①16	16					
貸倒引当金繰入							②1			1			
賞与引当金繰入							③1			1			
割引手形							④13					13	
当期純利益						⑦11	⑤11						
配当金						⑥7		7					
役員賞与金						⑥2		2					
法人税等						{⑦10 ⑧2}		12					
税引前当期純利益							⑦21	21					
仮計					75		75	51	37	124	131		
資金不足（余剰）									14	7		14	7
合計								51	51	131	131	49	49

　　　　　　（借　方）　　　　　　　　　　　　　（貸　方）

① 減価償却費の戻入

　　（有形固定資産）　　　16　　　　　　（減 価 償 却 費）　　　16

② 貸倒引当金の戻入

　　（貸 倒 引 当 金）　　　1　　　　　　（貸倒引当金繰入）　　　1

③ 賞与引当金の戻入

　　（賞 与 引 当 金）　　　1　　　　　　（賞与引当金繰入）　　　1

④ 割引手形増加額の両建計上

　　（受 取 手 形）　　　13　　　　　　（割 引 手 形）　　　13

⑤ 当期純利益の別計上

　　（未 処 分 利 益）　　　11　　　　　　（当 期 純 利 益）　　　11

⑥ 利益処分額の計上

　　（利 益 準 備 金）　　　1　　　　　　（未 処 分 利 益）　　　10

　　（配　　当　　金）　　　7

　　（役 員 賞 与 金）　　　2

⑦ 法人税等と税引前当期純利益の計上

　　（当 期 純 利 益）　　　11　　　　　　（税引前当期純利益）　　　21

　　（法 人 税 等）　　　10

⑧ 未払法人税等増減額を法人税等に振替

　　（法 人 税 等）　　　2　　　　　　（未 払 法 人 税 等）　　　2

（注）⑦，⑧の仕訳における「法人税等」は，税金支払額を意味する。

❹増減欄の金額に上記修正欄の金額を加減した額を，その内容により固定
　資金欄，運転資金欄，財務資金欄の各欄に振り分けて移記する。さら
　に，固定資金，運転資金の各欄の貸借差額は，資金余剰（貸方大の場合）
　または資金不足（借方大の場合）として計上し，同時にこれらの額を財
　務資金欄の反対欄（余剰は貸方，不足は借方）に計上する。最後に，各欄
　の借方，貸方の合計額を記入して（各欄とも貸借一致する）精算表を完成
　する。

　以上の精算表による作成結果は，前掲の表−12の資金運用表とまったく一致する。

3　資金運用表による分析のポイント

資金運用表による資金繰り分析のポイントをあげると，以下のとおりである。

❶固定資金は，どの程度の資金不足，または資金余剰となっているか。資金余剰は多ければ多いほど好ましく，資金不足は多ければ多いほど不健全，かつ繁忙な資金繰り状況を示す。

❷固定資金に過不足が生じた原因は何か。

①　社外流出は，利益の範囲内で行われているか。

②　設備投資は，自己金融（利益−税金−社外流出＋減価償却費）でまかなわれているか。

③　設備投資が②で不足の場合は，長期借入金等の安定資金でまかなわれているか。

④　長期借入金の返済は，利益や減価償却費により行われているか。短期借入金で借り換えてはいないか。

❸運転資金の過不足が生じた原因は何か。

①　売上債権や棚卸資産の増減は，売上高の増減に比例しているか。売上債権回転期間，および棚卸資産回転期間の期間推移と対比し，回収の悪化や滞貨の発生により，これらが異常に増加していることはないかに注意する。次の②の買入債務の検討と合わせて，運転資金過不足の原因が売上増減によるものか，それ以外の理由によるものかの判別が必要である。

②　買入債務の増減は，売上高の増減に比例しているか。買入債務回転期間の期間推移と対比し，買入債務の支払いの繰延べ，繰上げがないか，とくに支払いが無理に繰り延べられていることはないかに注意する。

③ その他の流動資産・流動負債の増減に異常なものはないか。

❹ 短期借入金，割引手形の増減原因は何か。とくに，固定資金の不足が，短期借入金や割引手形によってまかなわれていることはないか。

❺ 現金預金の増減の原因は何か。また，手元現金預金は通常の支出に備えて十分にあるか。

4 事例による分析の実際　　前掲の「あすなろ商事(株)」の事例によって，資金運用表の見方や分析方法を具体的に示してみよう（事例参照）。

〈あすなろ商事の資金運用表分析〉

① 総合的には，固定資金の不足は，その一部を運転資金の余剰でカバーし，残余を短期借入金，割引手形の増減調節と現金預金の減少でまかなった形で，資金繰り状況はやや繁忙，資金の流れ方も不健全な面がみられる。

② 固定資金は14百万円不足し，資金繰りが悪化した。その原因は，総括的にいえば，留保利益と償却を超えて長期借入金を返済したことにある。とくに，税込利益は全額が税金，社外流出に支出されているため，留保利益はゼロという状態で，経営活動成果による資金造出がまったくなく，不芳であったことが目立つ。長期借入金は約定返済であることからみれば，この留保利益のないことが固定資金不足の根本原因と考えられる。

③ 固定資産投資は，償却範囲内であるから問題ない。

④ 運転資金は7百万円の余剰となった。その主因は買入債務の増加によるものである。運転資金項目の回転期間の推移を示すと，次のとおりである。

〈第20期〉 〈第21期〉

$$\text{売上債権回転期間} \quad \frac{379}{228} = 1.66 \ (\text{月}) \quad \frac{440}{250.3} = 1.76 \ (\text{月})$$

商　品　回　転　期　間　$\dfrac{283}{228} = 1.24$　　$\dfrac{325}{250.3} = 1.30$

買入債務回転期間　$\dfrac{687}{228} = 3.01$　　$\dfrac{806}{250.3} = 3.22$

（注）　各分母は平均月商である。

　売上債権が0.1か月，商品が0.05か月，また，買入債務が0.2か月とそれぞれ延長になっているが，大きな差ではなく，ただ，買入債務の延長がやや目立つ。

　これらの延長はいかなる理由によるのか不明だが，僅少であることから一時的ということも考えられる。したがって，全体の資金余剰も一時的現象かもしれない。しかし，以上の回転期間の延長，とくに買入債務の場合は，その原因を一応確かめる必要がある。

　なお，「あすなろ商事（株）」の場合は，上記の回転期間や各科目残高からみれば，プロパーの正味運転資金（売上債権＋在庫－買入債務）は不要であることから，本来的には運転資金需要の発生しない企業と思われる。

⑤　財務資金では，固定資金の不足14百万円と短期借入金減少35百万円を，運転資金の余剰7百万円，割引手形増加13百万円，および現金預金減少29百万円の調達でカバーし，バランスさせている。短期借入金と割引手形を包括して考えれば，短期借入金勘定は22百万円の減少で問題ないが，現金預金の減少がやや大きく，資金繰りは楽とはいえない。

　また，固定資金の不足の一部を，財務資金で補っており，資金の調達から運用への流れは不健全であり，安全性は若干悪化した。

　以上が，資金運用表をとおしての分析であるが，「あすなろ商事（株）」の財務体質をみると，規模的には年商からみて中堅卸売業であるが，安全性指標は下記のようにいずれも低く，財務構造は弱体といえる。加えて，収益性

も低水準で，かつ留保利益も薄いので，何らかの方策を講じないと，基本的な安全性の向上は望めないと思われる。

	〈第20期〉	〈第21期〉
自 己 資 本 比 率	10.7（%）	10.3（%）
流 動 比 率	96.9	96.0
固 定 比 率	274.3	263.7
固定長期適合率	108.5	112.6

5　資金運用表分析の特徴

以上でみたように，資金運用表は，ある期間の資金の動きを大局的に表現してくれる。それは資金繰り表のように資金のフローそのものを対象とするものではないので，きめ細かさの点では足りないが，逆に資金繰り表のように現金の動きという結果だけをみるのでなく，その背後にある資金の動きの原因をつかむことができる。加えて，資金運用表は銀行等における外部分析の立場から

 キャッシュ・フロー

　キャッシュ・フロー（cash flow）とは，税引後利益，すなわち当期純利益から配当金と役員賞与を差し引いた額に減価償却費を加算した金額をいう。これは，企業が自社で稼いだ資金，いわゆる自己資金であり，この額が大きければ大きいほど，設備投資などの場合に外部資金に依存する度合いが少なくなるので，財務の安全性をあらわす指標として使われる（『日経経営指標』に掲載されている）。

　このキャッシュ・フローは，長期負債の償還財源となるものであることから，長期負債をキャッシュ・フローと対比させて，長期負債の償還能力をみる比率として，次に示すような「長期負債対キャッシュ・フロー比率」が社債の格付けの

も，容易に作成することができる。

　したがって，資金運用表の分析は，こうした特徴をよく生かして，実務では比率分析とともに財務分析の出発点として，できるだけ行うべきであろう。

　しかし，資金運用表だけでは内容的な検討がおろそかになりがちなので，それは単独で分析するのでなく，安全性の比率等と有機的なつながりをもたせ，内容的なものをよく吟味して分析する必要がある。それがあってこそ，資金運用表の分析も実のある生きたものとなるのである。

　なお，銀行等における融資判断の場合における資金需要の原因や使途をつかむときには，資金運用表の分析が有用であり，とくに資金繰り予定表や所与の条件に基づいて予定資金運用表を作成すれば，今後の企業の資金構造を的確にえがくことが可能である。

さいに指標として用いられる。

　長期負債対キャッシュ・フロー比率（％）

$$= \frac{\text{長期負債}}{\text{キャッシュ・フロー（当期純利益－配当金・役員賞与＋減価償却費）}} \times 100$$

また，キャッシュ・フローを発行済株式数で除して得た「1株当りキャッシュ・フロー」は，株式投資の尺度としても利用される。

　（注）　キャッシュ・フローの本来の意味は，企業活動において資本として投下された資金が，資産や費用として運用され，財貨となり，ふたたび現金として環流されるという現金の流れのことをいう。それが，転化，発展して営業活動により生じた現金，資金→自己造出資金の意味となり，上記のような内容になったものである。

ケース・スタディ⑦	▷資金運用表の分析◁

　下記はT工業株式会社（製造業）の最近3期間にわたる要約財務諸表である。これによって，当社の資金繰り状況を，①基本的，長期的観点より，②運転資金繰りについて，③財務収支についてそれぞれ批判し，問題点があれば指摘しなさい。分析にあたっては，資金運用表を必ず作成し，また，判断の根拠となった分析値の主なものを簡単に示すこと。

比較貸借対照表　（金額単位：百万円）

資　　　産	第20期	第21期	第22期	負債および純資産	第20期	第21期	第22期
現　金　預　金	74	94	95	買　入　債　務	147	160	148
売　上　債　権	50	61	64	短　期　借　入　金	0	0	11
貸　倒　引　当　金	△5	△5	△3	未　払　法　人　税　等	12	13	14
製　　　　　品	5	19	47	その他流動負債	53	66	77
仕　　掛　　金	2	6	13	資　　本　　金	30	42	50
原　　材　　料	22	27	21	利　益　剰　余　金	94	120	141
その他流動資産	12	7	18				
固　定　資　産	176	192	186				
合　　　　　計	336	401	441	合　　　　　計	336	401	441

　（注）　割引手形　第20期　134　第21期　155　第22期　156

比較損益計算書

項　　　目	第20期	第21期	第22期
売　　　上　　　高	576	684	686
売　上　総　利　益	173	172	172
営　業　利　益	73	75	71
経　常　利　益	57	53	57
税引前当期純利益	56	56	56
法　人　税　等	28	27	27
当　期　純　利　益	28	29	29
減　価　償　却　実　施　額	15	24	28

　（注）　①　利益処分は，各期ともすべて配当のみである。
　　　　　②　資本金の増加は，すべて現金払込による増資である。

4　資金繰り表による分析

1　資金繰り表分析の留意点　資金繰り表は，一定期間における現金収支の動きを，収入・支出の種類ごとに分類整理して計上し，現金過不足の調整や繰越金の状況が把握できるようにまとめられた表である。それは，どのような形のものにしろ，各企業において日常の資金繰りを管理するために必ず作成される。そして，銀行が企業に融資をする場合には，取引先からこの資金繰り表の提出を求め，それによって，その企業の資金繰り状況をつかんだうえで，融資判断をするのが普通である。

　資金繰り表は，実際の現金（流動性預金を含む）の動きから，どれだけの資金が不足し，あるいは余剰が出るかということを具体的に示すものであるから，そのような意味では見方は簡単ともいえる。しかし，本当の意味での資金繰り状況をつかむには，資金繰り表による現金収支の動きとその過不足をみるだけではわかりにくいことも多く，とくに融資に関連している場合には，資金不足の原因がどのようなところにあるのかということをつかむには困難な面もある。

　そうしたことから，資金繰り表の観察，分析にあたっては，次の点に留意する必要がある。

① 　全体の現金収支を，資金の性質によりいくつかの種類に分け，それぞれの収支ごとに分析をすすめること。

② 　現金収支という資金のフローに目を向けるだけでなく，資金のストック（資産・負債の残高）の動きにも注目すること。

③　業況全般の動き，とくに売上，生産，仕入の動きがどのような状況にあるかを念頭におき，それとの関連で現金収支の動きをみること。

④　資金繰りに直接影響する回収条件，支払条件は必ずつかみ，実際の現金収支との比較検討を行うこと。

そして，資金繰り表をみる場合は，これまでに触れてきた指標による貸借対照表の構造分析や資金運用表分析によりわかった企業の現状をふまえ，それを背後に考えて分析することが必要である。とくに，資金繰り予定表をみる場合には，その要請が強いと思われる。

2　資金繰り表の様式　資金繰り表は，外部分析者にとっては，資金運用表のように自らが貸借対照表から作成するものではなく，当該企業内部で作成されるものであるから，その様式はまちまちである。銀行では一定の様式を制定し，これによって取引先から提出してもらう場合もあるが，実際には，企業において内部の資金管理用に独自に作成したものが銀行に提出される場合も多い。

資金繰り表は，その様式いかんでみやすかったり，分析に便利ということがあるので，おのずから望ましい様式というものがある。その様式の要件をあげると，次のとおりである。

①　収支の区分を一般収支と財務収支に分けること。

②　手形の受入高，振出高も記載し，手形割引高には，割引手形落込高も付記のこと。

③　月次の売上高，仕入高の推移を示すこと。

④　主要勘定（受取手形，売掛金，在庫高，支払手形，買掛金，借入金，割引手形）の月末残高推移を記載すること。

このような要件が備わっていない場合には，問診等によって少なくとも概括的なものを補足するようにしなければならない。203頁に示す資金繰り表の例は，ほぼ上記の要件を満たすものである。

3　資金繰り表をみる場合のポイント

資金繰り表をとおして資金の動きをみる場合のチェック・ポイントをあげると，以下のとおりである。

❶売上高は，どのような動きを示しているか。

❷仕入高の推移は，売上高の推移とバランスしているか。バランスしていなければ，それはどのような理由によるものか。在庫高の推移とも対比してみる。

❸売上高と回収，仕入高と支払いは，それぞれバランスしているか。回収条件，支払条件のいかんによって，多くの場合は取引の発生と収支の発生の間にタイミングのズレがあるから，それを前提に検討する。

❹現金売上と掛売上，また，現金回収と手形回収のそれぞれの割合や，手形サイトは変化していないか。

❺在庫高の増減推移はどうか。❷と関連して検討する。

❻現金仕入と掛仕入，また，現金支払いと手形支払いのそれぞれの割合や，手形サイトは変化していないか。

❼人件費，経費，設備支出，税金・配当などの支出は妥当か。

❽以上のうち，設備支出，税金等の支払いを除いた経常収支尻はどうか。

❾月別の差引過不足の推移はどうか。それはどのような理由によるものか。一時的か，恒常的か。運転資金関係の勘定残高の推移とも対比して検討する。

❿借入金や手形割引の推移はどうか。

以上の資金繰りの検討とは別に，資金繰り表からは，次の計算により当該期間の償却前利益を算出することができ，それによって当該期間の収益状況の大筋をつかむことが可能である。

償却前利益＝売上－仕入＋在庫増加額（減少の場合はマイナス）＋
（受取利息＋雑収入）－（人件費＋経費＋支払利息等）

また，このような内容の検討前の問題として，主要勘定残高が記載されて

いるときは，それと売上，仕入，売上回収，仕入支払との関係から，次のような計算により計上金額の正確性をチェックすることができる（各勘定残高ごとのチェックでもよい）。

$$\textbf{売上回収} = 売上高 - 売上債権残高増加額 + 同減少額$$

（注）　割引手形があるときは，その増減額の調整も含めて計算する必要がある。

$$\textbf{仕入支払} = 仕入高 - 買入債務残高増加額 + 同減少額$$

4　事例による分析の実際　次頁の「あすなろ商事(株)」の資金繰り表（表-14）の事例によって，具体的に資金繰り表の分析をしてみよう。

〈あすなろ商事の資金繰り表分析〉

この資金繰り表は，前節の資金運用表の対象となった第21期の翌期の一部についての資金繰り予定表である。

①　売上高の推移…売上高は，7～8月に比べて9月以降は急増，12月はピークになっている。前期の平均月商が250百万円であること，消費関連品であることからみて，この売上高の推移は，前年比増となっているとともに，季節的な変動であることは明らかである。

②　仕入高の推移…仕入高の推移も，売上高の推移にほぼ連動して9～12月に急増している。売上高，仕入高の動きはだいたいバランスしているので，在庫高の増減はさして大きくない。

③　売上高と回収の関連，回収条件…売掛金残高推移からみて，当月売上分は約1か月ズレて翌月に回収とみられるが，そのような前提でみると（以下図-6参照），当月売上高と翌月回収高との関係は，月によって若干の差異がある。手形回収率は，7月を除いて20％で推移，現金回収率が非常に高い。手形サイトは，残高（手持受取手形＋割引手形）を月回収高と対比すると，2か月余りでさして変化なく推移している（手形回収高を2か月後の「割引落込＋手形取立」と対比してみると，一部を除いてほぼ符

表-14　あすなろ商事（株）資金繰り表

（平成○年８月１日作成）

（単位：百万円）

項　目　　月　別			7月実績	8月予定	9月予定	10月予定	11月予定	12月予定	合　計
売　　上　　高			218	230	300	350	340	370	1,808
仕　　入　　高			197	200	260	300	290	320	1,567
前　月　繰　越　①			165	63	105	100	121	141	165
収入	現	売上回収 現金売上	5	5	6	10	9	15	50
		売掛金回収	188	183	206	236	249	265	1,327
		手形取立	4						4
		手形割引	48	94	50	56	31	33	312
		（割引落込）	(48)	(51)	(62)	(71)	(51)	(57)	(340)
	金	受　取　利　息	3	1	2			1	7
		雑　　収　　入		12		23		25	60
		合　　計　②	248	295	264	325	289	339	1,760
	手形	売　　掛　　金	77	46	52	59	62	66	362
		そ　の　他							
		合　　　計							
支出	現	仕入支払 現金仕入							
		支　手　決　済	253	271	264	212	175	202	1,377
		買　掛　金　支　払	25	18	22	26	28	30	149
		人　　件　　費	35	13	13	13	13	39	126
		経　　　　費	23	19	19	19	19	24	123
		設　　備　　費							
	金	支　払　利　息	4	4	3	3	1	2	17
		税　金・配　当				5			5
		合　　計　③	340	325	321	278	236	297	1,797
	手形	買　　掛　　金	227	161	198	235	248	268	1,337
		そ　の　他							
		合　　　計							
差引過不足①+②-③			73	33	48	147	174	183	128
財務	借　　入　　金		20	100	65	50			235
	借　入　金　返　済		30	28	13	76	33	69	249
翌　月　繰　越			63	105	100	121	141	114	114
主要勘定月末残高	手　持　受　取　手　形		102	54	56	59	90	123	
	売　　掛　　金		284	280	316	361	381	405	
	在　　　庫		408	410	410	400	390	385	
	支　払　手　形		726	616	550	573	646	712	
	買　　掛　　金		158	179	219	258	272	294	
	借　　入　　金		＜設＞ 85 / ＜運＞379	80 / 456	75 / 513	70 / 492	65 / 464	60 / 400	
	割　引　手　形		50	93	81	66	46	22	

図-6　売上高と回収の関連

（単位：百万円）

	7月	8月	9月	10月	11月	12月
売　上　高	218…	230…	300…	350…	340…	370
回　収　高						
現　金　売　上	5	5	6	10	9	15
現　金　回　収	188	183	206	236	249	265
手　形　回　収	77	46	52	59	62	66
計	270	→234	→264	→305	→320	→346
手形回収率（％）	29	20	20	20	20	20

$$\left(\frac{手\ 形\ 回\ 収}{現金回収＋手形回収}\right)$$

図-7　仕入高と支払いの関連

（単位：百万円）

	7月	8月	9月	10月	11月	12月
仕　入　高	197…	200…	260…	300…	290…	320
支　払　高						
現　金　支　払	25	18	22	26	28	30
手　形　支　払	227…	161…	198…	235	248	268
計	252	→179	→220	→261	→276	→298
手形支払率（％）	90	90	90	90	90	90
$\left(\dfrac{手形支払}{支払高}\right)$						
支手決済高	253	271	264	→212	→175	→202

合）。以上からみて，売上代金の回収速度は比較的速いことがわかる。

④　仕入高と支払いの関連，支払条件…買掛金残高推移からみて，当月仕入分は約1か月ズレて翌月に支払いとみられるが，そのような前提でみると（図-7参照），当月仕入高と翌月支払高との関係は，月によって若干の差異がある。支払方法は90％が支払手形によるもので，そのサイトは，残高を月振出高と対比すると約3か月となる。そこで，各月手形振出高とその3か月後の支手決済高とを対比すると，ほぼ符合し，3か月であることが確かめられる。③で触れた回収速度に比べると，支払速度は遅く，資金負担のほとんどない有利な取引条件にあるといえる。

⑤　取引収支を除いた収支項目…取引収支を除いた収支項目をみると，雑

収入が60百万円と多いが，これは業界慣行としてよくみられる売上割戻金と思われる。人件費は，経常月の13百万円に対して7，12月が多いのは賞与支給額，経費も両月に多いが，交際費ほかの季節的支出によるものとそれぞれみられる。10月の税金・配当5百万円は，中間予定納税資金（2月決算のため8月の2か月後）である。

⑥　経常収支尻の推移…収入－支出（本事例では，経常外は僅少なのでこれも含む）は表－15のとおり。

表－15で明らかなように，経常収支尻からみると，7～9月が資金繁

表-15　経常収支尻の推移

（単位：百万円）

	7月	8月	9月	10月	11月	12月
資金繰り表②－③	△92	△30	△57	+47	+53	+42
割引増減額	0	43	△12	△15	△20	△24
純収支尻	△92	△73	△45	+62	+73	+66

忙期，10～12月が余裕期といえる。手形割引高の増減額を加味すれば，それがいっそうはっきりつかめる。また，差引過不足額の推移をみても，余剰ではあるが，7～9月の繁忙期と10～12月の余裕期は対照的に金額が異なる。

⑦　運転資金状況と割引・借入金の推移…残高ベースで運転資金状況をみれば，表－16に示すように，7月，11月，12月は運転資金は不要，8～10月で資金が必要となり，資金繰り状況の推移は，一部を除いて⑥で触れたこととほぼ同様である。これに対応して，借入金等の調達資金残高も増減している。

　資金運用表の分析の場合にも触れたように，「あすなろ商事(株)」は本来的には正味運転資金の不要な企業である。したがって，表－16で正味運転資金がマイナスになる月が同社の普通の資金繰り状況なのであり，プラスになるのは季節的に取引の急増する8～10月だけということになる。にもかかわらず，全般に借入金額が非常に多いのは，自己資本

表-16　正味運転資金と調達資金の推移

（単位：百万円）

	7月	8月	9月	10月	11月	12月
手 持 受 手	102	54	56	59	90	123
割　　　手	50	93	81	66	46	22
売　掛　金	284	280	316	361	381	405
在　　　庫	408	410	410	400	390	385
支　　　手	△726	△616	△550	△573	△646	△712
買　掛　金	△158	△179	△219	△258	△272	△294
正味運転資金	△ 40	42	94	55	△ 11	△ 71
割　　　手	50	93	81	66	46	22
運 転 借 入	379	456	513	492	464	400
調 達 資 金	429	549	594	558	510	422

が過少なため，それをカバーする意味での恒常的，長期的な借入金が必要なことを示す。

⑧　償却前利益

$$1,808 - 1,567 - (408 - 385) + (7 + 60) - (126 + 123 + 17) = 28百万円$$

（注）　6月末在庫高は7月末と同様とみなす。

⑨　計上額の正確性検証　主要勘定月末残高のチェック　（8月末の場合）

　㋐　手持受取手形

　　前月末残高(102) ＋ 手形回収(46) － 手形割引(94) － 手形取立(0)
　　＝ 当月末残高(54)

　㋑　売 掛 金

　　前月末残高(284) ＋ 当月売上高(230) － 現金売上(5) － 売掛金現金
　　回収(183) － 売掛金手形回収(46) ＝ 当月末残高(280)

　㋒　支払手形

　　前月末残高(726) ＋ 手形振出(161) － 支手決済(271) ＝ 当月末残高(616)

　㋓　買 掛 金

　　前月末残高(158) ＋ 当月仕入高(200) － 買掛金支払(18) － 手形支払(161)
　　＝ 当月末残高(179)

㋑　借　入　金

前月末残高(85 + 379) + 借入金(100) − 借入金返済(28)

= 当月末残高(80 + 456)

㋕　割引手形

前月残高(50) + 手形割引(94) − 割引落込(51) = 当月末残高(93)

（9月以降は省略）

ケース・スタディ⑧ ▷**資金繰り表の分析**◁ ────────

　次に示すものは，U産業株式会社（製造業）の資金繰り予定表である。これによって，同社の当該期間の資金繰り状況を分析批判しなさい。なお，同社の前期末（9月末）現在の概況は下記のとおりである。季節変動は比較的少ない。

前期平均月商　75百万円	材料費率（対売上高）　50%
受取手形（含割手）回転期間　1.5か月	売上高総利益率　42%
売掛金回転期間　1.5か月	販売費および一般管理費率　40%
買掛金回転期間（月商比）　0.6か月	借入金期末残高　450百万円
支払手形回転期間（月商比）　1.2か月	割引手形期末残高　100百万円

資金繰り表

（平成○年6月30日作成）

（単位：百万円）

項目　　　月別			6月実績	7月予定	8月予定	9月予定	10月予定	合　計
売　　　　上　　　　高			73	78	70	80	80	381
仕　　　　入　　　　高			34	33	33	35	35	170
前　月　繰　越　①			17	31	12	15	5	17
収入	現金	売掛金回収	8	15	11	7	10	51
		手形取立	1	1	1	1	1	5
		手形割引（割引落込）	59	62	64	55	63	303
		受取利息		1		2		3
		雑収入	1		1		1	3
		合計②	69	79	77	65	75	365
	手形	売掛金	66	58	63	58	64	309
		その他						
		合計						
支出	現金	仕入支払 支手決済	20	29	24	28	26	127
		買掛金支払	9	9	9	10	9	46
		割戻金	7	2	10	18		37
		人件費	11	19	10	10	10	60
		経費	14	15	14	15	15	73
		設備費			1	1	1	3
		支払利息	2	5	2	3	3	15
		税金・配当		1				1
		合計③	63	80	70	85	64	362
	手形	買掛金	29	41	26	27	26	149
		その他						
		合計						
差引過不足①+②-③			23	30	19	△5	16	20
財務	借　入　金		23	5	12	30	10	80
	借入金返済		15	23	16	20	21	95
翌　月　繰　越			31	12	15	5	5	5

5　資金移動表による分析

1　資金移動表とは何か　　資金運用表，および資金繰り表による分析は，資金繰り分析の実務ではもっとも多く使われ，また，それによる分析効果も大きい。しかし，この両者にはそれぞれ特徴があり，そのうちのいずれかひとつだけで企業の資金繰りのすべてが解明できるわけでもない。すなわち，資金運用表は資金の動きを貸借対照表の各科目の在高の増減というストックの面からとらえるのに対し，資金繰り表は資金をフローの面からとらえるものであるから，前者からは資金の収支そのものをつかむことができず，また，後者からは資金の調達とその運用に関する基本的な資金構造をつかむことができない。そこで登場してきたものが，資金移動表である。

　資金移動表とは，比較貸借対照表と当該期間の損益計算書から作成されるもので，資金の動きを収支の面と在高の増減の面の両者からとらえようとするものである。それは，資金繰り表ほどに資金の動きを直接的につかむものではないが，資金運用表に比べるとやや直接的に資金の流れをつかみうるような形になっている。いってみれば，資金移動表は，資金運用表よりは直接的に，資金繰り表よりは間接的に資金の動きをつかむものであり，両者の中間的な存在ということになる。

　資金移動表の簡単な例を示すと，表－17（次頁）のとおりである。

2　資金移動表の作り方　　資金移動表の構造は，資金運用表と共通した部分もあるが，基本的には損益計算書から間

表-17　資　金　移　動　表

（単位：百万円）

	支　　　　出			収　　　　入		
経常収支	仕　入　支　出			売　上　収　入		250
	売　上　原　価	292		売　　上　　高	332	
	商　品　増　加	9		売上債権増加	△82	250
	買入債務増加	△65	236	営　業　外　収　入		
	営　業　費　支　出			営　業　外　収　益		4
	営　　業　　費	23		経　常　収　入　合　計		254
	減　価　償　却　費	△4				
	引　当　金　増　加	△5		経　常　支　出　超　過		6
	未　払　費　用　減　少	2	16			
	営　業　外　支　出					
	営　業　外　費　用	6				
	前　払　費　用　増　加	2	8			
	経　常　支　出　合　計		260	合　　　　計		260
固定収支	利　益　処　分　支　出			特　別　収　入		
	配　　　　　当		2	特　別　利　益	2	
	税　金　支　出			引　当　金　減　少	△1	1
	法　人　税　等	3				
	未　払　法　人　税　等	△1	2	固　定　収　入　合　計		1
	固　定　設　備　支　出					
	固　定　資　産　増　加		35	固　定　支　出　超　過		40
	特　別　支　出					
	特　別　損　失	4				
	引　当　金　増　加	△2	2			
	固　定　支　出　合　計		41	合　　　　計		41
財務収支	経　常　支　出　超　過		6	長　期　借　入　金　増　加		5
	固　定　支　出　超　過		40	短　期　借　入　金　増　加		17
				割　引　手　形　増　加		17
				現　金　預　金　減　少		7
	合　　　　計		46	合　　　　計		46

接的に収支計算書を作成したような形になっており，おおよそ次のとおりである。

  (A) 経常収支（または運転収支）

    損益計算書の経常損益の部の各項目に，流動資産・流動負債等の関連科目増減額を加減算して，各項目ごとの収入，支出を計上する。減価償却費や引当金増減などの非現金支出項目も調整する。

  (B) 固定収支（または基礎収支）

    ① 損益計算書の特別損益の部の各項目に，引当金増減などの非現金支出項目を加減して，各項目ごとの収入，支出を計上する。

    ② 利益処分支出，税金支出，増減資の収支は，資金運用表の場合に準じて算出，計上する。

    ③ 固定資産増減額を支出，収入（売却のとき）として計上する。支出額の算定にあたっては，減価償却費を加算する。売却収入は，「売却資産簿価＋売却益（－売却損）」により算定する。

    なお，固定資産に関連した未払金，未収金等がある場合は，これらを差し引いて支出，収入の額をそれぞれ算出する。

  (C) 財務収支

    資金運用表の場合に準じて計上する。ただし，長期借入金増減額は本欄に計上する。

    主要収入・支出項目の算出方法をあげると，次のとおりである。

売 上 収 入＝売上高－売上債権増加額（＋売上債権減少額）－割引手形増加額（＋割引手形減少額）＋前受金増加額（－前受金減少額）

営業外収入＝営業外収益＋前受収益増加額（－前受収益減少額）－未収収益増加額（＋未収収益減少額）

仕 入 支 出＝売上原価＋棚卸資産増加額（－棚卸資産減少額）－買入債務増加額（＋買入債務減少額）＋前渡金増加額（－前渡金減少額）

営業費支出＝「販売費および一般管理費」－非現金支出項目

　　　　　｜減価償却費，賞与引当金・退職給付引当金・貸倒引

　　　　　当金の増加額（減少の場合は＋)｜－未払費用増加額（＋

　　　　　未払費用減少額）＋前払費用増加額（－前払費用減少

　　　　　額)

営業外支出＝営業外費用－未払費用増加額（＋未払費用減少額）

　　　　　＋前払費用増加額（－前払費用減少額）

3　資金移動表による分析のポイント

資金移動表をみる場合の分析のポイントをあげると，おおよそ次のとおりである。

①　経常収支は収入超過か，支出超過か。収入超過が相当額であれば資金繰り状況は良好，支出超過であれば資金繰りは楽でないとみられる。支出超過は，赤字企業の場合のほか，急成長企業で資金需要が旺盛な場合にも発生する。

②　固定収支は，普通は収入が非常に少ないので，決算資金支出や固定資産支出等で，支出超過になることが多い。この支出超過は，経常収支の収入超過でカバーされるのが本来であり，また，固定資産支出は財務収支の長期借入金でカバーされることもあるので，他の収支との関連づけでその適否を検討する（資金運用表における固定資金不足とは，その内容が異なることに注意のこと）。

③　財務収支の内容は，経常収支尻と固定収支尻との関係をみて，その適否を判定する。

4　経常収支比率

上述したことからもわかるように，資金移動表の分析において大きなチェック・ポイントとなるものは，経常収支尻がどのような結果であるかということである。経常収支は，その内容を構成する項目からみてもわかるように，損益計算書に

おける経常損益に直結するものであり，経常損益を資金収支の面から修正したものであるから，その企業の経営活動の結果を如実に示す収支ということができる。したがって，経常収支尻のいかんは，企業の収支の基本をなすものであり，資金移動表のねらいはこれによって企業の動態的な支払能力（流動比率等による静態的な支払能力に対して）をみようとするところにあるのである。

　そこで，経常収支尻の良否をみるために，次のような経常収支比率が指標として使われる。

$$経常収支比率 = \frac{経常収入}{経常支出} \times 100$$

　この比率は，収入超過であれば100％を超え，支出超過であれば100％を下回り，したがって，100％を超えていればよしとするものである。

　経常収支比率が100％以下となる場合は，次のようなケースである。

① 　欠損を出している企業は，だいたい100％を下回る。表面上は利益をあげていても，不良資産の除却を怠っていたり，その他の粉飾操作をして，実質赤字を黒字にしている場合も，100％を下回ることが多い。

② 　正味運転資金の必要な企業（「売上債権＋棚卸資産－買入債務」がプラスの場合はほぼこれに該当）で，売上高が急増の傾向にあるときは，運転資金項目の回転期間が変わらなくても，100％以下となる場合がある。

③ 　季節変動のある企業では，需要期に運転資金需要が増大して一時的に100％以下となることもあるが，閑散期になれば，それは回復する。

④ 　収益性の低い企業で，運転資金項目のうち，売上債権，棚卸資産の各回転期間が著しく長期化している場合（買入債務の回転期間が大きく短縮している場合も同様に考えられる）は，時として100％以下となることがある。

　このうち，②と③は，それが一時的，あるいは短期的な現象である限りは，資金繰りや支払能力については，大きく問題とすることはなかろう。もっとも注意しなければならないのは①であり，④についても警戒が必要であ

る。また，経常収支比率が100％以上であっても，回転期間との関係をよく
みきわめるなどにより，内容を検討する必要のある場合もあることに注意す
べきである。

このように，資金移動表は，経常収支が収入超過になるか，支出超過にな
るか，また，それぞれの金額がどれほどか，さらに，経常収支比率はどの程
度かによって，資金繰り状況や支払能力を判定する。しかし，経常収支尻の
結果だけから資金繰り状況のすべてがわかるわけでないことは，資金繰り表
などと同様であり，回転期間その他の分析結果とも関連させて，判断するこ
とが必要である。

（注）　大企業対象の統計においては，経常収支比率を指標として算定している。そ
の算出方法を参考までに掲げると，次のとおりである。

・日本銀行『主要企業経営分析』

$$経常収支比率＝\frac{経常収入}{経常支出}\times100$$

　　経常収入＝売上高＋営業外収益－売上債権（含受取手形割引残高・譲渡手形残高）
　　　　増加－未収入金増加－未収収益増加＋前受金増加＋前受収益増加

　　経常支出＝売上原価＋販売費及び一般管理費＋営業外費用－買入債務（含譲渡手
　　　　形残高）増加－未払金増加－未払費用増加－貸倒引当金増加－流動負債・固定
　　　　負債の引当金増加－減価償却費（除特別勘定計上分）＋棚卸資産増加＋前渡金
　　　　増加＋前払費用増加

・日本経済新聞社『日経経営指標』

$$経常収支比率＝\frac{経常収入（営業収入＋営業外収益）}{経常支出（営業支出＋営業外費用）}\times100$$

　　経常収入＝売上高＋営業外収益－売上債権（受取手形＋売掛金＋受取手形割引残
　　　　高＋受取手形裏書譲渡高）純増額＋前受金・前受収益純増額－未収入金・未収
　　　　収益純増額

　　経常支出＝売上原価＋販売費一般管理費＋営業外費用－買入債務（買掛金＋支払
　　　　手形）純増額＋棚卸資産純増額＋前渡金・前払費用純総額－未払金・未払費用
　　　　純増額－減価償却実施額－貸倒引当金・投資損失引当額純増額－（割賦販売未
　　　　実現利益＋未払法人税等＋未払賞与・賞与引当金＋退職給付引当金＋役員退職
　　　　慰労引当金＋その他負債性引当金）純増額

ケース・スタディ⑨ ▷資金移動表の分析◁

　　前出ケース・スタディ⑤（153頁）の株式会社Ｒ製作所の資料により，同社の第8期の資金移動表を作成し，資金繰り状況を分析しなさい。

　　なお，資金移動表の作成にあたっては，下記事項を考慮のこと。

①　その他流動資産は，前払利息である。

②　減価償却費は，全額が売上原価に属する。

③　第8期の特別損益の内訳は，特別利益9百万円，特別損失2百万円である。また，特別利益のうち，8百万円は土地売却益である。売却土地の簿価は，3百万円である。

④　第7期の利益処分では，役員賞与5百万円を支払った。

6　キャッシュ・フロー計算書

1　キャッシュ・フロー計算書の登場　上場会社等の連結財務諸表制度において，連結ベースのキャッシュ・フロー計算書が，2000年3月期決算より導入された。このキャッシュ・フロー計算書は，貸借対照表や損益計算書とともに財務諸表のひとつとして位置づけられるものであり，その重要性がうかがわれる。キャッシュ・フロー計算書は，すでに国際的にも財務諸表のなかに組み込まれているものであり，それとの調和という意図も十分うかがわれるものである。なお，上場会社等では，連結財務諸表を作成しない会社についても個別キャッシュ・フロー計算書を作成することになっている。

　こうした経緯から，今後登場することになるキャッシュ・フロー計算書は，財務分析を行う立場にあっては，従来の貸借対照表，損益計算書に加えて新たなる分析資料となる。

　そこで，本節ではキャッシュ・フロー計算書のしくみ，作成基準，表示方法などの概要を紹介し，分析をする場合の参考としよう。

2　資金の範囲　キャッシュ・フロー計算書とは，一定期間における現金の収支の流れを一表にまとめたものである。すなわち，一定期間の現金の収入・支出がどれだけあり，その結果，期首から繰り越された現金の額がどれだけ増減し，期末の現金残高がいくらあるかという結果をまとめた表をいう。

　これは，概括的にいえば，資金繰り表の一種ということがいえよう。ただ

し，キャッシュ・フロー計算書作成では，一定のルールに基づき作られるので，内容，形式等は一般の資金繰り表などとは異なったものとなる。その作成基準の第一にあげなければならないものは，資金の範囲である。

　キャッシュ・フロー計算書では，対象とする資金の範囲は，現金（手許現金および要求払預金）および現金同等物としている。ここでいう要求払預金とは，顧客が事前の通知なしまたは数日前の事前通知により元本を引き出せる期限の定めのない預金をいう（普通預金，当座預金，通知預金を含み，定期預金を含まず）。現金同等物とは，容易に換金可能であり，かつ，価格変動について僅少なリスクしか負わない短期投資をいう。価格変動リスクの高い株式は現金同等物に含まれないが，取得日から満期日までの期間が3か月以内の短期投資である定期預金，譲渡性預金，コマーシャル・ペーパーなどは，現金同等物に含まれる。

3　表示区分　キャッシュ・フロー計算書では，一会計期間のキャッシュ・フローを，次の3つに区分して表示する。

① 営業活動によるキャッシュ・フロー

② 投資活動によるキャッシュ・フロー

③ 財務活動によるキャッシュ・フロー

①「営業活動によるキャッシュ・フロー」

　商品および役務の販売による収入，商品および役務の購入による支出等，営業損益計算の対象となった取引のほか，投資活動および財務活動以外の取引によるキャッシュ・フローを記載する。なお，商品および役務の販売により取得した手形の割引による収入等，営業活動にかかわる債権・債務から生ずるキャッシュ・フローは，営業活動キャッシュ・フローの区分に表示する。

②「投資活動によるキャッシュ・フロー」

　固定資産の取得および売却，現金同等物に含まれない短期投資の取得および売却によるキャッシュ・フローを記載する。

③「財務活動によるキャッシュ・フロー」

株式の発行による収入，自己株式の取得による支出，社債の発行・償還および借入・返済による収入・支出等，資金の調達および返済によるキャッシュ・フローを記載する。

4 法人税等，利息，配当金の表示区分

法人税等の表示区分としては，それぞれの活動ごとに3つの区分に分けて記載することが考えられるが，一般的には困難と考えられるので，「営業活動によるキャッシュ・フロー」の区分に一括して記載する方法による。

利息および配当金の表示区分としては，次の2つの方法が考えられるが，継続適用を条件として，これらの方法の選択適用を認める。

① 損益の算定に含まれる受取利息，受取配当金および支払利息は「営業活動によるキャッシュ・フロー」の区分に，損益の算定に含まれない支払配当金は「財務活動によるキャッシュ・フロー」の区分に記載する方法

② 投資活動の成果である受取利息および受取配当金は「投資活動によるキャッシュ・フロー」の区分に，財務活動上のコストである支払利息および支払配当金は「財務活動によるキャッシュ・フロー」の区分に記載する方法

5 表示方法

「営業活動によるキャッシュ・フロー」の表示方法には，主要な取引ごとに収入総額と支出総額を表示する方法（直接法）と，純利益に必要な調整項目を加減して表示する方法（間接法）とがある。これは，次のような理由から，継続適用を条件として，これらの方法の選択適用を認めている。

① 直接法による表示方法は，営業活動によるキャッシュ・フローが総額で表示される点に長所が認められる。しかし，これには主要取引ごとに

表-18 様式1「営業活動によるキャッシュ・フロー」を直接法により表示する場合

I	営業活動によるキャッシュ・フロー	
	営業収入	×××
	原材料または商品の仕入支出	−×××
	人件費支出	−×××
	その他の営業支出	−×××
	小計	×××
	利息および配当金の受取額	×××
	利息の支払額	−×××
	損害賠償金の支払額	−×××
	…………	×××
	法人税等の支払額	−×××
	営業活動によるキャッシュ・フロー	×××
II	投資活動によるキャッシュ・フロー	
	有価証券の取得による支出	−×××
	有価証券の売却による収入	×××
	有形固定資産の取得による支出	−×××
	有形固定資産の売却による収入	×××
	投資有価証券の取得による支出	−×××
	投資有価証券の売却による収入	×××
	連結範囲の変更を伴う子会社株式の取得	−×××
	連結範囲の変更を伴う子会社株式の売却	×××
	貸付けによる支出	−×××
	貸付金の回収による収入	×××
	…………	×××
	投資活動によるキャッシュ・フロー	×××
III	財務活動によるキャッシュ・フロー	
	短期借入れによる収入	×××
	短期借入金の返済による支出	−×××
	長期借入れによる収入	×××
	長期借入金の返済による支出	−×××
	社債の発行による収入	×××
	社債の償還による支出	−×××
	株式の発行による収入	×××
	自己株式の取得による支出	−×××
	親会社による配当金の支払額	−×××
	非支配株主への配当金の支払額	−×××
	…………	×××
	財務活動によるキャッシュ・フロー	×××
IV	現金および現金同等物に係る換算差額	×××
V	現金および現金同等物の増加額	×××
VI	現金および現金同等物期首残高	×××
VII	現金および現金同等物期末残高	×××

表-19　様式 2 「営業活動によるキャッシュ・フロー」を間接法により表示する場合

```
Ⅰ　営業活動によるキャッシュ・フロー
　　　税金等調整前当期純利益　　　　　　　　　×××
　　　減価償却費　　　　　　　　　　　　　　　×××
　　　減損損失　　　　　　　　　　　　　　　　×××
　　　のれん償却額　　　　　　　　　　　　　　×××
　　　貸倒引当金の増加額　　　　　　　　　　　×××
　　　受取利息および受取配当金　　　　　　　－×××
　　　支払利息　　　　　　　　　　　　　　　　×××
　　　為替差損　　　　　　　　　　　　　　　　×××
　　　持分法による投資利益　　　　　　　　　－×××
　　　有形固定資産売却益　　　　　　　　　　－×××
　　　損害賠償損失　　　　　　　　　　　　　　×××
　　　売上債権の増加額　　　　　　　　　　　－×××
　　　たな卸資産の減少額　　　　　　　　　　　×××
　　　仕入債務の減少額　　　　　　　　　　　－×××
　　　…………　　　　　　　　　　　　　　　　×××
　　　　小　計　　　　　　　　　　　　　　　　×××
　　　利息および配当金の受取額　　　　　　　　×××
　　　利息の支払額　　　　　　　　　　　　　－×××
　　　損害賠償金の支払額　　　　　　　　　　－×××
　　　…………　　　　　　　　　　　　　　　　×××
　　　法人税等の支払額　　　　　　　　　　　－×××
　　営業活動によるキャッシュ・フロー　　　　　×××

Ⅱ　投資活動によるキャッシュ・フロー（様式 1 に同じ）

Ⅲ　財務活動によるキャッシュ・フロー（様式 1 に同じ）

Ⅳ　現金および現金同等物に係る換算差額　　　　×××
Ⅴ　現金および現金同等物の増加額　　　　　　　×××
Ⅵ　現金および現金同等物期首残高　　　　　　　×××
Ⅶ　現金および現金同等物期末残高　　　　　　　×××
```

キャッシュ・フローに関する基礎データを用意することが必要であり，
実務上手数を要する。

② 間接法による表示方法は，純利益と営業活動にかかわるキャッシュ・
フローとの関係が明示される点に長所が認められる。

なお，「営業活動によるキャッシュ・フロー」を間接法により表示する場
合には，法人税等を控除する前の当期純利益から開始する形式によることと
し，法人税等の支払額は独立の項目として明示することとする。

キャッシュ・フロー計算書の標準的な様式を示すと，表-18，19のとおり
である。

6 作成方法 以下では，表-20の設例を用いて，直接法，間接法のキ
ャッシュ・フロー計算書を作成してみよう。

直接法による計算書は，資金である資産の勘定（現金勘定）の期中の増減
記録を要約して作ることができる。このなかから，営業活動，投資活動，財
務活動の3つの収入・支出を区分してキャッシュ・フロー計算書は作られ
る。このキャッシュ・フロー計算書は，貸借対照表と損益計算書とから作る
こともできる。すなわち，収入と収益，および支出と費用の食い違い分が貸
借対照表に計上されていることを利用して，損益計算書の収益と費用の各項
目に所定の調整を加えることにより，収入額と支出額へと変換してキャッシ
ュ・フロー計算書を作成する方法である。たとえば，売上高から売掛金増加
額を差し引くと売上収入額となるように，損益計算書の各項目に貸借対照表
の関係項目増減額を加減して収入，支出の額に変換する方法である。

設例（表-20）により，この貸借対照表と損益計算書を基礎として，キャ
ッシュ・フロー計算書を作成したものの計算過程を示したものが表-21であ
る。これをみてもらうと，キャッシュ・フローという表現で示されているこ
とと，投資活動，財務活動という区分のなかの諸項目などに，若干相違がう
かがわれるが，構造的には，資金移動表とほぼ同じ内容のものであることが
わかるであろう。

表-20　設　　例

貸借対照表　　　　　　　　　　　（単位：百万円）

資　　　　　産	期首	期末	負債・純資産	期首	期末
現　金　預　金	34	41	買　入　債　務	61	88
売　上　債　権	97	114	短　期　借　入　金	69	71
棚　卸　資　産	28	33	未　払　法　人　税　等	3	6
有　価　証　券	1	3	長　期　借　入　金	20	40
貸　倒　引　当　金	△1	△2	資　　本　　金	30	30
有　形　固　定　資　産	60	86	利　益　剰　余　金	38	44
投資その他の資産	2	4			
合　　　　　計	221	279	合　　　　　計	221	279

（注）　1　現金預金は，全額が現金および現金同等物である。

　　　　2　借入金の期中取引は，次のとおりである。

　　　　　　短期借入金　借入れ　100百万円，返済　98百万円

　　　　　　長期借入金　　〃　　 50　〃 ，　〃　 30　〃

損益計算書（当期）　　　　　　　（単位：百万円）

売上高	396
売上原価	276
売上総利益	120
販売費および一般管理費	96
（うち減価償却費）	(6)
（うち貸倒引当金繰入）	(1)
営業利益	24
営業外収益	5
（受取利息）	
営業外費用	10
（支払利息）	
経常利益	19
特別損失	2
税引前当期純利益	17
法人税等	8
当期純利益	9

（注）　1　特別損失2百万円は，固定資産売却損であり，簿価5百万円の固定
　　　　　資産を3百万円で売却したものである。

表-21　キャッシュ・フローの計算過程（直接法）

営業活動

支　　出			収　　入		
売上原価支出			売上収入		
売上原価	276		売　上	396	
買入債務増加	△27		売上債権増加	△17	379
棚卸資産増加	5	254	受取利息収入	5	5
販売費および一般管理費支出					
販売費および一般管理費	96				
減価償却費	△6				
引当金繰入	△1	89			
支払利息支出		10			
法人税等支払					
法人税等	8				
未払法人税等増加	△3	5			
支出計		358	収入計		384
営業活動キャッシュ・フロー		26			
計		384			

投資活動

支　　出			収　　入		
有形固定資産取得支出			有形固定資産売却収入		
有形固定資産増加	26		売価簿価	5	
減価償却費	6		売価損	△2	
売却額簿価	5	37			
有価証券取得支出					
有価証券増加		2			
投資支出					
投資増加		2			
支出計		41	収入計		3
投資活動キャッシュ・フロー		△38			
		3			

財務活動

支　　出		収　　入	
配当金支払額	3	短期借入金収入	2
		長期借入金収入	20
支出計	3	収入計	22
財務活動キャッシュ・フロー	19		
	22		

表-22 設例におけるキャッシュ・フロー計算書（直接法）

キャッシュ・フロー計算書	（単位：百万円）
Ⅰ. 営業活動によるキャッシュ・フロー	
営業収入	379
売上原価支出	△254
販売費および一般管理費支出	△89
利息の受取額	5
支払利息支払額	△10
法人税等の支払額	△5
営業活動によるキャッシュ・フロー	26
Ⅱ. 投資活動によるキャッシュ・フロー	
有形固定資産取得支出	△37
有価証券取得支出	△2
投資支出	△2
有形固定資産売却収入	3
投資活動によるキャッシュ・フロー	△38
Ⅲ. 財務活動によるキャッシュ・フロー	
短期借入れによる収入	100
短期借入金の返済による支出	△98
長期借入れによる収入	50
長期借入金の返済による支出	△30
配当金の支払額	△3
財務活動によるキャッシュ・フロー	19
Ⅳ. 現金および現金同等物の増加額	7
Ⅴ. 現金および現金同等物期首残高	34
Ⅵ. 現金および現金同等物期末残高	41

表-23 設例におけるキャッシュ・フロー計算書（間接法）

キャッシュ・フロー計算書	（単位：百万円）
Ⅰ．営業活動によるキャッシュ・フロー	
税引前当期純利益	17
減価償却費	6
貸倒引当金増加	1
売上債権増加	△ 17
買入債務増加	27
棚卸資産増加	△ 5
固定資産売却損	2
小計	31
法人税等支払額	△ 5
営業活動によるキャッシュ・フロー	26
Ⅱ．投資活動によるキャッシュ・フロー	
有形固定資産取得支出	△ 37
有価証券取得支出	△ 2
投資支出	△ 2
有形固定資産売却収入	3
投資活動によるキャッシュ・フロー	△ 38
Ⅲ．財務活動によるキャッシュ・フロー	
短期借入れによる収入	100
短期借入金の返済による支出	△ 98
長期借入れによる収入	50
長期借入金の返済による支出	△ 30
配当金の支払額	△ 3
財務活動によるキャッシュ・フロー	19
Ⅳ．現金および現金同等物の増加額	7
Ⅴ．現金および現金同等物期首残高	34
Ⅵ．現金および現金同等物期末残高	41

　そして，これを正式のキャッシュ・フロー計算書にまとめたものが，表−22である。ここでは，キャッシュ・フロー計算書であることから，最終的には「現金および現金同等物」の在高とその期中増減額が報告されることになる。

　なお，直接法によるキャッシュ・フロー計算書の全体像をみると，それは資金繰り表の内容とよく似ており，基本的な考え方は同じものといえる。キャッシュ・フロー計算書が年次で作成されるのに対し，資金繰り表は月次に作られることが多いことのほか，キャッシュ・フロー計算書はその内容項目がややまとめられた表示となっているが，資金繰り表はこれよりも具体的に細かい項目で記載される場合が多いものである。

　次に，間接法によるキャッシュ・フロー計算書は，発生主義会計の当期純利益を出発点として，収益と収入，費用と支出の食い違い分を調整することにより利益を現金主義の収支差額に変換して作成する方法である。この作成

 **営業活動によるキャッシュ・フローを直接法にて開示している会社**

　下記の新日本有限責任監査法人ナレッジセンター・リサーチの調査結果によれば，企業の大多数はキャッシュ・フロー計算書の営業活動によるキャッシュ・フローを間接法にて開示している。これは直接法による開示にあたっては主要取引ごとにキャッシュ・フローに関する基礎データを用意することが必要となり，実務上手数を要することが原因と考えられる。

調査日	平成21年12月11日
調査対象	平成20年9月30日～平成21年9月30日決算の有価証券報告書
調査項目	連結キャッシュ・フロー計算書／キャッシュ・フロー計算書（キーワード：「営業収入」を含む）

※検索範囲の網羅性については確保されていない。

1．会社一覧

業種	証券コード	会社名	上場区分	決算日
小売業	7578	（株）ニチリョク	JQ上場	2009/03/31
小売業	7638	（株）シーマ	JQ上場	2009/03/31
サービス業	9630	（株）アップ	東証二部	2009/03/31
サービス業	9720	（株）ホテル，ニューグランド	JQ上場	2008/11/30
情報・通信業	4291	（株）JIEC	東証二部	2009/03/31
情報・通信業	4762	（株）エックスネット	東証一部	2009/03/31
建設業	1734	（株）北弘電社	札証上場	2009/03/31

方法も，直接法による計算過程で示されている調整項目を加減算することにより，税引前利益から「営業活動によるキャッシュ・フロー」を算出することができる。すなわち，損益諸項目に関連貸借対照表諸項目の増減額を加減算して，「営業活動キャッシュ・フロー」を算出することができる。そして，間接法により作成したものが表－23である。なお，実務的には間接法によるキャッシュ・フロー計算書が主流となっているようである。

7　分析のポイント

キャッシュ・フロー計算書は，資金の流れをつかみ，企業の手許現金がいくらあるかをとらえ，それによって企業の資金力の大きさをつかんでもらおうというものである。この資金力こそ収益力を超えて企業が身につけなければならないものといえよう。「勘定合って銭足らず」とならないよう，収益よりも資金をつかむこと

ゴム製品	5103	昭和ホールディングス（株）	東証二部	2009/03/31
その他製品	7883	サンメッセ（株）	JQ上場	2009/03/31
非公開	N/A	（株）日貿信	非上場	2009/03/31
非公開	N/A	富士ホーニング工業（株）	非上場	2009/03/31
非公開	N/A	ライファン工業（株）	非上場	2008/09/30
非公開	N/A	（株）群馬建設会館	非上場	2009/03/31
非公開	N/A	鷹之台ゴルフ（株）	非上場	2009/03/31
非公開	N/A	（株）千葉県建設業センター	非上場	2009/03/31
非公開	N/A	（株）鹿児島県プロパンガス会館	非上場	2009/03/31
非公開	N/A	北日本放送（株）	非上場	2009/03/31
非公開	N/A	（株）丸ノ内ホテル	非上場	2009/03/31
非公開	N/A	（株）仙台カントリークラブ	非上場	2009/03/31
非公開	N/A	（株）中山カントリークラブ	非上場	2009/04/30
非公開	N/A	鳴門ゴルフ（株）	非上場	2009/08/31
非公開	N/A	美々津観光開発（株）	非上場	2009/03/31
非公開	N/A	（株）旭川国際ゴルフ場	非上場	2008/12/31
非公開	N/A	（株）滋賀ゴルフ倶楽部	非上場	2009/03/31
非公開	N/A	大松産業（株）	非上場	2008/11/30
非公開	N/A	互助会保証（株）	非上場	2009/05/31
非公開	N/A	（株）秩父開発機構	非上場	2009/03/31

２．業種別分布図（件数）

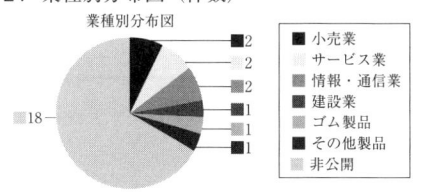

業種別分布図

凡例：
■ 小売業
□ サービス業
■ 情報・通信業
■ 建設業
■ ゴム製品
■ その他製品
□ 非公開

（出所）新日本有限責任監査法人　ナレッジセンター・リサーチ

が経営の要諦となるものだからである。

　キャッシュ・フロー計算書は，それによって企業の支払能力なり債務弁済能力を評価しようというねらいをもつものであるが，具体的な分析ポイントをあげてみると，次のとおりである。

①　営業活動，投資，財務の３つの活動分野ごとの検討が最初であり，後はその３つの分野の関連，つながり状況を検討することがポイントとなる。

②　まず，営業活動によるキャッシュ・フローがプラスかマイナスかをみる。一般にはプラスが普通で大きいほどよい。前年比較などでチェックする。キャッシュ・フローのマイナスは好ましくない。何が原因か追求のこと。一時的なものならよいが，長期的，構造的なものは要注意。

③　投資活動によるキャッシュ・フローは，一般にマイナスが多い。金額が大きい場合は，前年比較などとともに投資内容を検討，成果見通しと関連づけて検討する。マイナスが多い場合は，財務活動との関連をチェックする。営業活動によるキャッシュ・フローのプラスで投資活動キャッシュ・フローのマイナスをカバーしているのであれば，ノーマルな資金繰りといえよう。

④　財務活動によるキャッシュ・フローは営業活動，投資活動との関連での資金調達が多いはずで，それぞれの関連から納得のいく調達であれば問題はない。予期しない，または計画外の資金調達であれば，問題となることはないか，十分留意する。

⑤　キャッシュ・フロー全体の総額の増減はどうか。活動３分野間での資金の流れは順調なのかどうか。現金および現金同等物の期末手持額は，余裕含みか，過小でないか，前年比較などにより検討する。

7 資金需要の検討

〔1〕 運転資金需要の検討

1 融資判断と資金需要の検討

企業は，何らかの事由から資金が必要となって銀行に融資を申し入れる。そこで，銀行における融資判断では，その資金がどのような目的で使われるのかということを十分につかんでおく必要がある。

もちろん，融資判断はそれだけで行うのでなく，それ以前の問題として，企業の実態を認識することが重要であるということはいうまでもなく，その一手法としての財務分析の進め方については，これまでに触れたとおりである。

ところで，資金使途の把握といっても，それは資金が直接的に何に使われるのかということを確認するだけでなく，それはどのような原因で資金が不足することになるのか，資金はいつ，どれだけ必要なのか，資金投下の結果としてどういうことが期待されるのか，必要期間はいつまでか，返済はどのような原資からいつ行われるのか，といったような資金需要の実態や今後の見通しにまで及ぶのでなければ，適切な融資判断とはいえない。

そこで，本節では，こうした資金需要の実態の検討方法について，資金使途別にその分析のポイントを説明することにする。まず本項では，運転資金需要をとりあげる。

2　運転資金需要の内容　　運転資金需要は，通常の営業活動に伴って以下のような事情から発生する。企業に投下された資金は，図−8に示されるような生産，販売の過程を経て売上代金の現金回収となって企業に環流し，それはふたたび資金投入され，これを何回も繰り返して企業活動が行われる。

　この資金循環の過程で，生産・販売は多種多量に，かつ継続的に進められるので，①常時ある程度の原材料，仕掛品，製品の在庫保有を必要とする，②仕入，販売の代金決済には，売掛金，受取手形，買掛金，支払手形等の企業間信用が発生する，このほか，③前渡金，未収入金，前受金，未払費用等の債権債務関係が発生する，などから運転資金需要が生じる。

図-8　資金の循環図

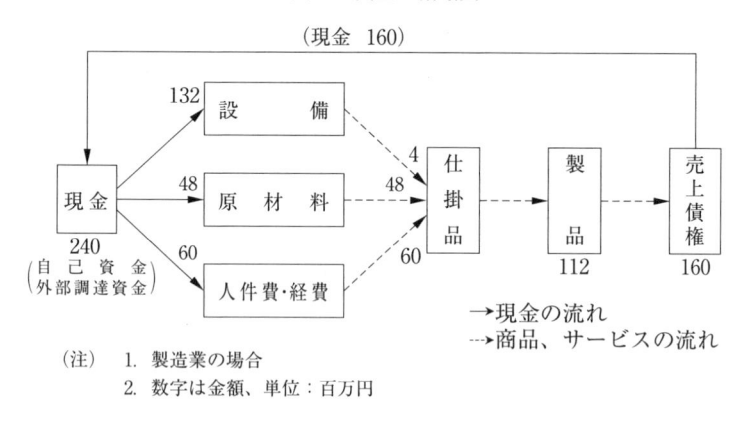

（注）　1. 製造業の場合
　　　　2. 数字は金額、単位：百万円

　たとえば，図−8の例で金額が月単位のものとして，月商160百万円，必要在庫量が原材料1か月，仕掛品0.5か月，製品1か月，売上債権の回収期間が3か月，買入債務の支払期間が4か月とした場合は，運転資金需要が次のように発生する。

①　原材料残高　$48 \times 1 = 48$

②　仕掛品残高　$\dfrac{48 + 112}{2} \times 0.5 = 40$
　　（注）仕掛品進捗度を平均50%とする。

③　製品残高　$112 \times 1 = 112$

④　売上債権残高　$160 \times 3 = 480$

⑤　買入債務残高　$48 \times 4 = 192$

運転資金必要額＝①＋②＋③＋④－⑤

$$= 48 + 40 + 112 + 480 - 192 = 488百万円$$

（注）　上記の運転資金の計算には，手元現金預金やその他の勘定残高（雑債権債務等）が含まれていないが，厳密な計算をする場合には当然にこれらのものを考慮して計算する。

3　運転資金需要のつかみ方

運転資金の融資申入れは，資金繰り予定表を添付して，「○日にこれだけの支払いがあり，それに対して○百万円の資金が不足するので，これに充当するために融資をして欲しい」という形で行われることが中小企業等では多い。しかし，これでは本当の意味での資金需要の原因はつかみにくく，また，それは一時的に必要なのか，恒常的に必要なのかもわからない場合がある。そこで，上述のような運転資金需要が必要となる事情をよく認識し，その企業ではどのような資金循環のしくみになっているのか，その結果必要資金はいくらになるのかなどにつき，あらましをつかむ必要がある。そのためには，資金繰り表のような資金のフローからの説明だけでなく，運転資金需要の根本にさかのぼって，ストック（残高）による資金構造面からの説明が必要となる。とくに，次に述べる経常運転資金や増加運転資金の場合には，その必要性が大きい。

4　経 常 運 転 資 金

借入需要のうち，もっとも多いのは経常運転資金である。経常運転資金の所要額は，基本的には上述したような「売上債権＋在庫－買入債務」によって算定される。前出（前頁）のケースでは，売上高やその他の条件に変化がなければ，常時488百万円の運転資金が必要となる。この計算結果がマイナスになるときは，その企業の経常運転資金は不要（資金余剰の発生）ということになる。

　経常運転資金の所要額の算定は，所要資金の大部分が売上高の増減にスライドして増減することから，売上高との対比により，一般に次の算式によって行う。

$$\begin{matrix}\text{経常運転資}\\\text{金の所要額}\end{matrix} = 平均月商 \times \left(\begin{matrix}\text{売上債権}\\\text{回転期間}\end{matrix} + \begin{matrix}\text{棚卸資産}\\\text{回転期間}\end{matrix} - \begin{matrix}\text{買入債務}\\\text{回転期間}\end{matrix}\right)$$

（注）　①　上記の各勘定の回転期間は，分母を月平均売上高として計算したもの $\left(\dfrac{\text{各勘定残高}}{\text{平均月商}}\right)$ である。

　　　　②　売上債権回転期間は割引手形を含めて計算したものである。

　　　　③　裏書譲渡手形がある場合は，これを売上債権および買入債務にそれぞれ加算のうえ，各回転期間を算出して上記の計算をする。

　　　　④　取引の円滑化のためには相当額の現金預金が必要であるが，ここでは考慮外とした。

　たとえば，月商40百万円で売上債権回転期間3か月，棚卸資産回転期間1か月，買入債務回転期間1.5か月の場合は，経常運転資金は次のように100百万円必要となる。

　　　　経常運転資金の所要額 ＝ 40×（ 3 ＋ 1 － 1.5) ＝100百万円

　経常運転資金は，自己資金やその他の債務によって充足されるが，一方相当額の現金預金も必要なので，それらを加減算した額が借入需要額となる。この計算の場合，それらの諸科目のなかに営業外の債権，不良債権，デッド・ストック，設備関係の債務など異常なものが含まれているときは，それらを除外して経常運転資金を算定すべきであろう。そのような部分は，厳密には本来的な経常運転資金ではなく，別途の資金ということになる。

　経常運転資金を使途とする融資は，商業手形割引によるのが普通であり，手形がない場合は単名融資（または，当座借越），また，手形が割引に不適な場合は商業手形担保による単名手形融資となる。このときの単名手形融資は，常時必要とする資金なので長期運転資金となる場合もある。また，手形割引の場合も常時必要なので，一定額の割引枠を設定し，その範囲内で手形割引を行うことが多い。

5 回収・支払条件による所要額の算定

運転資金の所要額の算定方法としては，上述の回転期間（売上対比によるもの）による算定方法が一般的であるが，これをいま少し実務的にきめ細かく算定するとすれば，売上代金の回収条件，買入代金の支払条件をおりこんで算定する方法がある。これを設例により説明してみよう。

◁**設例**▷ 平均月商300百万円の卸売業Ｆ社は，次のような取引条件のもとに営業している。この場合の平均所要運転資金の額は，いくらであるか。

1．売上高総利益率 25％

2．売掛金回収条件 25日締切月末回収

$$\text{回収内訳}\begin{cases}\text{現金} \quad 10\% \\ \text{3か月サイトの手形} \quad 90\%\end{cases}$$

3．商品在庫期間 0.6か月

4．買掛金支払条件 20日締切月末支払

$$\text{支払内訳}\begin{cases}\text{現金} \quad 20\% \\ \text{2か月サイトの手形} \quad 80\%\end{cases}$$

（注） ① 1か月は30日として計算する。

② 毎月の売上・仕入は，月中にわたって平均的にあるものとする。

〈平均所要運転資金の計算〉

(1) 売掛金残高

売掛金平均滞留期間

$(34 + 5) \div 2 = 19.5$

売掛金平均残高

$300 \times \dfrac{19.5}{30} = 195$百万円……①

(2) 受取手形残高

$300 \times 0.9 \times 3 = 810$百万円……②

(3) 商品残高

$300 \times (1 - 0.25) \times 0.6 = 135$百万円……③

(4)　買掛金残高

買掛金平均滞留期間

$(39 + 10) \div 2 = 24.5$

買掛金平均残高

$300 \times (1 - 0.25) \times \dfrac{24.5}{30} = 183.75$百万円……④

(5)　支払手形残高

$300 \times (1 - 0.25) \times 0.8 \times 2 = 360$百万円……⑤

(6)　運転資金の平均所要額

①＋②＋③－④－⑤＝195＋810＋135－183.75－360＝596.25百万円

　上記の所要額の計算方法について，補足説明すると，以下のとおりである。

(1)　売掛金・買掛金の平均滞留期間

　設例において，25日締切月末決済（回収または支払）ということは，滞留期間がもっとも長いものは締切日の翌日である26日の売上（仕入）分であり，その滞留期間は26日から決済日の翌月末の前日までの34日間となる。また，滞留期間がもっとも短いものは締切日の25日の売上（仕入）分であり，その滞留期間は25日から決済日の当月末の前日までの 5 日間となる。そこで，月中の売上・仕入が平均的にあるものとすれば，平均滞留期間は最長と最短の平均ということで，「$(34 + 5) \div 2 = 19.5$日」と算定される。20日締切月末決済の場合その他どのような決済条件の場合も，売掛金・買掛金の平均残高はこのような平均滞留期間によって算定する。なお，ここでいう滞留期間とは，回転期間（買掛金の場合は平均仕入高による「本来の回転期間」）のことをさすものである。

(2)　商品・買掛金・支払手形の残高算定

　商品・買掛金・支払手形は，平均月商を基準とせずに，平均月売上原価（または平均月仕入高）を基準として残高を算定するので，それぞれ平均月商に売上原価率0.75（ 1 －売上高総利益率＝ 1 － 0.25）を乗じて計算する。

6 増加運転資金

増加運転資金とは，売上高の増加に応じて発生する運転資金であり，その需要原因は売上債権資金，在庫資金が主体である。増加運転資金の融資は，上述の経常運転資金の単名手形融資または割引の増加として申し込まれる。

増加運転資金は，一般に売上高の増加にスライドして必要となるので，増加運転資金の所要額は次のように計算される。

$$\text{増加運転資金の所要額} = \text{月平均増加売上高} \times \left(\text{売上債権回転期間} + \text{棚卸資産回転期間} - \text{買入債務回転期間} \right)$$

（注）　各回転期間の算定方法は，分母を平均月商として計算するなど，前掲の経常運転資金の算式の場合と同様である。

たとえば，前出の（230頁）のケースで，月商が200百万円になる場合の増加運転資金の所要額は，次のようになる。

① 原材料回転期間 $= \dfrac{48}{160} = 0.3$ か月

② 仕掛品回転期間 $= \dfrac{40}{160} = 0.25$ か月

③ 製品回転期間 $= \dfrac{112}{160} = 0.7$ か月

④ 売上債権回転期間 $= \dfrac{480}{160} = 3$ か月

⑤ 買入債務回転期間 $= \dfrac{192}{160} = 1.2$ か月

増加運転資金の所要額 $= (200 - 160) \times (0.3 + 0.25 + 0.7 + 3 - 1.2)$

$= 122$ 百万円

（注）　回転期間により算出した運転資金所要額は，一定期間における所要額の平均をあらわす。

上記の増加運転資金の所要額の計算を，各勘定科目の残高ごとに行い，売上増加前と後の勘定残高を対比させると，表-24のとおりである。

表-24　増加運転資金所要額の計算

勘 定 科 目	売　上増加前	売　上増加後	勘 定 科 目	売　上増加前	売　上増加後
売 上 債 権	480	600	買入債務（B）	192	240
原 材 料	48	60	所要運転資金（A－B）	488	610
仕 掛 品	40	50	〈増加運転資金の所要額〉610－488＝122		
製 品	112	140			
合 計 （ A ）	680	850			

　売上高の増加とともに，各勘定の回転期間が変化する場合があるが，これは増加運転資金のほかに，後述の取引条件の変化による不足運転資金の需要（または余剰資金）が同時に発生することである。実務ではこの両者を含めて増加運転資金とされやすいが，資金的には区別されるべきであり，融資判断上のひとつのポイントである。

　増加運転資金は利益等による自己資金その他で充足される部分もあるので，厳密にはこれを差し引いた額が所要額となる。

7　取引条件変化による不足運転資金

　売上高の増減以外に，売上債権の回収条件，買入債務の支払条件，在庫期間などに変更が生じる場合に，不足運転資金が発生することがある。これは売上増加による運転資金のような純然たる前向き資金と異なり，たとえば，回収条件の長期化のような後向きの資金需要であることが多い。

　取引条件の変化に伴う不足運転資金の計算は，次のように行う。

$$\text{取引条件変化による不足運転資金所要額} = \frac{\text{月平均}}{\text{売上高}} \times \left(\begin{array}{c} \text{売上債権} \\ \text{回転期間} \\ \text{延長月数} \end{array} + \begin{array}{c} \text{棚卸債権} \\ \text{回転期間} \\ \text{延長月数} \end{array} - \begin{array}{c} \text{買入債務} \\ \text{回転期間} \\ \text{延長月数} \end{array} \right)$$

　（注）　（　）内の各勘定の回転期間が短縮の場合は，それぞれの月数は負数となる。この結果，もし算出された金額がマイナスとなる場合は，それだけ資金余剰となる。

　たとえば，前出（230頁）のケースで，売上債権の回収期間が3か月から4か月に，買入債務の支払期間が4か月から6か月にそれぞれ延長され，売上高と必要在庫量が変わらない場合の不足運転資金の所要額は，次のようになる。

① 　売上債権回転期間延長月数 = 4 − 3 = 1

② 　買入債務回転期間延長月数 = 1.8 − 1.2 = 0.6

　　（注）　延長後買入債務残高 = 48 × 6 = 288百万円

　　　　　　延長後買入債務回転期間 = $\dfrac{288}{160}$ = 1.8か月

取引条件変化による不足運転資金の所要額 = 160 × (1 − 0.6) = 64百万円

　売上債権の回収が長期化するといっても，それは販売先の資金繰りのしわ寄せによるもの，拡売政策の関係から長期化するもの，あるいは新製品販売や新販売ルートの開拓の関係によるものなど，発生要因はいろいろある。短縮の場合も同様である。また，在庫期間の変更は，生産方法や販売方法，製品構成の変化によるものなど，この発生要因も多様である。したがって，取引条件の変化は，それが資金需要にどうはね返ってくるかを検討するとともに，条件変化の内容が今後の経営にどう影響してくるのかということにまで考えが及ぶことが融資判断のさいに望まれる。なお，売上債権の焦付発生とか，売上不振等による滞貨の発生などに伴う不足資金は，上述のような資金需要とは区別して考えるべきであろう。

　　（注）　科目別に取引条件の変化となるものを列挙すると，およそ次のとおりである。

　　　　　売上債権　売上から回収時点までのサイトの変化，現金・手形の回収割合の変化，手形サイトの伸縮，販売方法，販売経路の変化。

　　　　　在　　庫　生産条件の変化（製造期間の長短，原材料比率の高低，受注生産と見込生産など），原材料入手の難易，販売方法の変化。

　　　　　買入債務　仕入から支払時点までのサイトの変化，現金・手形の支払割合の変化，手形サイトの伸縮，仕入方法，仕入経路の変化。

　　　　　以上に共通のものとして，業種業態の変化がある。

　以上の取引条件の変化は，売上高の増減と同時に発生する場合が多く，こ

の場合の必要資金は，上述の各計算により，増加運転資金と不足運転資金との合算額となる。融資形態は，その状態が今後継続するのであれば，経常運転資金としての手形割引，あるいは単名手形融資の増加となる。

8　季　節　資　金

繊維製品，食糧品等季節によって売上高が大きく変動する業種では，資金需要も季節によって大きく異なり，季節的な運転資金の借入需要が発生する。季節資金の実態は前述の資金繰り表の事例でも触れたが，ここでは，衣料品卸売業の例によって説明してみる。

衣料品卸売業である「えのき繊維（株）」における秋冬取引関連の資金繰り表および同期間の運転資金勘定の推移は，表－25，表－26のとおりである。以下は，この両表に基づいて説明する。

① 秋冬物は8～11月にかけてメーカーから仕入れ，その販売は0.5～1か月後にはじまり，11，12月に売上はピークになる。この間に在庫は累増して10，11月に在庫高は最高に達する。

② 翌年の1～3月は端境期で，売上，仕入とも落ち込み，在庫高も漸減する。

③ 上述の取引推移に対応して，売上代金の回収は10～1月に増大し，売上債権残高は10～12月に増加する。2月以降は売上減少のため回収が減り，売上債権残高も漸減する。

　（注）売上代金の回収条件　売掛金回収までの期間30～40日，回収内訳：現金60％，手形40％（サイト平均90日）

④ 一方，仕入代金の支払いはほとんどが手形によって行われ，秋冬物の支払手形決済は1，2月頃に集中する。

　（注）仕入代金の支払条件　買掛金支払までの期間10～15日，支払内訳：現金1％，手形99％（サイト平均120日）

⑤ 以上の資金繰り状況は，勘定残高の推移によってみると，よりいっそうはっきりする。すなわち，運転資金需要は9～10月にかけて在庫負担

表-25 えのき繊維㈱資金繰り表

(単位：百万円)

項目	月	10月 手形	10月 現金	11月 手形	11月 現金	12月 手形	12月 現金	1月 手形	1月 現金	2月 手形	2月 現金	3月 手形	3月 現金	合計 手形	合計 現金
月 売 上 高		180		220		240		90		80		90		900	
月 仕 入 高		184		166		122		58		48		108		686	
前月より繰越①		－	6	－	16	－	26	－	28	－	54	－	28	－	6
収	売掛金回収	66	100	72	90	94	150	76	130	48	46	52	74	408	590
	手形取立	－	2	－	2	－	2	－		－		－		－	6
	手形割引	－	72	－	30	－	132	－	54	－	80	－	54	－	422
	(割引落込)		(42)		(50)		(58)		(72)		(72)		(82)		(376)
入	その他		4		2		12				2				20
	合計 ②		178		124		296		184		128		128		1,038
支	買掛金支払	20	2	176		136	2	74	2	46	2	100	2	736	10
	支手決済	－	140	－	44	－	116	－	216	－	196	－	108	－	820
	経費		22		22		42		18		16		18		138
出	その他		4		8		4		2				2		20
	合計 ③		168		74		164		238		214		130		988
差引過不足①+②-③		－	16	－	66	－	158	－	△26	－	△32	－	26	－	56
財務	借入金	－		－		－		－	80	－	60	－		－	160
	借入金返済	－	20	－	40	－	130	－		－		－		－	190
翌月へ繰越		－	16	－	26	－	28	－	54	－	28	－	26	－	26

表-26 えのき繊維㈱主要勘定残高・所要運転資金推移表

(単位：百万円)

項目	月	9月	10月	11月	12月	1月	2月	3月
運転資金	受取手形（含割手）	132	154	174	208	212	188	158
	売 掛 金	190	204	262	258	142	128	92
	在 庫	342	378	370	290	266	252	278
	支 払 手 形	△472	△536	△668	△688	△546	△396	△388
	買 掛 金	△78	△56	△46	△30	△12	△12	△18
	所 要 運 転 資 金	114	144	92	38	62	160	122
現 金 預 金		108	118	130	132	158	134	132
合 計		222	262	222	170	220	294	254
借入金	手 形 割 引	86	116	96	170	152	160	132
	単 名 借 入 金	170	170	130	0	80	140	140
	合 計	256	286	226	170	232	300	272

増を主因に増大し，それは11〜12月の売上増加とともにいったん減少する。しかし，翌年1〜2月の仕入代金支払手形決済時から支払手形残高が減少し，それによってふたたび資金需要が増大する。

⑥　上述の運転資金需要に対応して，借入金残高が増減する。そして借入金の内訳は，10〜11月は在庫資金のため単名借入金のウエイトが大きいが，12月になると回収手形の割引によりその単名借入金は返済され，その後はふたたび単名借入金のウエイトが大きくなる。

以上のように，季節資金は一定期間の資金需要に対して発生するものであるが，時期によって所要額が異なり，また，在庫資金か収支のズレによる不足資金か，資金需要の原因も異なるので，厳密な実態はつかみにくいことが多い。したがって，仕入，生産，販売の各計画のバランスを考え，前年同期の実績を勘案しながら，資金繰り表等をもとに各月の所要額や資金需要の原因をできるだけ明確につかみ，それに応じた適切な融資方法を検討すべきである。

9　決算・賞与資金

決算資金とは，決算日後2〜3か月目に発生する税金，株主配当，役員賞与の支払いに充当するものであり，また，賞与資金は，年2回（6〜7月と11〜12月）の従業員賞与の支払いに充当するものである。

決算資金のうちの税金は，法人税，法人住民税，および事業税の3つを内容とするもので，税務の確定申告期間内，すなわち，決算日後2か月以内に支払う（大企業等で3か月以内に決算が確定する場合は，3か月以内に支払うが，2か月以内に概算払いをする場合もある）。ただし，1年決算会社では，中間で予定納税をしているので（期首から8か月目が支払時期），確定申告時に支払う税金は，その予定納税額を差し引いた額となる。また，株主配当および役員賞与は，決算確定後（定時株主総会終了後）に支払うが，その時期は決算日後3か月以内の場合（主として大企業）と2か月以内の場合（主として中小企業）とがある。

　以上のように，決算資金は，支払額や支払時期が会社によって若干異なるので，融資判断のさいには注意する必要がある。なお，確定申告時に支払う税金は，原則として延納が認められないが，大企業等で申告期限を決算日後３か月まで延長承認された場合は，それまでに納付すればよいとされている。

　決算・賞与資金は，一種の季節資金である。この資金に充当するための融資は，毎期必要時期に単名手形融資の形で行い，その後３〜６か月程度にわたって分割返済し，次回借入時期が到来する前に完済となるのが普通である。したがって，返済計画が資金繰り上支障のないことが前提条件になる。

10　減産・赤字資金

　売上が減少した場合は，以下のような経過をたどって減産・赤字の資金需要が発生する。すなわち，減産に入る段階では，それ以前から売上は伸び悩みないし減少しており，当初の生産計画に比し売上は計画を下回っているから，まず在庫が著増する。この場合に減産資金あるいは滞貨資金が発生する。

　在庫の増加分は，生産あるいは仕入を抑えると漸次減少していくが，生産を減らすと第２段階として操業度が低下し採算割れとなり，赤字になる。そこで減産資金は赤字資金に転化していく。

　減産・赤字資金の融資については，きわめて慎重に取り扱う必要がある。すなわち，企業の実態をよくみきわめ，業績回復の対策や見通しはどうか，思い切った在庫処分計画なども含めて，今後の資金繰り予定や返済計画はどうかなどについて，シビアな判断をすることが要請される。

〔2〕　設備資金需要の検討

1　設備投資計画の検討

　設備投資は，それをすることによって，企業の収益性，安全性などの面で企業の体質を長期間にわたって制約するので，企業経営上きわめて重要な意義をもつ。すな

わち，設備投資は，その稼働に伴って必然的に人件費，修繕維持費，減価償却費などの固定費が増大するために，損益分岐点を上昇させることになり，収益性に影響を与える。また，長期的に資金が固定することになり，企業の財務構造，安全性にもそれが反映する。しかし，適切な設備投資は，企業の維持発展の原動力となるものであり，成長性につながる。

　このようなことから，設備投資はその企業の経営上の消長を規定する重要性をもつので，諸種の点を十分に配慮のうえ，慎重な検討を経て行うべきである。そして，こうした設備投資資金に対する融資判断では，その投資計画の妥当性を十分に検討し，資金計画や収益見通しに手ぬかりはないかにつき，運転資金融資の場合以上に十分な吟味をすることがとくに望まれる。

　設備投資計画は，次のような角度から検討する必要がある。

①　設備投資の目的は何か。

　　㋐生産・売上の増大を伴う投資

　　㋑合理化投資，取替投資

　　㋒研究開発投資，公害防除投資

　　㋓厚生施設等の間接的投資

②　投資の規模，時期は適当か。

③　生産・売上の増加を伴う投資の場合は，需要予測，市場動向についての長期的予測は適切か。

④　設備投資に伴い採算はどのように変化するか。

⑤　資金調達方法は適切か。

⑥　設備投資後の増加運転資金の調達はどうするのか。

⑦　借入返済計画は妥当か。

2　投資内容の妥当性

設備投資は，それが基本的に必要な環境にあるのか，規模，時期は適切か，市場や競合他社の動向はどうか，それらの結果として当該設備投資計画は妥当なものといえるか，などといった点についての慎重な総合的検討が不可欠である。設備

投資をするからには，需要が供給を上回ることが予測されるか，特定の製品需要が期待されるか，合理化によるコスト・ダウン効果をあげうるかというような何らかの根拠があるからに違いなかろうが，それにはどの程度の確実性があるのか，一時的でなく長期的なものか，投資効果に誇大評価やムリがないかなどにつき，とくに注意を払う必要がある。

　いったん設備投資をすると，それは簡単には除却できないものであるから，将来の需要見通しに甘さがあったり，環境変化に対応できないものであるときは，規模を縮小するなり，時期を延ばして様子をみるというようなことも必要であろう。また，独占商品ならともかく，競合他社がある場合は，他社の設備投資の動向にも注意し，それとの関連から投資のタイミングや対処策をあらかじめ検討し，思わぬ失敗をまねかないような配慮が必要である。

　見通しの誤りや客観情勢の変化から，万一投資が予想に反して不成功に終わった場合には，それに対処しうるような弾力性が企業にあるかどうかということのチェックも必要である。

3　設備投資資金の調達源泉

上述のように，設備投資は長期にわたって投下された資金が固定し，企業の安全性に大きな影響を与えることになるので，その資金を調達するにあたっては，企業の安全性をそこなわないような配慮が必要である。すなわち，資金の調達源泉は自己資金（留保利益や減価償却等による自己金融），増資資金，社債，または長期借入金のような安定的な資金であることが必要である。この結果，設備投資後の貸借対照表においては，固定長期適合率が100％以下であることが望ましい。したがって，設備資金融資は長期融資になるのが普通であり，一時的なつなぎ資金は別として，短期融資はとるべきでない。短期融資によった場合には，企業は後日資金繰りに何らかの支障をきたすことになる。

　資金の調達源泉のなかで注意しなければならない点は，自己資金によると

した場合に，それが本当に自己資金なのかどうかということである。自己資金であるかどうかを調べると，往々にして根拠がはっきりせず，実際には手形割引とか支払手形の繰延べなどによる資金調達である場合もある。それでは短期資金による設備投資ということになり，今後の運転資金を圧迫し，資金繰りを不安定にするので，何らかの対応策が必要となる。

4　投資後の収益計画の検討

企業から設備資金融資の申入れがある場合は，通常は設備投資内容の概要に加えて，表 – 27のような収益計画表が提出される。この収益計画表には，設備投資の効果が財務計数によって総合的にしかも具体的に示されているはずであるから，それを従来の収益構造と比較しながら，損益分岐点の変化，売上高の推移，利益率の変化などを探り，それらをとおして投資効果を具体的に確認し，またその計画数値が納得のいく根拠からつくられているものであるか

 インタレスト・カバレッジ

インタレスト・カバレッジ（interest coverage）とは，企業の金利負担能力を示す比率である。支払利息や手形割引料などの金利負担に対して，企業が通常の営業活動によって得た利益がその何倍あるかをみるものである。この値が大きければ大きいほど債権者としては安全であり，企業は有利な条件で資金を調達することができる。このため，公募社債の格付けのさいには，この比率が有力な指標として用いられる。

インタレスト・カバレッジは，次の算式により算定される（分子は「事業利益」と呼ばれる）。

$$\text{インタレスト・カバレッジ} = \frac{\text{営業利益＋受取利息・割引料・有価証券利息配当金}}{\text{支払利息・割引料}}$$

この比率は，社債の格付けに用いられるものであるから，利息の支払いはだい

等について十分に検討しなければならない。

この収益計画表は，後述するように，設備資金を融資する側からみれば，その融資金の返済計画の可否を判断する場合にその検討資料として絶対に欠きえないものであるから，その検討にあたっては十分な注意が必要である。

5 所要資金額の算定

設備資金計画は，土地，建物，機械装置などの購入物件について個別的にたてられるので，所要資金額の算定も個別計算によって比較的たてやすい。ただ，購入（または工事）ベースと現金支出ベースとではズレのあることがあるので，その予定をきく必要がある。融資時期は，現金支出ベースに合わせるのが原則である。

設備資金計画の検討の場合に，忘れてならないものに増加運転資金需要の発生がある。売上・生産の増加が伴う設備投資の場合は，設備投資以外に増

じょうぶかといった安全性に重点がおかれる。倍率は高ければ高いほど利息支払いの余裕度が高く，望ましいものである。したがって，倍率1以下は問題である。

格付けでは，企業の純資産額により基準値が分かれるが，15倍以上が望ましい。

（例示）積水ハウス株式会社のインタレスト・カバレッジ（平成26年度）

・平成26年度　135.5倍

営業利益	Ⓐ	146,595（百万円）
受取利息・ 有価証券利息配当金	Ⓑ	3,443（百万円）
支払利息	Ⓒ	1,107（百万円）
$\dfrac{(Ⓐ+Ⓑ)}{Ⓒ}$		135.5（倍）

表-27　収益計画表

（平成○年○月作成）

項　　　　目	期		期		期		期	
	金額	%	金額	%	金額	%	金額	%
売　上　高		100		100		100		100
売　上　原　価								
売　上　総　利　益								
販売費・一般管理費								
営　業　利　益								
営　業　外　収　益								
営　業　外　費　用								
経　常　利　益								
特　別　損　益								
税引前当期純利益								
法　人　税　等								
当　期　純　利　益								

加運転資金が必要になる。したがって，これに対する資金手当はどうか，運転資金融資が必要になることはないかなどについてあわせて検討することが必要である。

6　返済能力の検討

設備資金融資は，長期にわたって分割返済されるのが普通であるが，融資にあたっては，この返済可能性について十分に検討する必要がある。その返済財源は，留保利益，減価償却費，増資金などである。ただし，企業に既存の長期借入金等がある場合には，その約定返済額を差し引いたものがネットの返済財源となる。そこで，企業から表－28のような返済計画表の提出を求め，それによって返済能力を検討する。

　この表において，各期とも資金余剰となるのであれば，返済能力についてはまったく問題がない。しかし，大部分の期が資金不足となる場合には，返

表-28　設備借入金返済計画表

（平成○年○月作成）

項　　　目		期	期	期	期
内部留保	税　引　利　益				
	社　外　流　出				
	差 引 留 保 利 益				
	減　価　償　却　費				
	合　　　　　計				
増　資　払　込　金					
…………………………					
合　　　　　計					
既 存 借 入 金 返 済					
本　借　入　金　返　済					
差　引　過　不　足					

　済能力に懸念ありとみなければならない。ただ，この場合の資金余剰や資金
不足については，期単位および返済期間の数期をとおしてどの程度の資金余
剰，または資金不足かということの判断が必要であり，資金余剰が多ければ
多いほど返済能力が大きく，資金不足が大きければ返済能力はまったくない
とみられる。ある期に資金不足があるが，別の期に資金余剰があり，返済期
間を通算してみれば資金余剰となる場合は，資金不足期の不足額が僅少であ
れば返済能力は全体としては問題がないが，一部の期だけに懸念ありとみら
れるので，返済方法の調整や別途の短期資金調達による不足期の資金繰り解
決等により，返済の可能性が出てくることもある。

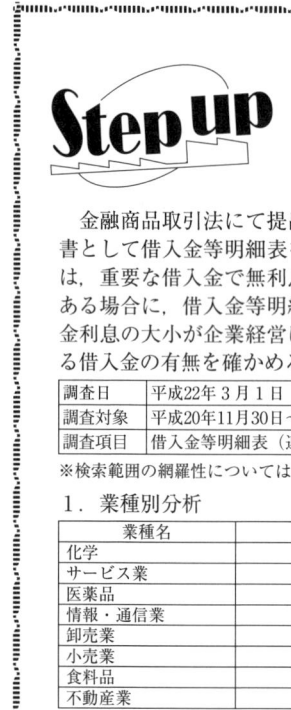

無利息による借入をしている会社

　金融商品取引法にて提出が義務付けられている有価証券報告書では，附属明細書として借入金等明細表を開示する。財務諸表等規則および連結財務諸表等規則は，重要な借入金で無利息または特別の条件による利率が約定されているものがある場合に，借入金等明細表でその内容を開示することを義務付けている。借入金利息の大小が企業経営に及ぼす影響は大きいため，特別の条件による利率による借入金の有無を確かめることは，財務分析の重要な視点になるものと思われる。

調査日	平成22年3月1日
調査対象	平成20年11月30日〜平成21年11月30日
調査項目	借入金等明細表（連結）／借入金等明細表（単体）

※検索範囲の網羅性については確保されていません。

1．業種別分析

業種名	会社数
化学	5
サービス業	5
医薬品	4
情報・通信業	3
卸売業	2
小売業	2
食料品	2
不動産業	1

業種名	会社数
建設業	1
鉱業	1
海運業	1
陸運業	1
繊維製品	1
輸送用機器	1
ガラス・土石製品	1
非鉄金属	1
非公開	9

業種別分布図 (社)

非公開 9
■非鉄金属 1
■ガラス・土石製品 1
■輸送用機器 1
■繊維製品 1
■陸運業 1
■海運業 1
■鉱業 1
■建設業 1
■不動産業 1
■食料品 2

■化学 5
■サービス業 5
■医薬品 4
■情報・通信業 3
■卸売業 2
■小売業 2

2. 借入先分析

開示状況	会社数
独立行政法人	9
財団	6
都道府県	4
市町村	4
金融機関	4
社団	1
商工会議所	1

中小企業総合事業団	1
国土交通省	1
役員	1
一般企業	1
民事再生計画	1
海外子会社の政府機関	1
開示なし	12

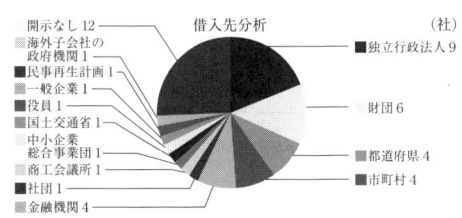

借入先分析 (社)

開示なし 12
■海外子会社の政府機関 1
■民事再生計画 1
■一般企業 1
■役員 1
■国土交通省 1
■中小企業総合事業団 1
■商工会議所 1
■社団 1
■金融機関 4

■独立行政法人 9
財団 6
■都道府県 4
■市町村 4

（出所）新日本有限責任監査法人　ナレッジセンター・リサーチ

ケース・スタディ⑩	▷運転資金必要量の算定◁

　次に示すY社（卸売業・1年決算）の資料から，Y社の今期（第13期）の運転資金必要量を算定し，あわせて予定資金運用表を作成しなさい。必要資金の増加額は，全額を割引手形で調達するものとする。

（金額単位：百万円）

貸 借 対 照 表
第12期末現在

資 産		負債および純資産	
現　金　預　金	100	支　払　手　形	150
受　取　手　形	200	買　　掛　　金	75
売　　掛　　金	100	未　払　法　人　税　等	20
商　　　　　品	150	そ　の　他　負　債	55
固　定　資　産	250	純　　資　　産	500
合　　　　計	800	合　　　　計	800

（注）割引手形　100

損 益 計 算 書

項　　　　目	第12期（実績）	第13期（計画）
売　　上　　高	1,200	1,320
売　上　原　価	900	1,056
諸　　経　　費	230	240
税引前当期純利益	70	24
法　人　税　等	35	12
当　期　純　利　益	35	12

＜前提条件＞
1．税金は，現金預金から支払う。第13期中に，中間納税額6を支払う。
2．前期（第12期）分の社外流出はない。
3．今期の減価償却額は30を予定。また，今期の固定資産投資は25の予定で全額を自己資金で支払う。
4．売上回収・仕入支払・手持在庫に関する取引条件は，前期と変わらない。
5．その他負債の額は変わらない。

ケース・スタディ⑪ ▷増加運転資金と資金需要の原因分析◁ ─────

　Z社（卸売業）は，来期から月商が今期の90百万円から105百万円となる見通しであり，またこれに伴って回収条件および支払条件が次のように変更される予定である。よって，来期の運転資金の所要額は今期に比べてどれだけ増加するかを算定し，その資金需要の原因を分析しなさい。なお，売上原価率は84％であり，来期も変わらないものとする。

回 収 支 払 条 件 等

	今　　　期	来　　　期
売 上 代 金 回 収 条 件	25日締切月末回収 手形100％（サイト2か月）	20日締切月末回収 手　形 ┤サイト2か月　70％ 100％ ┤サイト3か月　30％
商　　　品 在 庫 条 件	0.5か月分の在庫保有	今期と変わらず
仕 入 代 金 支 払 条 件	20日締切月末支払 現金30％，手形70％ 手形サイト2か月	20日締切翌月5日支払 現金25％，手形75％ 手形サイト ┤2か月　90％ ┤3か月　10％

（注）1か月は30日とし，月中の売上は平均的にあるものとする。

ケース・スタディ⑫ ▷設備投資と収益計画・借入返済能力の検討◁ ──

　F社は自社ブランドP製品で婦人服を製造，デパート，専門店等に卸売しており，順調な売上の伸びで好業績をあげている。そこで，F社はP製品とは別の客層をねらって新ブランドのQ製品を販売することを企図し，市場調査の結果，販売には十分の確信を得たので，X1年度に現工場敷地内にQ製品工場を建設，また創立40周年をむかえるにあたり企業のイメージ・アップを図る意味から本社建物を増改築することとした。この設備投資計画ならびにその所要資金調達予定は，次のとおりである。

　　Q製品工場新設　投資額　　110,000千円　　全額銀行借入により調達

　　本社建物増改築　　〃　　　 40,000千円　　増資金により調達

　　また，上記に伴い必要となる増加運転資金150,000千円は，銀行借入金により50,000千円，割引増枠により100,000千円を調達する予定である。

　社長は工場建設資金借入金を2年半で返済できるか，また増資後も今期と同率配当を持続できるかにつき，あなたに意見を求めてきた。よって，以下の資料と条件に基づいて次の問に答えなさい。

【問1】　X1～X3年度の予想損益計算書を作成しなさい。

【問2】　工場建設資金借入金の期限内返済の可能性，ならびに増資後の据置配当の可能性につき，あなたの意見を述べなさい。

【問3】　X1～X3年度の各年度末の予想貸借対照表を作成し，全般的な資金の運用調達状況の妥当性を検討しなさい。

① 　X0年度（X0/4～X1/3）の財務諸表　次頁のとおり。

② 　X0年度の利益処分案　配当16,000千円（年20％），役員賞与3,000千円，その他は社内留保

③ 　Q製品の生産，販売，原価の見通し

　　㋐　工場はX1年4月着工，8月末完成，9月より生産開始，10月発売

　　㋑　生産量　X1/9～X2/2　　　　月産　　 2,000

　　　　　　　　X2/3～X3/3　　　　 〃　　　 3,000

　　　　　　　　X3/4～X4/3　　　　 〃　　　 3,500

　　㋒　販売量　X1/10～X2/3　　　月平均　 2,000

　　　　　　　　X2/4～X3/3　　　　 〃　　　 3,000 ⎫ 販売単価は10,000円

　　　　　　　　S3/4～X4/3　　　　 〃　　　 3,500 ⎭

　　㋓　期末製品在庫量は各期をとおし3,000とする。

　　㋔　製造原価　材料費は全額変動費で変動費比率50％

	X1/9～X2/3	X2/4～X3/3	X3/4～X4/3
労　務　費	64,900千円	82,460千円	86,060千円
製　造　経　費	29,000	47,500	47,500
（うち減価償却費	4,500	9,000	8,000)

④ 　P製品の生産，販売，原価の見通し

　　㋐　X1/4より生産量・販売量とも各期それぞれ前期比6,000増加，販売

　単価は従来と同じく来期以降各期とも20,000円，生産，販売は期中は平均的に行われるものとする。

⑦　期末製品在庫量は従来と同じく，来期以降各期をとおして7,500とする。

（単位：千円）

貸　借　対　照　表　（X1.3.31）

現 金 預 金	100,000	買 入 債 務	200,000
売 上 債 権	250,000	短 期 借 入 金	100,000
製　　　品	112,500	未 払 法 人 税 等	36,100
材　　　料	15,000	長 期 借 入 金	70,000
固 定 資 産	266,500	資　本　金	80,000
		剰　余　金	257,900
	744,000		744,000

（注）　割引手形　200,000

損　益　計　算　書　$\left(\begin{array}{l}\text{自 X0. 4.1}\\\text{至 X1.3.31}\end{array}\right)$

売　　上　　高			2,400,000
売　上　原　価			
期 首 製 品 在 高		112,500	
当 期 製 品 製 造 原 価			
材　料　費	1,200,000		
労　務　費	400,000		
製 造 経 費	200,000	1,800,000	
合　　計		1,912,500	
期 末 製 品 在 高		112,500	1,800,000
売 上 総 利 益			600,000
販売費・一般管理費			456,000
営 業 利 益			144,000
受 取 利 息			3,200
支 払 利 息 割 引 料			31,000
税引前当期純利益			116,200
法　人　税　等			58,100
当 期 純 利 益			58,100

（注）　ⓐ　材料費は全額変動費である。

　　　ⓑ　製造経費のうち減価償却費は定額法で 15,000 千円含まれている。

　　　ⓒ　期首，期末とも製品単位当り原価の変化はない。

　　㋒　製　造　原　価　単位当り材料費は今後とも変化しない

	X1/4〜X2/3	X2/4〜X3/3	X3/4〜X4/3
労　務　費	414,920千円	428,880千円	444,640千円
製 造 経 費	205,000	210,000	215,000
（うち減価償却費	13,000	12,000	11,000）

⑤　材料の仕入単価は今後も変化しないものとする。

⑥　期末製品在庫の評価方法は先入先出法によっている。

⑦　P製品，Q製品とも期末仕掛品は発生しない。

⑧　販売費および一般管理費

	X1/4〜X2/3	X2/4〜X3/3	X3/4〜X4/3
	496,000千円	556,000千円	628,000千円
（うち減価償却費	3,000	3,000	3,000）

⑨　増資は，X1年4月1日払込で半額（40,000千円）有償増資を行う。

⑩　工場建設資金は，同資金の最終支払時X1年10月1日に110,000千円全額を借り入れ，X2年3月末に10,000千円，以後は9月末および3月末に各25,000千円ずつ分割返済し，X4年3月末に完済する。借入利率は年9％である。

⑪　本社増改築資金は，増資金により10月1日に支払う。

⑫　既存の長期借入金は，X1年9月末，X2年3月末に各35,000千円ずつ約定返済となっている。借入利率は年9％である。

⑬　既存の短期借入金は，増加運転資金に充当するため，X1年10月1日に50,000千円を増額し，以後はそのまま継続借入するものとする。借入利率は年7％である。

⑭　割引手形は，増加運転資金に充当するため，従来枠200,000千円に加え，X1年12月末に50,000千円，X2年9月末に25,000千円，X3年9月末に25,000千円をそれぞれ増枠し，枠一杯に割引を依頼する。割引利率は年7％である。

⑮　受取利息は，各期とも前期比でX1年度500千円，X2年度500千円，X3年度300千円の増加となる。

⑯　法人税等の充当額は，税引前利益の50％である。

⑰　役員賞与は，X1年度以降も今期と同額とする。

⑱　増加運転資金の所要額の計算は，X0年度末現在の所要額を基準として各年度末現在のものを算定し，予想貸借対照表を作成のこと。この場合，現金預金は，各年度の平均月商の50％程度の残高を確保することが資金繰り上望ましい条件である。なお，税金は，前期法人税等の50％を期中に中間払するものとして，未払法人税等を計上のこと。

〔資料39〕　「日経経営指標」抜すい

(2010 年 3 月, 2009 年 3 月　対象　上場会社)

	全業種平均		製造業平均	
【安　　定　　性】	(10.3)	(09.3)	(10.3)	(09.3)
流　動　比　率	129.59	125.76	141.60	136.02
当　座　比　率	81.85	74.96	86.03	76.15
固　定　比　率	152.07	153.52	118.05	118.04
固 定 長 期 適 合 比 率	87.21	88.14	82.90	84.39
自　己　資　本　比　率	40.01	39.28	49.72	49.83
負　債　比　率	149.90	154.51	101.07	100.62
経　常　収　支　比　率	109.90	107.21	109.29	107.01
インタレストカバレッジ(倍)	4.04	4.33	3.48	4.67
【収　　益　　性】				
売 上 高 営 業 利 益 率	2.74	2.54	1.59	1.66
売 上 高 経 常 利 益 率	3.62	3.36	3.09	3.21
売　上　高　利　益　率	1.69	0.61	1.29	▲0.73
売上高利払後事業利益率	3.69	3.59	3.25	3.63
自　己　資　本　利　益　率	2.90	1.21	1.88	▲1.19
売 上 高 純 金 利 負 担 率	▲0.95	▲1.05	▲1.67	▲1.96
使 用 総 資 本 利 益 率	1.15	0.48	0.94	▲0.60
【生　　産　　性】				
粗付加価値額（百万円）	25,473	26,608	21,468	22,950
労　働　生　産　性　（万 円）	1,712	1,801	1,301	1,404
１人当たり売上高（万円）	9,051	10,780	7,640	89.65
同　利　益　（　万　円　）	152.80	65.50	98.40	▲65.00
同　人　件　費　（　万　円　）	890.16	922.94	837.79	885.12
使 用 総 資 本 投 資 効 率	12.87	13.27	12.38	13.00
設　備　投　資　効　率	47.37	48.67	59.75	6,303
労　働　装　備　率　（万 円）	3,615	3,703	2,179	2,228
資　本　集　約　度　（万 円）	13,299	13,581	10,512	10,806
売 上 高 付 加 価 値 率	18.92	16.71	17.04	15.67
労　働　分　配　率	51.95	51.25	64.35	63.05
【そ　の　他　指　標】				
使 用 総 資 本 回 転 率(回)	0.68	0.79	0.73	0.83
固 定 資 産 回 転 率(回)	1.12	1.32	1.24	1.43
流 動 資 産 回 転 日 数(日)	211.42	183.10	207.12	184.12
棚 卸 資 産 回 転 日 数(日)	34.06	31.85	39.20	36.12
売 上 債 権 回 転 日 数(日)	73.77	67.95	72.33	68.74
買 入 債 務 回 転 日 数(日)	54.67	51.68	52.99	51.54
１株当たり自己資本（円）	609.67	619.93	533.00	546.09
同　利　益　（円）	18.33	7.96	10.46	▲6.99
同キャッシュフロー（円）	54.34	43.45	37.53	19.94

（出所）　日本経済新聞社『日経経営指標』2011 全国上場会社版

〔資料40〕　「日経経営指標」の算式

〔安定性〕〔収益性〕〔成長性〕〔生産性〕〔その他指標〕について代表的な指標の算式を以下に記載する。

〔安定性〕

$$\text{流動比率}(\%) = \frac{\text{流動資産合計}}{\text{流動負債合計}} \times 100$$

$$\text{当座比率}(\%) = \frac{\text{当座資産合計}}{\text{流動負債合計}} \times 100$$

$$\text{固定比率}(\%) = \frac{\text{固定資産合計}}{\text{資本合計}} \times 100$$

$$\text{固定長期適合比率}(\%) = \frac{\text{固定資産合計}}{\text{固定負債合計} + \text{特別法上の準備金} + \text{資本合計}} \times 100$$

$$\text{自己資本比率}(\%) = \frac{\text{資本合計}}{\text{負債合計} + \text{純資産合計}} \times 100$$

$$\text{負債比率}(\%) = \frac{\text{負債合計}}{\text{資本合計}} \times 100$$

$$\text{経常収支比率}(\%) = \frac{\text{経常収入}}{\text{経常支出}} \times 100$$

(注)　経常収入＝売上高＋営業外収益－売上債権（受取手形＋売掛金＋受取手形割引残高＋受取手形裏書譲渡高）純増額＋前受金・前受収益純増額－未収入金・未収収益純増額

　　　　経常支出＝売上原価＋販売費一般管理費＋営業外費用－買入債務（買掛金＋支払手形）純増額＋棚卸資産純増額＋前渡金・前払費用純増額－未払金・未払費用純増額－減価償却実施額－貸倒引当金・投資損失引当金純増額－（割賦販売未実現利益＋未払法人税等＋未払賞与・賞与引当金＋退職給付引当金＋役員退職慰労引当金＋その他負債性引当金）純増額

$$\text{売上債権対買入債務比率}(\%) = \frac{\text{受取手形・売掛金} + \text{受取手形割引高}}{\text{支払手形・買掛金}} \times 100$$

$$\text{手元流動性比率}(\text{倍}) = \frac{\text{現金・預金} + \text{有価証券} + \text{営業貸付金・営業投資有価証券}}{\text{売上高・営業収益}} \times 12$$

$$借入金依存度(\%) = \frac{有利子負債額 - 従業員預り金}{負債・純資産合計 + 受取手形割引高 + 同裏書譲渡高} \times 100$$

自己金融比率(％) =

$$\frac{\begin{array}{l}今期(資本合計 - 資本金 - 新株式払込金・申込証拠金 + 資本準備金 + 退職給付\\引当金 + 役員退職慰労引当金 + その他の長期引当金) - 前期(資本合計 - 資本金\\ - 新株式払込金・申込証拠金 + 資本準備金 + 退職給付引当金 + 役員退職慰労引\\当金 + その他の長期引当金) + 減価償却実施額 + 減損損失\end{array}}{今期有形固定資産合計 - 前期有形固定資産合計 + 減価償却実施額 + 減損損失} \times 100$$

$$インタレストカバレッジ(倍) = \frac{営業利益 + 受取利息・割引料・有価証券利息}{支払利息・割引料}$$

〔**収益性**〕

$$売上高営業利益率(\%) = \frac{営業利益}{売上高・営業収益} \times 100$$

$$売上高経常利益率(\%) = \frac{経常利益}{売上高・営業収益} \times 100$$

$$売上高利益率(\%) = \frac{当期利益}{売上高・営業収益} \times 100$$

$$売上高 EBIT 率(\%) = \frac{経常利益 + 支払利息・割引料}{売上高・営業収益} \times 100$$

$$売上高利払後事業利益率(\%) = \frac{営業利益 + 受取利息・割引料・有価証券利息 + 受取配当金 - 支払利息・割引料}{売上高・営業収益} \times 100$$

$$自己資本利益率〔ROE〕(\%) = \frac{当期利益}{資本合計の 2 期平均} \times 100$$

$$使用総資本利益率(\%) = \frac{当期利益}{負債・純資産合計の 2 期平均} \times 100$$

企業利潤率(％) =

$$\frac{\begin{array}{l}当期利益 + 法人税・住民税・事業税計 + 法人税等調整額 +\\過年度法人税等追徴 + 支払利息・割引料\end{array}}{(資産合計 + 受取手形割引高・同裏書譲渡高) の 2 期平均} \times 100$$

$$売上高原価率(\%) = \frac{売上原価・営業原価 + 割賦販売未実現利益・返品調整引当金差額}{売上高・営業収益} \times 100$$

$$売上高販管費率(\%)=\frac{販売費一般管理費}{売上高・営業収益}\times 100$$

$$売上高純金利負担率(\%)=\frac{支払利息・割引料-受取利息・割引料・有価証券利息-受取配当金}{売上高・営業収益}\times 100$$

$$売上高人件費率(\%)=\frac{役員報酬・賞与+販管費明細中の人件費・福利厚生費+製造原価明細中の労務費・福利厚生費}{売上高・営業収益}\times 100$$

〔成長性〕

$$増収率(\%)=\frac{今期売上高・営業収益-前期売上高・営業収益}{前期売上高・営業収益}\times 100$$

$$5年間平均増収率(\%)=\left(\sqrt[5]{\frac{当期売上高・営業収益}{5年前売上高・営業収益}}-1\right)\times 100$$

$$経常増益率(\%)=\frac{今期経常利益-前期経常利益}{前期経常利益}\times 100$$

$$増益率(\%)=\frac{今期当期利益-前期当期利益}{前期当期利益}\times 100$$

$$付加価値増加率(\%)=\frac{当期粗付加価値額-前期粗付加価値額}{前期粗付加価値額}\times 100$$

$$自己資本成長率(\%)=\frac{今期資本合計-前期資本合計}{前期資本合計}\times 100$$

〔生産性〕

粗付加価値額(百万円)＝人件費＋賃借料＋租税公課＋支払特許料＋減価償却実施額＋純金利負担＋利払後事業利益
　(注)　2003年度版から計算式変更。純金利負担＝支払利息・割引料-受取利息・割引料-受取配当金。利払後事業利益＝営業利益＋受取利息・割引料・有価証券利息＋受取配当金-支払利息・割引料

人件費(百万円)＝製造原価中の労務費・福利厚生費＋販管費中の役員報酬賞与・給料手当・退職金・退職給付引当金繰入額・福利厚生費

$$労働生産性(万円)=\frac{粗付加価値額}{従業員数の2期平均}$$

$$1人当たり売上高(万円)=\frac{売上高・営業収益}{従業員数の2期平均}$$

$$1 \text{人当たり利益(万円)} = \frac{\text{当期利益}}{\text{従業員数の 2 期平均}}$$

$$1 \text{人当たり人件費(万円)} = \frac{\text{人件費}}{\text{従業員数の 2 期平均}}$$

$$\text{使用総資本投資効率(\%)} = \frac{\text{粗付加価値額}}{\text{資産合計の 2 期平均}} \times 100$$

$$\text{設備投資効率(\%)} = \frac{\text{粗付加価値額}}{(\text{有形固定資産}-\text{建設仮勘定})\text{の 2 期平均}} \times 100$$

$$\text{労働装備率(万円)} = \frac{(\text{有形固定資産}-\text{建設仮勘定})\text{の 2 期平均}}{\text{従業員数の 2 期平均}}$$

$$\text{資本集約度(万円)} = \frac{\text{資産合計の 2 期平均}}{\text{従業員数の 2 期平均}}$$

$$\text{売上高付加価値率(\%)} = \frac{\text{粗付加価値額}}{\text{売上高・営業収益}} \times 100$$

$$\text{労働分配率(\%)} = \frac{\text{人件費}}{\text{粗付加価値額}} \times 100$$

〔その他指標〕

$$\text{使用総資本回転率(回)} = \frac{\text{売上高・営業収益}}{\text{負債・純資産合計の 2 期平均額}}$$

$$\text{固定資産回転率(回)} = \frac{\text{売上高・営業収益}}{\text{固定資産合計の 2 期平均}}$$

$$\text{流動資産回転日数(日)} = \frac{\text{流動資産合計の 2 期平均}}{\text{売上高・営業収益}} \times 365$$

$$\text{棚卸資産回転日数(日)} = \frac{\text{棚卸資産合計の 2 期平均}}{\text{売上高・営業収益}} \times 365$$

$$\text{売上債権回転日数(日)} =$$

$$\frac{(\text{受取手形・売掛金}+\text{受取手形割引高})\text{の 2 期平均}}{\text{売上高・営業収益}} \times 365$$

$$\text{買入債務回転日数(日)} = \frac{\text{支払手形・買掛金の 2 期平均}}{\text{売上高・営業収益}} \times 365$$

$$減価償却実施率(\%) = \frac{減価償却実施額}{減価償却範囲額} \times 100$$

$$1株当たり自己資本(円) = \frac{資本合計}{期中平均株式数}$$

(注)　発行済み株式数については，2002年版までは，業種平均を計算する際には額面を50円換算していたが，2001年の商法改正により額面の概念がなくなったことに伴い，2003年版からは各社の発行済み株式数をそのまま集計して使う方式に変更している。以下についても同じ。

$$1株当たり利益(円) = \frac{当期利益}{期中平均株式数}$$

$$1株当たりキャッシュフロー(円) = \frac{キャッシュフロー}{期中平均株式数}$$

(注)　キャッシュフロー＝当期利益＋減価償却実施額＋減損損失－（当期中普通株配当金＋当期中優先株配当金＋当期末普通株配当金＋当期末優先株配当金＋当期中役員賞与＋当期末役員賞与）

ケース・スタディ解答

■ケース・スタディ①

比　　率　　名	A　　社	B　　社
総 資 本 経 常 利 益 率（％）	$\dfrac{295}{1,560} \times 100 = 18.9$	$\dfrac{141}{2,180} \times 100 = 6.5$
自 己 資 本 経 常 利 益 率（％）	$\dfrac{295}{1,085} \times 100 = 27.2$	$\dfrac{141}{530} \times 100 = 26.6$
利子支払前総資本経常利益（％）	$\dfrac{295+14}{1,560} \times 100 = 19.8$	$\dfrac{141+83}{2,180} \times 100 = 10.3$
経 営 資 本 営 業 利 益 率（％）	$\dfrac{295}{1,560} \times 100 = 18.9$	$\dfrac{196}{2,180} \times 100 = 9.0$
資 本 金 利 益 率（％）	$\dfrac{205}{40} \times 100 = 512.5$	$\dfrac{76}{50} \times 100 = 152.0$

(1)　いずれの指標においても，A社はB社よりも収益性が高い。

(2)　総資本経常利益率　　A社は抜群に収益性が高いが，B社は普通でとくによいとはいえない。両社の格差はきわめて大きい。

(3)　自己資本経常利益率　　A社，B社ともほぼ同水準で，良好な水準である。両社が(2)では差異があるのに，当比率でほぼ同水準なのは，B社の自己資本比率が低いのに対し，A社のそれはかなり高いからである。

(4)　利子支払前総資本経常利益率　　A社はB社よりもかなり高いが，その格差は(2)ほど大きくない。A社は抜群である。

(5)　経営資本営業利益率　　(4)とほぼ同様の傾向。

(6)　資本金利益率　　両社とも高水準であるが，両社の格差はきわめて大きい。高水準なのは，両社とも資本金が小さいからである。

(7)　両社の特徴

①　自己資本比率は，A社69.6％，B社24.3％と大きく異なり，両社の収益性の水準の差は，大部分がこの自己資本の充足の違いによるものである。

②　B社は，A社よりも収益性が低いが，自己資本の充実度を除けば，部分的にはB社の収益性もA社にさして劣らない面がある。すなわち，経営資本営業利益率を分解すれば，次のように，売上高営業利益率はほぼ同水準であり，収益

性は一面では悪くない。しかし，資本の運用効率（総資本回転率）には大きな格差があり，これが自己資本比率とともに，Ｂ社の収益性の低い一因となっている。

	A 社	B 社
売上高営業利益率（％）	11.57	11.20
総資本回転率（回）	1.63	0.80

■ケース・スタディ②

百分率比較損益計算書

（単位：％）

	第 25 期	第 26 期	第 27 期
売　　上　　高	100	100	100
売　上　原　価	70	62.9	64.9
売　上　総　利　益	30	37.1	35.1
販売費・一般管理費	18.5	24.2	28.2
営　業　利　益	11.5	12.9	6.9
営　業　外　収　益	0.5	0.7	1.3
営　業　外　費　用	1.6	2.9	2.9
経　常　利　益	10.4	10.7	5.3
（労務費・人件費）	（25.8）	（32.3）	（41.4）
（支　払　金　利）	（1.5）	（2.6）	（2.8）

(1)　売上高および経常利益の 3 期間の推移は，25期を100としてみると，❶のとおり大幅に減少しており，業績推移は芳しくない。とくに27期は，経常利益が25期に比べて37％に急減しているのが目立つ。

❶	〈第25期〉	〈第26期〉	〈第27期〉
売　　上　　高	100	92.3	72.3
経　常　利　益	100	94.8	37.0

(2)　この業績の推移を反映して，収益性も大幅に低下した。すなわち売上高経常利益率は，25，26期は10％台でかなりの高水準の収益性を示していたが，27期にいたって 5 ％台に急落，収益力は一般並みの水準に落ち込んだ。

(3)　この利益率の変化を，各売上高利益率・費用率の段階に区切って分析すると，

次のとおりである。

① 売上高総利益率では，経常利益率の推移とは逆に26，27期は25期に比べ5～7ポイントの大幅アップとなっている。

② 総利益率アップの原因としては，まず，製造原価低減の努力があげられる。製造原価の内容別推移を販売数量と対比して検討してみると，❷のように，変動費である材料費，外注費の減少割合が販売数量の減少割合に比べて著しいことから，全体として製造原価が大きく低減しているといえる（固定費的性格の強い労務費，製造経費はやや増加）。これらのことをひとことでいえば，工場の合理化によってコスト低減は図られたといえよう。

> (注)　1．製造原価の推移の検討は，本来は生産数量との対比により行うべきであるが，資料不足のため販売数量との対比によった。
> 2．材料費，外注費の減少傾向が著しいので，上述とは別の特殊要因が存在することも考えられるが，本例では明らかでないので，不問にした。

❷	〈第25期〉	〈第26期〉	〈第27期〉
販　売　数　量	100	89.6	74.5
材　　料　　費	100	64.5	47.9
外　　注　　費	100	67.8	39.3
労　　務　　費	100	103.7	105.5
製　造　経　費	100	102.2	100

(注)　① 25期を100とした場合の指数によって示した。
　　　② 販売数量の指数は，販売単価指数を用いて次のように算出した。

〈第26期〉 $\dfrac{1,200}{1,300} \times 100 \div 1.03 = 89.6$

〈第27期〉 $\dfrac{940}{1,300} \times 100 \div 0.97 = 74.5$

③ 次に，売価の変動も売上高総利益率に少なからぬ影響を与えている。26期の総利益率のアップ7.1ポイントのうち約3ポイント，27期の総利益率の前期比2ポイントのダウンの相当部分は，それぞれ売価の変動によるものとみられる。

④ 売上高総利益率は，26，27期とも35％以上であるが，この水準はかなり高いものといえる。それらが一時的なものでなく，今後もこのラインを保つことが

できるのであれば，Ｃ金属工業は製造業としての基本的な収益力を十分にもっているといえよう。

(4)　売上高営業利益率は，25，26期は12％前後の高水準であったが，27期は前期比 6 ポイントの大幅低下となった。すなわち，26期は，総利益率の大幅アップにもかかわらず販売管理費率（営業費比率）が約 6 ポイント上昇したため，営業利益率は 1 ポイントあまりの上昇となったが，27期は，前期比総利益率 2 ポイントの低下に加えて販売管理費率が 4 ポイント上昇し，両者のダブルパンチで，営業利益率が悪化した。

　　以上を通じて，販売管理費が26，27期の 2 期間にわたってそれぞれ大きく，しかも連続的に上昇していることが目立つ。

(5)　固定費が主体を占める販売管理費は，売上高が減少すれば，販売管理費率が上昇するのは当然であり，したがって，販売管理費上昇の原因は基本的には売上減にあるものといえよう。しかし，販売管理費の絶対額が増加しているので，これを検討してみると，❸のように人件費が増加していることが目立ち，その他の増減は少ない。したがって，人件費増は販売管理費率上昇の一因となっている。

❸

				〈第25期〉	〈第26期〉	〈第27期〉
人	件	費		119百万円	162百万円	160百万円
そ	の	他		121	128	105
		計		240	290	265

(6)　人件費は，製造経費の労務費も含め，売上高に対する負担割合によってみると，前記のように，25.8→32.3→41.4％と 3 期間にわたって大幅上昇しており，全体として，売上高経常利益率の低下の大きな原因となっている。人件費は，従業員数の減少にもかかわらず上昇しているが，これは❹の 1 人当り人件費の推移

❹

			〈第25期〉	〈第26期〉	〈第27期〉
労	務	費	217百万円	225百万円	229百万円
人	件	費	119	162	160
		計	336	387	389
従	業 員	数	195人	191人	173人
1 人	当り人件	費	1,723千円	2,026千円	2,249千円

からわかるように，給与ベースの上昇によるものとみられる。

(7)　売上高営業利益率の次の段階で，経常利益率に影響を与えているのは，支払金利負担率である。これは全体としては一般並みの水準であるが26，27期は25期に比し1.1〜1.3ポイント上昇し，影響度は小さいが経常利益率低下の一因となっている。

(8)　なお，特別損益の部では，機械設備の更新合理化の関係と思われるが，固定資産売却損と新機械の特別償却が目立つ。これらは，前述の工場の生産体制充実，コスト・ダウンに寄与していると考えられる。

(9)　以上をまとめると，C金属工業の収益性は，25，26期までは高水準を保ち，良好であったが，売上減少により27期は一般並みに落ち込んでしまった。生産合理化等により原価低減を図り，その成果は上がっているが，それ以上に売上の大幅減は人件費等の固定費負担を大きくさせ，金利負担の増加も加わって，大幅減益に到った。今後は技術力の優位にものをいわせて，売上高を従来水準以上に回復させることが大きく望まれる。

■ケーススタディ③

	第21期	第22期	第23期	第24期	第25期
総資本回転率 （回）	$\frac{845}{558}=1.51$	$\frac{882}{562}=1.57$	$\frac{934}{613}=1.52$	$\frac{1,110}{767}=1.45$	$\frac{1,085}{799}=1.36$
売上債権回転期間　（月）	$\frac{309}{70.4}=4.4$	$\frac{280}{73.5}=3.8$	$\frac{321}{77.8}=4.1$	$\frac{464}{92.5}=5.0$	$\frac{468}{90.4}=5.2$
棚卸資産回転期間　（月）	$\frac{158}{70.4}=2.2$	$\frac{170}{73.5}=2.3$	$\frac{189}{77.8}=2.4$	$\frac{233}{92.5}=2.5$	$\frac{247}{90.4}=2.7$
固定資産回転率　（回）	$\frac{845}{51}=16.6$	$\frac{882}{51}=17.3$	$\frac{934}{53}=17.6$	$\frac{1,110}{60}=18.5$	$\frac{1,085}{64}=17.0$

　一般水準（全業種平均）

　　　総資本回転率　1.14回　　　　売上債権回転期間　1.55か月
　　　棚卸資産（商品）回転期間　0.88か月　　　　固定資産回転率　2.41回
　　　（注）　①　一般水準は中小企業庁『中小企業の実態基本調査』（平成23年確報）による。

(1)　総資本回転率は，1.3〜1.5回の水準で，一般水準に比べて投下資本の運用効率は良いが，それは期を追うごとに悪化の傾向にあり，問題点として大きくとりあげる必要がある。

(2)　運用資産別の投資効率では，売上債権回転期間および棚卸資産回転期間は，一

般水準に比べ悪い。したがって，問題の所在は売上債権と棚卸資産の2点にしぼられる。

(3)　売上債権回転期間は，一般水準と比べ第25期は0.19か月短い期間となっているが，第24期，第25期に売上債権回転期間が長期に転じた要因を探る必要がある。具体的には，取扱商品が弱いのか，販売競争が激しいのか，その結果から回収条件が悪いのかもしれない。また，取引先に対する実質貸付金に類するものが売上債権のなかに含まれていないか。さらに，焦付債権の存在も考えられる。このほか傾向的に長期化していることは，売上債権管理の不備をも示唆する。取引の実態をつかみ，回転期間の長い原因を探る必要がある。

(4)　棚卸資産回転期間は，一般水準比1.8か月程度長く，かつ，回転速度が悪化の傾向にある。慢性的な在庫増なので，管理上の不備，陳腐化した不良在庫も考えられる。期末の棚卸資産がどのようにしてつかまれているか，その評価方法は適切か，などにつき注意する必要がある。

(5)　なお，以上のような売上債権，および在庫に対しての運用効率が悪化していることから，運転資金負担は，取引量増大以上に増え，それをカバーするための借入金の急増が目立つ。

■ケーススタディ④

(1)　収益性は，総合的には総資本経常利益率の水準からみて普通であるが，傾向的には下降しており，とくにX5年は減益となり大きく悪化した。しかし，店舗数，売場面積，従業員数が同条件であるのに，売上高はX4年が18％，X5年が14％とそれぞれ前年比増加し，営業面では着実な成長ぶりをうかがわせている。

(2)　収益性悪化の原因を探ると，総資本回転率は上昇しているので問題ないが，売上高経常利益率が2.9％から1.6％へと半減しているのが目立ち，これが総資本経常利益率を低下させた原因となっている。

(3)　そこで，さらに売上高経常利益率の内容を検討すると，まず売上高総利益率は26％から30％へと上昇し，この比率でみる限りは，収益性は上昇しており，水準そのものも小売業の平均水準からみれば，普通ないしそれ以上のレベルで低くはない。なお，店別の売上高総利益率は異なるが，3期をとおして2店の売上構成比はあまり変わっていないので，全体の売上高総利益率のアップは売上構成比の変化によるものではない。

比　　率　　名	X3／12	X3／12	X3／12
総資本経常利益率 （％）	$\dfrac{1,498}{22,244} \times 100 = 6.7$	$\dfrac{1,606}{26,933} = 6.0$	$\dfrac{1,086}{27,427} = 4.0$
売上高経常利益率 （％）	$\dfrac{1,498}{51,281} \times 100 = 2.9$	$\dfrac{1,606}{60,488} = 2.7$	$\dfrac{1,086}{69,195} = 1.6$
総資本回転率 （回）	$\dfrac{51,281}{22,244} = 2.3$	$\dfrac{60,488}{26,933} = 2.2$	$\dfrac{69,195}{27,427} = 2.5$
売上高総利益率 （％）	$\dfrac{13,437}{51,281} \times 100 = 26.2$	$\dfrac{16,921}{60,488} = 28.0$	$\dfrac{20,428}{69,195} = 29.5$
売上高営業利益率 （％）	$\dfrac{2,075}{51,281} \times 100 = 4.0$	$\dfrac{2,377}{60,488} = 3.9$	$\dfrac{1,661}{69,195} = 2.4$
営　業　費　比　率 （％）	$\dfrac{11,362}{51,281} \times 100 = 22.2$	$\dfrac{14,544}{60,488} = 24.0$	$\dfrac{18,767}{69,195} = 27.1$
売上高対人件費比率 （％）	$\dfrac{6,278}{51,281} \times 100 = 12.2$	$\dfrac{8,134}{60,488} = 13.4$	$\dfrac{11,567}{69,195} = 16.7$
商　品　回　転　期　間 （月）	$\dfrac{10,232}{51,281 \div 12} = 2.4$	$\dfrac{10,778}{60,488 \div 12} = 2.1$	$\dfrac{12,359}{69,195 \div 12} = 2.1$
固定資産回転率 （回）	$\dfrac{51,281}{8,605} = 6.0$	$\dfrac{60,488}{11,283} = 5.4$	$\dfrac{69,195}{10,492} = 6.6$
１人当り売上高 （千円）	$\dfrac{51,281}{7} = 7,326$	$\dfrac{60,488}{7} = 8,641$	$\dfrac{69,195}{7} = 9,885$
売場3.3㎡当り売上高 （千円）	$\dfrac{51,281}{13} = 3,945$	$\dfrac{60,488}{13} = 4,653$	$\dfrac{69,195}{13} = 5,323$

⑷　しかし，売上高営業利益率の段階では4％から2.4％へと逆に悪化している。総利益率が上昇したにもかかわらず営業利益率が悪化したのは，営業費比率が22→24→27％と膨張したからで，とくに営業費のなかでも人件費比率が大きく上昇したために，営業費増大→営業費比率の上昇→営業利益率の悪化につながった。

⑸　以上のことから，当社の収益性の悪化の原因は，営業成績や利幅の悪化によるのではなく，また投下資本効率（総資本回転率）の鈍化によるものでもなく，人件費の大幅な膨張によるものであることは明らかである。

⑹　常勤従事者数は変わらないが，パート採用数が増加しているせいもあり，人件

	〈X3／12〉	〈X4／12〉	〈X5／12〉
役員・同家族分	4,710 千円	5,710 千円（21％）	8,202 千円（44％）
一般従業員分	1,568	2,424　（55％）	3,365　（39％）
計	6,278	8,134　（30％）	11,567　（42％）

（注）　（　）内は前年比増加率

費のアップ率はかなり大幅である。それはどのような理由によるものか，確かめてみる必要がある。

(7)　商品回転期間は，全店的には短くなっており，ほぼ一般水準並みと思われるが，店別には次のように内容が異なる。洋品店は，一般水準よりやや在庫高が多いとみられる。

(8)　固定資産回転率は，一般水準（5.1回：小売業平均）より高いが，中小小売業

	〈X4／12〉	〈X5／12〉	〈一般水準〉（小売業）
化粧品店	$\dfrac{5,654}{28,399 \div 12}=2.4$ か月	$\dfrac{5,444}{33,187 \div 12}=2.0$ か月	2.1 か月
洋 品 店	$\dfrac{5,124}{32,089 \div 12}=1.9$	$\dfrac{6,915}{36,008 \div 12}=2.3$	

　　（注）　一般水準は中小企業庁『中小企業の財務指標』（平成17年1月～12月決算期）による。

の場合は，不動産が個人所有か，法人所有かによってこの比率が異なってくるので，一般水準との比較による判断はむずかしい。傾向としても，鈍化していないので大きな問題はなかろう。

(9)　販売効率は，全社的な指標は前掲のとおりで上昇傾向であるが，その良否の判定は，2店の業種が異なるので，店別に分析する必要がある。

　①　1人当り売上高は，両店とも一般水準よりもかなり下回り，よくないが，年々の上昇で傾向としてはよい。

　②　売場面積当り売上高は，両店とも一般水準を大きく超え，効率的には抜群と

	〈X3／12〉	〈X4／12〉	〈X5／12〉	〈一般水準〉（小売業）
①　1人当り売上高（千円）				
化粧品店	$\dfrac{24,370}{4}=6,093$	$\dfrac{28,399}{4}=7,100$	$\dfrac{33,187}{4}=8,297$	17,409
洋 品 店	$\dfrac{26,911}{3}=8,970$	$\dfrac{32,089}{3}=10,696$	$\dfrac{36,008}{3}=12,003$	
②　売場面積3.3㎡当り売上高（千円）				
化粧品店	$\dfrac{24,370}{8}=3,046$	$\dfrac{28,399}{8}=3,550$	$\dfrac{33,187}{8}=4,148$	2,729
洋 品 店	$\dfrac{26,911}{5}=5,382$	$\dfrac{32,089}{5}=6,418$	$\dfrac{36,008}{5}=7,202$	

（注）　1人当り売上高に係る一般水準は中小企業庁『中小企業実態基本調査』（平成23年確報）による。売場面積3.3m²当り売上高に係る一般水準は，中小企業庁『中小企業の経営指標』（平成14年4月期～平成15年3月期決算）による。

いえる。適切な店舗投資の効果がここに示されているとみられる。

③　以上から，販売効率は，店舗面では効率的であるが，人の効率という面では今一歩の状態といえよう。

⑽　以上により，M商店は人件費の圧迫により収益性が低下しているが，店舗戦略では着実ながら成功しており，経営者の意欲からみて，今後は売上増加によって人件費の増加を吸収し，収益性が回復することも期待できると思われる。

■ケーススタディ⑤

⑴　主要項目の推移（前年比増加率，％）は下記のとおりであり，売上高は順調に伸びているが，①自己資本と付加価値の伸びはこれを下回り，②当期純利益は売上高以上に伸びているが8期には特別損益＋7が含まれているので実質減益，の2点からみて実質的成長は必ずしも十分でない。

	売上高	当期利益	自己資本	付加価値
〈第7期〉	18	29	9	4
〈第8期〉	6	11	7	1

⑵　収益性の総合指標である総資本経常利益率は，6～7期は6～7％と高い水準だが，8期に下降し，全般的にみて収益性は低下傾向にある。

⑶　より詳細に分析をすると，3期間の変動要因も売上高経常利益率と総資本回転率の変動に基づくものである。すなわち，7期は総資本回転率が1.8→1.6回と鈍化したが，それを上回る売上高経常利益率の好転により，総資本経常利益率は若干上昇した。しかし，8期には売上高経常利益率が前年比大幅に低下したことを主因として，これに総資本回転率の低下も加わり，総資本経常利益率は急激に悪化した。

⑷　総資本回転率は，固定資産回転率との関係で分析することができる。しかも，それが7～8期と悪化しているので，固定資産の稼働効率の低下や設備投資後の売上の伸び悩みが考えられる。とくに，8期に製品在庫増による棚卸資産回転期間の長期化が目立つことから，増産計画に伴わない売上の伸び悩みの傾向がうかがわれる。

⑸　売上高経常利益率が大幅に悪化したのは，売上高総利益率の悪化が大きな原因である。売上高総利益率は比較的高水準であるが，8期に大きく2ポイント悪化

比　　率　　名	第6期	第7期	第8期	傾　向
総資本経常利益率 $=\dfrac{経常利益}{総資本}\times100(\%)$	6.5	7.8	3.9	⌒↘
売上高総利益率 $=\dfrac{総利益}{売上高}\times100(\%)$	30.1	30.3	28.3	→↘
売上高営業利益率 $=\dfrac{営業利益}{売上高}\times100(\%)$	5.1	6.1	4.0	⌒↘
営　業　費　比　率 $=\dfrac{販売費及び一般管理費}{売上高}\times100(\%)$	25.0	24.2	24.3	→
売上高経常利益率 $=\dfrac{経常利益}{売上高}\times100(\%)$	3.6	4.8	2.6	⌒↘
総　資　本　回　転　率 $=\dfrac{売上高}{総資本}$（回）	1.8	1.6	1.5	↘
売上債権回転期間 $=\dfrac{受取手形+売掛金+割引手形}{平均月商}$（月）	3.5	3.5	3.6	→
棚卸資産回転期間 $=\dfrac{棚卸資産}{平均月商}$（月）	1.0	1.0	1.4	→↗
固定資産回転率 $=\dfrac{売上高・営業収益}{固定資産合計の2期平均}$（回）	5.4	4.4	3.8	↘
支払金利負担率 $=\dfrac{支払利息割引料}{売上高}\times100(\%)$	2.1	2.3	2.6	↗
1人当り付加価値額 （労働生産性） $=\dfrac{粗付加価値額}{従業員数の2期平均}$（千円）	1,701	1,717	1,705	→
労　働　分　配　率 $=\dfrac{人件費}{粗付加価値額}\times100(\%)$	30.7	39.3	45.7	↗

した。売上高営業利益率の段階では7期に営業費率の0.8ポイント減で好転したが，8期は売上高総利益率悪化の影響がそのまま出て低下した。売上高経常利益率の段階でも同様の傾向である。全体の収益性低下に直接影響はしてないが，支払金利負担率が逐次上昇しているので注意を要する。

(6)　1人当り付加価値額はほぼ横ばいで，労働生産性はまったく上昇していない。これは，(4)で述べた売上伸び悩みと，設備稼働率が低いことが大きく影響していると思われる。

(7)　労働分配率は大幅に上昇しており，警戒を要する。これは1人当り人件費が上昇しているにもかかわらず，労働生産性（1人当り付加価値額）が，それに伴って向上していないためである。労働分配率の上昇は，コスト・アップとなり，それが収益性を悪化させている一因ともなっている。

(8)　以上により，R製作所の今後の課題として次の諸点を指摘できる。

① 営業活動強化による売上増大

② 生産性向上（設備稼働率，労働能率の向上等）

③ コスト・ダウン

④ 生産計画と販売計画の調整

⑤ 製品在庫の圧縮

⑥ 設備投資の手控え

⑦ 人件費の管理

⑧ 支払金利負担率のコントロール

■ケーススタディ⑥

(1)　自己資本比率は，前期が20.9％と若干低いが，当期はさらに悪化し，15％台になった。これは，売上増大により投下資本額が前期比27％増大しているにもかかわらず，自己資本は利益剰余金の減少（当期純利益減少，ならびに前期分社外流出により逆に減少）したためである。

(2)　固定比率は，有形固定資産の増加（設備投資51百万円を行った）に対し，自己資本が減少したため，前期の安全水準から141％へと悪化した。しかし固定長期

比　率　名	前　　期	当　　期
自 己 資 本 比 率(％)	$\dfrac{122}{584} \times 100 = 20.9$	$\dfrac{118}{744} = 15.9$
固　定　比　率(％)	$\dfrac{114}{122} \times 100 = 93.4$	$\dfrac{166}{118} = 140.7$
固 定 長 期 適 合 率(％)	$\dfrac{114}{122+183} \times 100 = 37.4$	$\dfrac{166}{118+296} = 40.1$
流　動　比　率(％)	$\dfrac{470}{279} \times 100 = 168.5$	$\dfrac{578}{330} = 175.2$
当　座　比　率(％)	$\dfrac{470-161}{279} \times 100 = 110.8$	$\dfrac{578-219}{330} = 108.8$
売上債権回転期間(月)	$\dfrac{15+106+91}{65} = 3.26$	$\dfrac{7+107+110}{74} = 3.03$
棚卸資産回転期間(月)	$\dfrac{161}{65} = 2.48$	$\dfrac{219}{74} = 2.96$
固定資産回転率(回)	$\dfrac{780}{114} = 6.84$	$\dfrac{888}{166} = 5.35$
買入債務回転期間(月)	$\dfrac{67+46}{65} = 1.74$	$\dfrac{87+47}{74} = 1.81$

　（注）　回転期間は月商により算出。

適合率では，長期借入金導入によりさして悪化せず，40％となって長期資本調達の安全度は問題ない。

(3) 在庫高が多いため，当座比率は流動比率ほどの水準ではない。

(4) 各資産の回転度合いをみると，売上債権は0.2か月減でよいが，棚卸資産回転期間は，2.5か月から3か月へと0.5か月長期化しており，在庫の流動性が悪化している。運転資金繰りへの圧迫材料となるので，注意を要する。買入債務回転期間は変わらない。

(5) 固定資産回転率は，設備投資があったので若干悪化，一時的なものであれば，投下額が製造業としては少ないので，問題は少ないであろう。

(6) 以上により，安全性はやや低く，しかも，悪化しているので，資金繰り状況は今後必ずしも楽観を許さない。とくに今後の，長期借入金の返済は，その財源となる利益を確保しないと，円滑さを欠くおそれがある。また，在庫増加の傾向は芳しくないので十分に注意する必要がある。

■ケーススタディ⑦

(1) 基本的，長期的な観点から（分析比率は次頁参照）2年間の資金繰りは，基調としてはおおむね健全な推移をたどり，財務的な基盤は長期的にはいっそう充実している。すなわち，経営の基礎的な資金の運用調達状況は，資金運用表にみられるとおり，21期に23百万円，22期に36百万円といずれも資金余剰をみせ，それだけ運転資金を潤わせている。業績は成長性の点で必ずしも満足すべき状態ではないが，一般水準以上の利益をあげ，その利益の一部は配当に充てているが，現金払込増資を21期に12百万円，22期に8百万円行い意欲的に自己資本の充実に努めている。固定資産投資も基礎資金調達額に比し相応であり，当社の財務政策は健全といえよう。このような状況を反映して，次頁のとおり自己資本比率，固定比率等の長期的安全性の指標はいずれも向上しており，短期指標たる流動比率も好転している。T工業は，長期借入金等の固定負債がないため，固定長期適合率は固定比率に等しく，固定投資に対する調達資本の安全性に従来から問題があったが，22期には固定比率が100％を下回り，その点は大幅に是正されつつある。今後は固定比率の100％以下維持，ないしは引下げ，または長期借入金の若干の導入が望まれる。

(2) 運転資金繰りについては，2期とも運転資金需要が増大しており，この結果，

資金運用表

（単位：百万円）

	21 期 運 用		21 期 調 達		22 期 運 用		22 期 調 達	
基礎資金	税 金 支 払	26	税引前当期純利益	56	税 金 支 払	26	税引前当期純利益	56
	配 当 支 払	3	減価償却費	24	配 当 支 払	8	減価償却費	28
	固定資産増加	40	増 資 金	12	固定資産増加	22	増 資 金	8
	基礎資金余剰	23			基礎資金余剰	36		
	合 計	92	合 計	92	合 計	92	合 計	92
運転資金	売上債権増加	32	その他流動資産減少	5	売上債権増加	4	原材料減少	6
	製 品 増 加	14	買入債務増加	13	製 品 増 加	28	その他流動負債増加	11
	仕 掛 品 増 加	4	その他流動負債増加	13	仕 掛 品 増 加	7	小 計	17
	原 材 料 増 加	5	小 計	31	その他流動資産増加	11	運転資金不足	47
			運転資金不足	24	買入債務減少	12		
					貸倒引当金減少	2		
	合 計	55	合 計	55	合 計	64	合 計	64
財務資金	運転資金不足	24	割引手形増加	21	運転資金不足	47	短期借入金増加	11
	現金預金資金	20	基礎資金余剰	23	現金預金増加	1	割引手形増加	1
							基礎資金余剰	36
	合 計	44	合 計	44	合 計	48	合 計	48

比　率　名	第 20 期	第 21 期	第 22 期
自 己 資 本 比 率 (%)	$\dfrac{124}{336} \times 100 = 36.9$	$\dfrac{162}{401} = 40.4$	$\dfrac{191}{441} = 43.3$
固 定 比 率 (%)	$\dfrac{176}{124} \times 100 = 141.9$	$\dfrac{192}{162} = 118.5$	$\dfrac{186}{191} = 97.4$
流 動 比 率 (%)	$\dfrac{160}{212} \times 100 = 75.5$	$\dfrac{209}{239} = 87.4$	$\dfrac{255}{250} = 102$
売上債権(含割手)回転期間(月)	$\dfrac{184}{48} = 3.83$	$\dfrac{216}{57} = 3.79$	$\dfrac{220}{57} = 3.86$
在 庫 回 転 期 間 (月)	$\dfrac{29}{48} = 0.60$	$\dfrac{52}{57} = 0.91$	$\dfrac{81}{57} = 1.42$
製 品 回 転 期 間 (月)	$\dfrac{5}{48} = 0.10$	$\dfrac{19}{57} = 0.33$	$\dfrac{47}{57} = 0.82$
仕 掛 品 回 転 期 間 (月)	$\dfrac{2}{48} = 0.04$	$\dfrac{6}{57} = 0.11$	$\dfrac{13}{57} = 0.23$
原 材 料 回 転 期 間 (月)	$\dfrac{22}{48} = 0.46$	$\dfrac{27}{57} = 0.47$	$\dfrac{21}{57} = 0.37$
買 入 債 務 回 転 期 間 (月)	$\dfrac{147}{48} = 3.1$	$\dfrac{160}{57} = 2.8$	$\dfrac{148}{57} = 2.6$

（注）　回転期間はいずれも平均月商により算出。

　21期は24百万円，22期は47百万円の資金不足をきたしている。さらに，その内容に立ち入ると，21期は前期比約20％の売上増による必要増加資金とみられるが，

22期は売上横ばいにかかわらず必要となった資金で問題点をはらんでいる。そこで，各運転資金項目の回転期間を別掲のとおり3期間にわたり比較すると（前頁），売上債権は22期にわずかに長期化しているだけで問題はあまりないが，在庫については，期を追うごとに長期化が顕著であり，なかでも製品在庫の大幅な滞留増が目をひく。この点についてはさらによく検討し，販売面，生産面，在庫管理などに何らかの対策をとらないと，資金繰りに円滑さを欠くことになりかねない。一方，買入債務の回転期間が期を追うごとに短くなっているので，資金不足をさらに助長している。

(3)　財務収支について，運転資金の不足は基礎資金の余剰でカバーするほか，割引手形の増加，または短期借入金により調達し，各期をしのいだ。22期は在庫負担増を短期借入金でまかなった形なので，(2)で触れたように在庫対策を講じ，これをあらためる必要があろう。

■ケーススタディ⑧

(1)　売上高は微増の傾向，これに対して仕入高は平均して売上高の約45％で，前期材料費率に比べると仕入は抑え気味の感がある。

(2)　売上高に対する回収高のバランスは，❶のように（金額単位：百万円，以下同じ），1か月のズレでみると回収がやや少ないのが目立つ。8，9，10月の回収が少ない原因は何か。これに伴って，売掛金残高は9〜10月で21百万円増加し，回収の遅れによる資金負担が生じる。

❶

	〈6月〉	〈7月〉	〈8月〉	〈9月〉	〈10月〉	〈計〉
売上高	73	78	70	80	80	381
現金	8	15	11	7	10	51
手形	66	58	63	58	64	309
回収計	74 →73	→74	→65	→74		360
売掛金残高	−1	+5	−4	+15	+6	+21

　（注）　売掛金回転期間1.5か月からみると，売上と回収の1か月のズレという見方は必ずしも正確ではないが，ここではわりきってみることにした。

(3)　仕入高に対する支払高のバランスは，1か月のズレでみると（前期実績による

と本来の買掛金回転期間は0.6÷0.5＝1.2か月となる），❷のように全般に支払高が仕入高をオーバーしている。とくに7月の支払いの多いのが目立つ。支払いが早まっているために，買掛金残高は5か月で25百万円減少し，資金負担増の形となる。

❷	〈6月〉	〈7月〉	〈8月〉	〈9月〉	〈10月〉	〈計〉
仕　入　高	34…	33…	33…	35…	35	170
現　　　金	9	9	9	10	9	46
手　　　形	29	41	26	27	26	149
支　払　計	38→	50→	35→	37→	35	195
買掛金残高	−4	−17	−2	−2	0	−25

⑷　回収高の現金・手形比率は（前記⑵参照），7月の現金回収がやや多いのを除いて85～89％の手形回収率で大勢は変わっていないとみられる。また，手持手形残高の推移をみると，❸のようにあまり変わらない。ただし，割引落込高が記入されていないので，割引手形残高の推移は不明である。

❸	〈6月〉	〈7月〉	〈8月〉	〈9月〉	〈10月〉	〈計〉
手　形　回　収	66	58	63	58	64	309
手　形　割　引	59	62	64	55	63	303
手　形　取　立	1	1	1	1	1	5
手　形　持　出　計	60	63	65	56	64	308
手持手形残高	+6	−5	−2	+2	0	+1

⑸　支払高の現金・手形比率は（上記⑶参照），7月の手形支払がやや多いのを除いて，74％前後の手形支払率で変わらない。しかし，支手残高は❹のように6～7月で大きく増加し，支払手形による資金カバーの形が目立つ（買掛金残高の減少を相当部分カバーしている）。7月の手形振出高はなぜ多いのか。

⑹　以上の売上回収状況，ならびに仕入支払状況からみても，経常運転収支はかなり繁忙とみえ，加えて8，9月は割戻金の支払いが多く，これらを反映して，一般収支尻（資金繰り表の②−③）は，6，8，10月は余るが7，9月は不足が発

	〈6月〉	〈7月〉	〈8月〉	〈9月〉	〈10月〉	〈計〉
手形振出	29	41	26	27	26	149
支手決済	20	29	24	28	26	127
支手残高	＋9	＋12	＋2	−1	0	＋22

❹

生する。

(7)　財務収支では，毎月の借入金返済（約定による返済）が多く，資金繰りがつかないため，別途借入調達でこれをカバーして，しのぐ形になっている。

(8)　これらの収支を総合して，最終的な資金尻（翌月繰越）は月を追うごとにジリ貧となり，資金繰りの忙しさを如実に示している。

(9)　一方，収益状況をみると，在庫高の増減がないとして，償却前利益は5か月間で32百万円となり，悪くない。

$$償却前利益＝売上高(381)−仕入高(170)＋\{受取利息(3)＋雑収入(3)\}−$$
$$\{割戻金(37)＋人件費(60)＋経費(73)＋支払利息(15)\}$$
$$＝32百万円$$

(10)　以上まとめてみると，売上，収益状況は悪くないが，回収の遅れを主因として，資金繰りは繁忙化の傾向にある。また，借入金の動きからみて，借入資金は安定性を欠き，資金繰りは安全とはいえない。

　　（注）　本事例は，主要勘定残高その他不明部分があるので，必ずしも実態を正しくつかみえない面があるが，実務ではこのようなケースもありうると思う。不明部分はできるだけつかんで，分析する必要がある。

■ケース・スタディ⑨

(1)　経常収支は，15百万円の収入超過であり，また，経常収支比率は，103.77％であることから，経常収支は大過なく，順調な資金繰りといえる。

$$経常収支比率＝\frac{413}{398}＝103.77％$$

(2)　その内容に立ち入って，回転期間の推移に目をむけると，267頁に示すように，棚卸資産回転期間が0.4か月，買入債務回転期間が0.5か月それぞれ延びている。これは，以下のようにみることができる。

　　すなわち，今期に設備投資をし，これに伴う増産が行われたが，売上の伸びはそれほどでなく，この結果，製品の在庫が急増し，資金化の遅れたことが，経常

資 金 移 動 表（第8期）

（単位：百万円）

支　　　　出			収　　　　入		
経常収支					
売上原価支出			売上収入		
売上原価	301		売上高	420	
製品増加	12		受取手形増加	△3	
仕掛品・原材料増加	3		売掛金増加	△9	408
減価償却費	△7		営業外収入		
支払手形増加	△16		営業外収益		5
買掛金増加	△7	286			
営業費支出					
営業費		102			
営業外支出					
営業外費用	11				
その他流動資産減少	△1	10			
経常支出合計		398			
経常収入超過		15			
合　　計		413	経常収入合計		413
固定収支					
利益処分支出			特別収入		
役員賞与		5	土地売却収入	11	
税金支出			その他特別利益	1	12
法人税等	8				
未払法人税等	2	10	固定支出超過		35
固定設備支出					
有形固定資産増加	20				
売却土地薄価	3				
減価償却費	7	30			
特別支出					
特別損失		2			
固定支出合計		47	合　　　計		47
財務収支					
固定支出超過		35	経常収入超過		15
			長期借入金増加		5
			短期借入金増加		5
			割引手形増加		5
			現金預金減少		5
合　　　計		35	合　　　計		35

収入の額をやや抑えることになった。しかし，一方で買入債務，とくに支払手形が急増し，支払繰延べを図って在庫増による資金負担をカバーしたため，経常収支は15百万円の超過となり，資金繰りは事なきを得た。支払手形の急増は，当期

	〈第7期〉	〈第8期〉
売上債権回転期間（月）	3.5	3.6
棚卸資産回転期間（月）	1.0	1.4
買入債務回転期間（月）	2.7	3.2

（注）　月商により算出。

資 金 運 用 表

（単位：百万円）

	運　　　　　用			調　　　　　達		
		第7期	第8期		第7期	第8期
固定資金	役　員　賞　与	3	5	税引前当期純利益	17	18
	税　金　支　払	5	10	減　価　償　却　費	6	7
	固定資産増加	34	27	長期借入金増加	20	5
	資　金　余　剰	1		資　金　不　足		12
	合　　　　計	43	42	合　　　　計	43	42
運転資金	売上債権増加	17	12	買入債務増加	27	23
	棚卸資産増加	5	15	その他流動負債増加	2	
	その他流動資産増加	1		その他流動資産減少		1
	資　金　余　剰	6		資　金　不　足		3
	合　　　　計	29	27	合　　　　計	29	27
財務資金	固定資金不足		12	固定資金余剰	1	
	運転資金不足		3	運転資金余剰	6	
	現金預金増加	7		短期借入金増加		5
				割引手形増加		5
				現金預金減少		5
	合　　　　計	7	15	合　　　　計	7	15

に設備投資を行ったことから，このなかに設備関係支手が相当額含まれているということも考えられる（買入債務回転期間は，6期が2.2か月で2期連続して延長されており，やや異常にも思える）。もしそうであるとすれば，それだけ経常支出が増加することになり，経常収支が支出超過となることも想定される（以上のことは，ケース・スタディ⑤における分析結果と関連づけて検討）。それが事

実とすれば，当期の経常収支資金繰りは，必ずしも順調だったとはいえないかもしれない。

(3)　固定収支は，固定設備支出30百万円が主因で支出超過となった。

(4)　財務収支では，固定支出超過を経常収入超過15百万円と，長・短期借入金，割引手形でそれぞれ若干ずつカバーしたが，不足が生じ現金預金の減少となった。

>　(注)　本事例の場合は，設備投資に関連したケースであるが，これを資金運用表（前頁）によってみると，8期は固定資金の不足としてはっきり示され，資金繰り上の問題点が浮きぼりにされる。

■ケース・スタディ⑩

(1)　運転資金必要量の算定

A　運転資金科目の回転期間

受取手形回転期間　$\dfrac{200 + 100}{100} = 3$ か月

売掛金回転期間　$\dfrac{100}{100} = 1$ か月

>　(注)　以上の分母は，平均月商 $\dfrac{1,200}{12} = 100$ 百万円である。

商品回転期間　$\dfrac{150}{75} = 2$ か月

支払手形回転期間　$\dfrac{150}{75} = 2$ か月

買掛金回転期間　$\dfrac{75}{75} = 1$ か月

>　(注)　以上の分母は，平均売上原価 $\dfrac{900}{12} = 75$ 百万円である。なお，本事例では，売上原価率が変わるので，月商による回転期間で算出すると，以下 B, C の資金量の計算が異なってくる。

B　第13期末の運転資金科目の残高

平均月商　$\dfrac{1,320}{12} = 110$ 百万円　　　平均売上原価 $\dfrac{1,056}{12} = 88$ 百万円

受取手形(含割手)110 × 3 = 330百万円　　売掛金　110 × 1 = 110百万円

商品　　　　88 × 2 = 176百万円　　支払手形　88 × 2 = 176百万円

買　掛　金　　88× 1 ＝88百万円

（単位：百万円）

項　　　　　目	第 12 期	第 13 期	増減額
＜運転資金必要量＞			
受 取 手 形（含割手）	300	330	30
売　　掛　　金	100	110	10
商　　　　品	150	176	26
支　払　手　形	△150	△176	△ 26
買　　掛　　金	△ 75	△ 88	△ 13
合　　　計	325	352	27
＜調　達＞			
割　引　手　形	100	127	27
自　己　資　金	225	225	0
合　　　計	325	352	27

C　運転資金必要量

予 定 資 金 運 用 表
第13期

（単位：百万円）

	運　　　　用		調　　　　達	
固定資金	税　金　支　払	26	税引前当期純利益	24
	固 定 資 産 増 加	25	減 価 償 却 費	30
	資　金　余　剰	3		
	合　　　計	54	合　　　計	54
運転資金	受 取 手 形 増 加	30	支 払 手 形 増 加	26
	売 掛 金 増 加	10	買 掛 金 増 加	13
	商　品　増　加	26	資　金　不　足	27
	合　　　計	66	合　　　計	66
財務資金	運 転 資 金 不 足	27	固 定 資 金 余 剰	3
	現 金 預 金 増 加	3	割 引 手 形 増 加	27
	合　　　計	30	合　　　計	30

（注）　現金預金増加額の算出方法は次のとおり。
　　　税引前当期純利益(24) ＋ 減価償却費(30) − 税金支払(26)
　　　　− 固定資産増加(25) ＝3百万円

(2)　予定資金運用表

■ケース・スタディ⑪

(1)　今期の運転資金所要額

　①　売掛金残高

　　平均滞留期間

　　　　最長　26日→翌月29日……34日

　　　　最短　25日→当月29日…… 5 日

　　　　平均　(34 + 5) ÷ 2 = 19.5日

　　売掛金平均残高

$$90 \times \frac{19.5}{30} = 58.5百万円……ⓐ$$

　②　受取手形残高

$$90 \times 1 \times 2 = 180百万円……ⓑ$$

　③　商品残高

$$90 \times 0.84 \times 0.5 = 37.8百万円……ⓒ$$

　④　買掛金残高

　　平均滞留期間

　　　　最長　21日→翌月29日……39日

　　　　最短　20日→当月29日……10日

　　　　平均　(39 + 10) ÷ 2 = 24.5日

　　買掛金平均残高

$$90 \times 0.84 = 75.6……平均月仕入高$$

$$75.6 \times \frac{24.5}{30} = 61.74百万円……ⓓ$$

　⑤　支払手形残高

$$75.6 \times 0.7 \times 2 = 105.84百万円……ⓔ$$

　⑥　運転資金の平均所要額

$$ⓐ + ⓑ + ⓒ - ⓓ - ⓔ = 58.5 + 180 + 37.8 - 61.74 - 105.84 = 108.72百万円$$

(2)　来期の運転資金所要額

　①　売掛金残高

　　平均滞留期間

　　　　最長　21日→翌月29日……39日

　　　　最短　20日→当月29日……10日

平均　$(39+10) \div 2 = 24.5$日

売掛金平均残高

$105 \times \dfrac{24.5}{30} = 85.75$百万円……(f)

② 受取手形残高

$(105 \times 0.7 \times 2) + (105 \times 0.3 \times 3) = 241.5$百万円……(g)

③ 商品残高

$105 \times 0.84 \times 0.5 = 44.1$百万円……(h)

④ 買掛金残高

平均滞留期間

最長　21日→翌々月5日……44日

最短　20日→翌月5日……15日

平均　$(44+15) \div 2 = 29.5$日

買掛金平均残高

$105 \times 0.84 = 88.2$……平均月仕入高

$88.2 \times \dfrac{29.5}{30} = 86.73$百万円……(i)

⑤ 支払手形残高

$88.2 \times 0.75 = 66.15$……平均月支払手形振出高

$(66.15 \times 0.9 \times 2) + (66.15 \times 0.1 \times 3) = 138.915$百万円……(j)

⑥ 運転資金の平均所要額

(f) + (g) + (h) - (i) - (j) $= 85.75 + 241.5 + 44.1 - 86.73 - 138.915 = 145.705$百万円

(3) 来期の運転資金の増加所要額

$145.705 - 108.72 = \underline{36.985}$百万円

(4) 資金需要の原因分析

資金需要の原因は，売上高増加による純粋の増加運転資金と取引条件変化による不足運転資金の2つに分かれる。

その原因を分析するには，まず取引条件の変化がなく月商の増加だけの場合の来期所要額を算定してみる。その計算は次のとおりである。

〈月商105百万円で取引条件は今期と同じ場合の所要運転資金〉

① 売掛金

$105 \times \dfrac{19.5}{30} = 68.25$……(k)

② 受取手形

$$105 \times 1 \times 2 \times = 210 \cdots \text{①}$$

③　商品

$$105 \times 0.84 \times 0.5 = 44.1 \cdots\cdots \text{ⓜ}$$

④　買掛金

$$105 \times 0.84 = 88.2 \cdots\cdots 平均月仕入高$$

$$88.2 \times \frac{24.5}{30} = 72.03 \cdots\cdots \text{ⓝ}$$

⑤　支払手形

$$88.2 \times 0.7 \times 2 = 123.48 \cdots\cdots \text{ⓞ}$$

⑥　所要額

$$\text{ⓚ} + \text{①} + \text{ⓜ} - \text{ⓝ} - \text{ⓞ} = 68.25 + 210 + 44.1 - 72.03 - 123.48 = \underline{126.84百万円}$$

　上記の額は，取引条件が来期も今期と変化がなく，売上が増加した場合の所要額であるから，次に示すようにその額から今期の所要額を差し引いた18.12百万円が売上増加に伴う増加運転資金であるということができる。

取引条件に変化がない場合の来期所要額　　126.84

今期の所要額　　　　　　　　　　　　　△108.72

売上増加による増加所要額　　　　　　　18.12百万円

　さらに，来期の所要額は売上増加，かつ取引条件の変化が予定されている所要額であるから，次に示すようにその額から上記の「取引条件に変化がない場合の来期所要額」を差し引いた18.865百万円が，取引条件の変化に伴う不足運転資金であるということができる。

来期の所要額　　　　　　　　　　　　　145.705

取引条件に変化がない場合の来期所要額　△126.84

取引条件変化による増加所要額　　　　　18.865百万円

　したがって，来期の運転資金の増加所要額は，これを資金需要の原因別に分解すれば，次のように「売上増加によるもの」と「取引条件の変化によるもの」とがほぼ50％ずつのウエイトを占めることが明らかとなる。

売上増加による増加所要額　　　　　　　18.12

取引条件の変化による増加所要額　　　　18.865

来期の運転資金増加所要額　　　　　　　36.985百万円

以上の今期・来期の運転資金所要額とその増加所要額ならびに増加所要額の原因分析の結果を，表にまとめると次のとおりである。なお，金額は10万円未満を四捨五入により示した。

運転資金所要額の内訳明細

（単位：百万円）

運転資金 科　　目	今　期 所要額 Ⓐ	取引条件不変の場合の来期所要額 Ⓑ	来　期 所要額 Ⓒ	来期増加 所要額 Ⓒ－Ⓐ	売上増加による増加額 Ⓑ－Ⓐ	取引条件変化による増加額 Ⓒ－Ⓑ
売　掛　金	58.5	68.3	85.8	27.3	9.8	17.5
受　取　手　形	180	210	241.5	61.5	30	31.5
商　　　品	37.8	44.1	44.1	6.3	6.3	0
小　計　①	276.3	322.4	371.4	95.1	46.1	49
買　掛　金	61.7	72.0	86.7	25.0	10.3	14.7
支　払　手　形	105.8	123.5	138.9	33.1	17.6	15.4
小　計　②	167.6	195.5	225.6	58.1	27.9	30.1
所要運転資金 ①－②	108.7	126.8	145.7	37	18.1	18.9

■ケース・スタディ⑫

【1】　予想損益計算書の作成

(1)　P 製品

　　　2,400,000千円÷20,000円＝120,000……X0年度売上量，生産量

　　　（注）　X 0 年度は，期首・期末の製品在高ならびに製品単位当り原価は変わらないので，生産量は売上量と一致する。

　　各年度予定

	生産量・売上量	売　上　高
X 1 年度	120千＋6千＝126千	20千円×126千＝2,520,000千円
X 2 年度	126千＋6千＝132千	20千円×132千＝2,640,000〃
X 3 年度	132千＋6千＝138千	20千円×138千＝2,760,000〃

　　　（注）　期末製品在庫量は7,500と変わらないので各期生産量，売上量は一致する。

　　材料費予定

　　材料費率　　1,200,000千÷2,400,000千＝0.5

　　　X 1 年度　　2,520,000×0.5＝1,260,000千円

　　　X 2 年度　　2,640,000×0.5＝1,320,000　〃

　　　X 3 年度　　2,760,000×0.5＝1,380,000　〃

⑵　Q 製品

　生産量予定

　　　X 1 年度　　2,000× 6 ＋3,000＝15,000

　　　X 2 年度　　3,000×12＝36,000

　　　X 3 年度　　3,500×12＝42,000

　売上量，売上高予定

	売　上　量	売　上　高
X 1 年度	2,000× 6 ＝12,000	10千円×12,000＝120,000千円
X 2 年度	3,000×12＝36,000	10千円×36,000＝360,000　〃
X 3 年度	3,500×12＝42,000	10千円×42,000＝420,000　〃

材料費予定

　　　X 1 年度　売価による生産高　　10千円×15,000＝150,000千円

　　　　　　　　150,000×0.5＝75,000千円

　　　X 2 年度　売価による生産高　　10千円×36,000＝360,000千円

　　　　　　　　360,000×0.5＝180,000千円

　　　X 3 年度　売価による生産高　　10千円×42,000＝420,000千円

　　　　　　　　420,000×0.5＝210,000千円

⑶　各期末製品在高（各期製品単位当り原価×期末在庫量）

	P 製品	Q 製品
X 1 年度	14,920円×7,500＝111,900千円	11,260円×3,000＝33,780千円
X 2 年度	14,840円×7,500＝111,300千円	8,610円×3,000＝25,830　〃
X 3 年度	14,780円×7,500＝110,850千円	8,180円×3,000＝24,540　〃

　　　（製品単位当り原価は，次頁参照）

⑷　製品別売上高・売上原価の算定

次頁の表のとおり。

⑸　支払利息割引料の計算

　①　設備資金借入金の利息

製品別予想損益計算表

（単位：千円）

項　　目		X1／4〜X2／3			X2／4〜X3／3			X3／4〜X4／3		
		P製品	Q製品	計	P製品	Q製品	計	P製品	Q製品	計
当期製品製造原価	材　料　費	1,260,000	75,000	1,335,000	1,320,000	180,000	1,500,000	1,380,000	210,000	1,590,000
	労　務　費	414,920	64,900	479,820	428,880	82,460	511,340	444,640	86,060	530,700
	製　造　経　費	205,000	29,000	234,000	210,000	47,500	257,500	215,000	47,500	262,500
	合　　計	1,879,920	168,900	2,048,820	1,958,880	309,960	2,268,840	2,039,640	343,560	2,383,200
	生　産　量	126 千	15 千	—	132 千	36 千	—	138 千	42 千	—
	単位当り原価(円)	14,920	11,260	—	14,840	8,610	—	14,780	8,180	—
売　上　高		2,520,000	120,000	2,640,000	2,640,000	360,000	3,000,000	2,760,000	420,000	3,180,000
売上原価	期首製品在高	112,500	0	112,500	111,900	33,780	145,680	111,300	25,830	137,130
	当期製品製造原価	1,879,920	168,900	2,048,820	1,958,880	309,960	2,268,840	2,039,640	343,560	2,383,200
	小　　計	1,992,420	168,900	2,161,320	2,070,780	343,740	2,414,520	2,150,940	369,390	2,520,330
	期末製品在高	111,900	33,780	145,680	111,300	25,830	137,130	110,850	24,540	135,390
	差　引　計	1,880,520	135,120	2,015,640	1,959,480	317,910	2,277,390	2,040,090	344,850	2,384,940
売上総利益		639,480	△15,120	624,360	680,520	42,090	722,610	719,910	75,150	795,060

X 1 年度　　$110,000 \times 0.09 \times 0.5 = 4,950$ 千円

X 2 年度　　$100,000 \times 0.09 \times 0.5 = 4,500$

　　　　　　$75,000 \times 0.09 \times 0.5 = 3,375$

　　　　　　$4,500 + 3,375 = 7,875$ 千円

X 3 年度　　$50,000 \times 0.09 \times 0.5 = 2,250$

　　　　　　$25,000 \times 0.09 \times 0.5 = 1,125$

　　　　　　$2,250 + 1,125 = 3,375$ 千円

② 　既存長期借入金の利息

X 1 年度　　$70,000 \times 0.09 \times 0.5 = 3,150$

　　　　　　$35,000 \times 0.09 \times 0.5 = 1,575$

　　　　　　$3,150 + 1,575 = 4,725$ 千円

③ 　短期借入金の利息

X 1 年度　　$100,000 \times 0.07 \times 0.5 = 3,500$

　　　　　　$150,000 \times 0.07 \times 0.5 = 5,250$

　　　　　　$3,500 + 5,250 = 8,750$ 千円

X 2 , X 3 年度　$150,000 \times 0.07 = 10,500$ 千円

④ 　割引手形の割引料

X 1 年度　　$200,000 \times 0.07 \times \dfrac{9}{12} = 10,500$

　　　　　　$250,000 \times 0.07 \times \dfrac{3}{12} = 4,375$

　　　　　　$10,500 + 4,375 = 14,875$ 千円

X 2 年度　　$250,000 \times 0.07 \times 0.5 = 8,750$

　　　　　　$275,000 \times 0.07 \times 0.5 = 9,625$

　　　　　　$8,750 + 9,625 = 18,375$ 千円

X 3 年度　　$275,000 \times 0.07 \times 0.5 = 9,625$

　　　　　　$300,000 \times 0.07 \times 0.5 = 10,500$

　　　　　　$9,625 + 10,500 = 20,125$ 千円

以上の年度別合計

X 1 年度　　$4,950 + 4,725 + 8,750 + 14,875 = 33,300$ 千円

X 2 年度　　$7,875 + 10,500 + 18,375 = 36,750$ 千円

X 3 年度　　$3,375 + 10,500 + 20,125 = 34,000$ 千円

(6) 予想損益計算書 (単位：千円)

	X1/4〜X2/3	X2/4〜X3/3	X3/4〜X4/3
売　　上　　高	2,640,000	3,000,000	3,180,000
売　上　原　価	2,015,640	2,277,390	2,384,940
売　上　総　利　益	624,360	722,610	795,060
販売費・一般管理費	496,000	556,000	628,000
営　業　利　益	128,360	166,610	167,060
受　取　利　息	3,700	4,200	4,500
支払利息割引料	33,300	36,750	34,000
税引前当期純利益	98,760	134,060	137,560
法　人　税　等	49,380	67,030	68,780
当　期　純　利　益	49,380	67,030	68,780
（減価償却費）	20,500	24,000	22,000

【2】 工場建設資金借入金の期限内返済・据置配当の可能性検討

　　X1〜X3各年度の長期資金調達運用状況を示すと次頁の表のとおりであり，これによって次のことがいえる。

　　① X1年度は，F社の計画どおりの資金調達，設備投資をすると，資金不足 37,120千円となり，長期資金繰りに支障をきたす。

　　② したがって，X1年度末の本件長期借入金の10,000千円返済，ならびに増資後の2割配当維持は，長期資金収支上は不可能である。

　　③ X2年度，X3年度の長期資金収支は，それぞれ14百万円，13百万円余の資金余剰となるので，長期資金繰りに支障はない。

　　④ 上述のX1年度の資金不足を解消するためには，増資後の配当率引下げ，役員賞与の支払中止ならびに本件長期借入金の返済時期の繰下げを図るとともに，それだけでなく，設備投資の一部繰延べなどによる事業計画の再検討が必要である。

　　⑤ なお，X1年度の資金不足を短期つなぎ借入により一時的にカバーするしのぎ方も考えられるが，それはX2年度以降に資金不足がしわ寄せされることになるので，解決策とはならない。

長期資金収支予定表　　　　　　（単位：千円）

項　　　　目			X1/4 ～ X2/3	X2/4 ～ X3/3	X3/4 ～ X4/3
調	内部留保	税　引　利　益	49,380	67,030	68,780
		社外流出　配　当　支　払	24,000	24,000	24,000
		役　員　賞　与　支　払	3,000	3,000	3,000
		合　　　　計	27,000	27,000	27,000
		差　引　留　保　利　益	22,380	40,030	41,780
		減　価　償　却　費	20,500	24,000	22,000
		合　　　　計	42,880	64,030	63,780
達		増　資　払　込　金	40,000		
		長　期　借　入　金	110,000		
		調　達　合　計　（A）	192,880	64,030	63,780
運		設　　備　　投　　資	150,000		
		既　存　長　期　借　入　返　済	70,000		
用		本　件　長　期　借　入　返　済	10,000	50,000	50,000
		運　用　合　計　（B）	230,000	50,000	50,000
差　引　過　不　足　（A－B）			△　37,120	14,030	13,780

【3】　予想貸借対照表の作成と全般資金繰り状況の検討

(1)　各年度の科目残高は，Ｘ０年度末の回転期間（対月商）を基準にするなどによ
り，次のように算定する。

平均月商　Ｘ０年度　　2,400,000÷12＝200,000千円

　　　　　　Ｘ１年度　　2,640,000÷12＝220,000　〃

　　　　　　Ｘ２年度　　3,000,000÷12＝250,000　〃

　　　　　　Ｘ３年度　　3,180,000÷12＝265,000　〃

①　売上債権（割引手形を含む）

　　　　Ｘ０年度の回転期間　（250,000＋200,000）÷200,000＝2.25か月

　　　　Ｘ１年度　220,000×2.25＝495,000千円

　　　　Ｘ２年度　250,000×2.25＝562,500　〃

　　　　Ｘ３年度　265,000×2.25＝596,250

②　製　品　製品別予想損益計算表より

③　材　料

X 0 年度の回転期間　15,000÷200,000＝0.075か月

X 1 年度　220,000×0.075＝16,500千円

X 2 年度　250,000×0.075＝18,750 〃

X 3 年度　265,000×0.075＝19,875 〃

④　固定資産

・前期末残高＋投資額－減価償却費＝当期末残高

X 1 年度　266,500＋150,000－20,500＝396,000千円

X 2 年度　396,000－24,000＝372,000千円

X 3 年度　372,000－22,000＝350,000 〃

⑤　買入債務

X 0 年度の回転期間　200,000÷200,000＝ 1 か月

X 1 年度　220,000× 1 ＝220,000千円

X 2 年度　250,000× 1 ＝250,000 〃

X 3 年度　265,000× 1 ＝265,000 〃

⑥　短期借入金，長期借入金，割引手形，資本金　問題資料により計算

⑦　未払法人税等

・当期法人税等－前期法人税等×0.5＝当期末残高

X 1 年度　49,380－58,100×0.5＝20,330千円

X 2 年度　67,030－49,380×0.5＝42,340 〃

X 3 年度　68,780－67,030×0.5＝35,265 〃

⑧　剰余金

・前期末残高－（配当金＋役員賞与）＋当期純利益＝当期末残高

X 1 年度　257,900－（16,000＋3,000）＋49,380＝288,280千円

X 2 年度　288,280－（24,000＋3,000）＋67,030＝328,310 〃

X 3 年度　328,310－（24,000＋3,000）＋68,780＝370,090 〃

⑨　現金預金

B/S 貸方合計－現金預金を除く　B/S 借方合計＝期末残高

(2)　各年度末の予想貸借対照表

（単位：千円）

予 想 貸 借 対 照 表　（X2. 3.31）

現 金 預 金	95,430	買 入 債 務	220,000
売 上 債 権	245,000	短 期 借 入 金	150,000
製　　　品	145,680	未払法人税等	20,330
材　　　料	16,500	長 期 借 入 金	100,000
固 定 資 産	396,000	資 　本　 金	120,000
		剰 　余　 金	288,280
	898,610		898,610

割 引 手 形　250,000

予 想 貸 借 対 照 表　（X3. 3.31）

現 金 預 金	125,270	買 入 債 務	250,000
売 上 債 権	287,500	短 期 借 入 金	150,000
製　　　品	137,130	未払法人税等	42,340
材　　　料	18,750	長 期 借 入 金	50,000
固 定 資 産	372,000	資 　本　 金	120,000
		剰 　余　 金	328,310
	940,650		940,650

割 引 手 形　275,000

予 想 貸 借 対 照 表　（X4. 3.31）

現 金 預 金	138,840	買 入 債 務	265,000
売 上 債 権	296,250	短 期 借 入 金	150,000
製　　　品	135,390	未払法人税等	35,265
材　　　料	19,875	長 期 借 入 金	0
固 定 資 産	350,000	資 　本　 金	120,000
		剰 　余　 金	370,090
	940,355		940,355

割 引 手 形　300,000

⑶　資金運用調達状況の検討

　期末現在の資金運用調達状況は前頁の予想貸借対照表のとおりであり，大きな問題点は見当らないが，現金預金の残高は，題意により，X 2 年度末，X 3 年度末は平均月商の50％をほぼ満たしており問題ないが，X 1 年度末は110百万円（平均月商の50％）に対し約15百万円不足し，やや手元資金が不足気味である。

索　引

か 行

さ　行

《著者紹介》

牧野　明弘（まきの　あきひろ）

新日本有限責任監査法人金融アドバイザリー部所属・シニアパートナー，公認会計士。
早稲田大学法学部卒業
平成 2 年 10 月太田昭和監査法人入所。平成 10 年 6 月金融監督庁（現金融庁）発足時に初の民間人として入庁。「金融検査マニュアル検討会」委員を歴任後，平成 12 年 9 月現職に復帰。ガバナンス・コンプライアンス態勢の構築支援等を担当。金融機関経営者向けトップマネジメントセミナー等，セミナー講師を多数担当。
《著書》
『信用金庫・信用組合の会計実務と監査―自己査定・償却引当編―』（共著），『財務分析のための実践財務諸表の見方』（共著）（経済法令研究会），「Q&A 保険検査マニュアル改定のポイント」（監修・著），『統合リスク管理』（共著），『金融機関の内部統制〔改訂版〕』（共著），『金融検査マニュアル改訂のポイント』（共著）（金融財政事情研究会）他多数。

齋木　夏生（さいき　なつき）

新日本有限責任監査法人金融部所属・シニアマネージャー，公認会計士。東京大学文学部行動文化学科卒業
平成 9 年三井信託銀行（現中央三井信託銀行）入社。青山監査法人を経て，平成14年新日本監査法人入所。
《著書》
『財務分析のための実践財務諸表の見方』（共著）（経済法令研究会），『流動化・証券化の会計と税務』（共著）（中央経済社）等。

﨑山　謙治（さきやま　けんじ）

新日本有限責任監査法人松山事務所所属・シニアマネージャー，公認会計士。早稲田大学商学部卒業
平成 12 年中央青山監査法人入所。あると法律経済綜合事務所を経て，平成 18 年新日本監査法人入所。
《著書》
『財務分析のための実践財務諸表の見方』（共著）（経済法令研究会），『流動化・証券化の会計と税務』（共著），『連結決算書作成の実務』（共著），『不動産取引の会計・税務 Q & A』（共著），『テーマ別会計実務全書』（共著）（中央経済社）等。

新井　政明（あらい　まさあき）

新日本有限責任監査法人アカウンティングソリューション部所属・マネージャー，公認会計士。早稲田大学商学部卒業
平成 13 年新日本監査法人入所。一般事業会社監査業務及び証券化に係る監査・アドバイザー業務等に従事し，証券会社短期出向を経て現在に至る。
《著者》
『財務分析のための実践財務諸表の見方』（共著）（経済法令研究会）

《初版～十訂著者紹介》

大野　敏男（おおの　としお）

大野公認会計士事務所長，公認会計士・税理士。銀行業務検定協会・財務検定副委員長
昭和 23 年明治学院専門学校（現明治学院大学）経済科卒業，昭和 26 年中央大学経済学部卒業。
昭和 23 年三和銀行（現三菱東京 UFJ 銀行）入社，三和銀行東京経営相談所所長代理，
同調査役を経て，独立開業。その間，企業診断業務，講演・行員研修等を担当。
平成 19 年 11 月逝去。
《著書》
『財務分析のための実践財務諸表の見方』，『財務用語辞典』（監修），『税務用語辞典』（共著）（経済法令研究会）／勘定科目別新会計実務体系 5 『支払手形』，同 18 『借入金その他債務』（共著），『勘定科目全書』（共著），『勘定処理全書』（共著）（中央経済社）他多数。

本書の内容に関する訂正等の情報
　本書は内容につき精査のうえ発行しておりますが，発行後に訂正（誤記の修正）等の必要が生じた場合には，当社ホームページ（http:s//www.khk.co.jp/）に掲載いたします。

新6版　財務分析の実践活用法　取引先企業の見方・とらえ方

1977年1月25日	初版第1刷発行	著　　者	牧　野　明　弘	
2006年3月15日	十訂第1刷発行	発　行　者	金　子　幸　司	
2008年11月20日	新版第1刷発行	発　行　所	㈱　経済法令研究会	
2015年11月25日	新6版第1刷発行	〒162-8421　東京都新宿区市谷本村町3-21		
2016年8月5日	第2刷発行			
2017年7月30日	第3刷発行	電話 代表03-3267-4811　制作03-3267-4823		

〈検印省略〉

営業／東京03(3267)4812　大阪06(6261)2911　名古屋052(332)3511　福岡092(411)0805

カバーデザイン／Design Office Notch　制作／中村桃香　印刷／日本ハイコム㈱

©Akihiro Makino 2015　Printed in Japan　　　　ISBN 978-4-7668-3309-6

" 経済法令グループメールマガジン " 配信ご登録のお勧め
当社グループが取り扱う書籍、通信講座、セミナー、検定試験情報等、皆様にお役立ていただける情報をお届け致します。下記ホームページからご登録いただけます。
☆　経済法令研究会　https://www.khk.co.jp/　☆

定価はカバーに表示してあります。無断複製・転用等を禁じます。落丁・乱丁本はお取替えします。